LES AUTOMATISMES COGNITIFS

PSYCHOLOGIE ET SCIENCES HUMAINES

Sous la direction de
Pierre Perruchet

les automatismes cognitifs

PIERRE MARDAGA, EDITEUR
LIEGE - BRUXELLES

Cet ouvrage a été publié
avec le concours de Naturalia et Biologia.

Coordonnateur : Pierre PERRUCHET

Cécile BEAUVILLAIN
Jean-François CAMUS
Farid EL MASSIOUI
Christian GEORGE
Jacques LEPLAT
Nicole NEUENSCHWANDER-EL MASSIOUI
Juan SEGUI

© Pierre Mardaga, éditeur
12, rue Saint-Vincent, 4020 Liège
D. 1988-0024-33

Ont contribué à cet ouvrage

Cécile BEAUVILLAIN,
Laboratoire de Psychologie expérimentale,
Université René-Descartes et EPHE,
Unité 316 associée au CNRS.

Jean-François CAMUS,
Laboratoire de Psychologie expérimentale,
Université René-Descartes et EPHE,
Unité 316 associée au CNRS.

Farid EL MASSIOUI,
Laboratoire d'Electrophysiologie
et de Neurophysiologie Appliquée (LENA),
Unité 654 associée au CNRS, Hôpital de la Salpétrière.

Christian GEORGE,
Psychologie cognitive du traitement de l'information symbolique,
Université de Paris VIII,
Unité associée au CNRS.

Jacques LEPLAT,
Laboratoire de Psychologie du Travail
de l'Ecole Pratique des Hautes Etudes associé au CNRS.

Nicole NEUENSCHWANDER-EL MASSIOUI,
Laboratoire de Physiologie Nerveuse,
Département de Psychophysiologie, CNRS.

Pierre PERRUCHET,
Laboratoire de Psychologie différentielle,
Université René-Descartes et EPHE,
Unité 656 associée au CNRS.

Juan SEGUI,
Laboratoire de Psychologie expérimentale,
Université René-Descartes et EPHE,
Unité 316 associée au CNRS.

Avant-propos

L'introduction du mot automatisme dans le vocabulaire de la psychologie scientifique a été tardive, à de notables exceptions près.

On pourrait pourtant penser qu'en rejetant explicitement la conscience hors de son champ d'investigation, le behaviorisme aurait orienté les psychologues vers l'étude des composantes automatiques du comportement. Or il n'en a rien été. Les travaux anciens ayant quelque pertinence vis-à-vis de ce thème se réfèrent à des auteurs antérieurs à l'emprise du behaviorisme, tels W. James et P. Janet, ou à des courants restés quelque peu en marge de l'orthodoxie, en particulier celui qui s'est formé autour de l'étude des habiletés (skills) sensori-motrices, auquel se réfère partiellement, en France, l'ouvrage de P. Guillaume sur la «formation des habitudes» (Guillaume, 1936, 1968). Les travaux sur les automatismes se sont principalement développés dans la dernière décennie, dans un contexte épistémologique indiscutablement dominé par l'approche dite «cognitive».

Le paradoxe n'est qu'apparent. La notion d'automatisme, en effet, ne prend sens que par référence à des concepts complémentaires tels que ceux de conscience, d'attention, ou de contrôle volontaire. Loin d'apparaître comme un retour de balancier, l'étude des automatismes s'inscrit dans le prolongement direct du changement de perspective dont la psychologie a été le cadre. La formulation, à la fin des années cinquante, de modèles focalisés sur l'existence d'un processeur central intrinsèquement lié au concept d'attention contenait déjà en germe l'intérêt manifesté aujourd'hui pour le traitement automatique de l'information : les capacités limitées de ce processeur le rendant incapable d'assurer seul l'adaptation à un environnement complexe, imposaient la reconnaissance de modalités de traitement alternatives. A titre d'exemple : ce n'est l'effet, ni d'un hasard, ni d'une conversion, si R.M. Shiffrin, qui a signé avec Atkinson en 1968 un article très influent sur les processus de contrôle de la mémoire (Atkinson et Shiffrin, 1968), est quelque dix années plus tard, le coauteur, avec Schneider, de l'une des pierres d'angle de la littérature contemporaine sur les automatismes (Shiffrin et Schneider, 1977).

Les travaux relatifs aux automatismes apparaissent aujourd'hui dans des champs d'investigation diversifiés, allant de la perception à la mémoire, de la linguistique à la résolution de problèmes, de la biologie au comportement social. L'étude des habiletés s'est également renouvelée, privilégiant l'analyse des habiletés de nature cognitive.

Cette diversité d'approche n'a rien de surprenant : elle témoigne simplement du fait que la distinction entre les modes de contrôle automatique et attentionnel est orthogonale aux subdivisions traditionnelles du champ psychologique, en particulier à la segmentation opérée en termes de «grandes fonctions».

Malheureusement, chaque courant de recherche, abordant ce nouveau thème, a développé ses paradigmes expérimentaux et forgé sa terminologie dans le prolongement de ses propres traditions, ce qui en rend souvent difficile la compréhension par ceux qui se réclament d'autres courants. Cette difficulté est renforcée par la rareté des tentatives de synthèse, même partielles.

Une telle situation est toujours dommageable. Elle l'est peut-être plus particulièrement lorsqu'elle concerne la notion d'automatisme, car celle-ci est virtuellement pertinente dans tous les domaines de la psychologie, qu'il s'agisse de psychologie fondamentale ou de psychologie clinique ou pathologique, ou encore de psychologie de l'éducation ou de psychologie du travail.

Cet ouvrage est né pour tenter de faire un premier bilan des travaux contemporains. Des enseignants et des chercheurs, engagés dans des secteurs différents de la psychologie, ont été invités à faire état de l'avancement des travaux relatifs aux automatismes dans leur propre domaine. Les seuls impératifs étaient de privilégier l'accessibilité pour des non-spécialistes par rapport à l'exhaustivité, et la généralité de l'approche par rapport à la présentation détaillée de travaux expérimentaux. Le choix était laissé quant à l'orientation du document — aucune idée directrice n'était donnée — la raison étant qu'en cette période de développement où foisonnent les nouveaux concepts et les nouveaux paradigmes, l'orientation la plus heuristique n'était sans doute pas la même dans les différents champs d'investigation.

Les sept chapitres qui composent l'ouvrage offrent une présentation synthétique de champs de recherche dont l'appréhension exigeait généralement jusqu'alors la lecture des travaux de première main. Les réflexions suivantes n'ont pas pour ambition d'en résumer l'apport. Leur objectif est de proposer un fil conducteur au lecteur, étant entendu que d'autres principes de structuration pourraient être dégagés.

Un large consensus existe autour de l'idée selon laquelle, sauf exception, un comportement, entendu comme réponse observable à une situation donnée, ne peut jamais être considéré comme totalement automatique : seules peuvent l'être certaines composantes du traitement qui sous-tend ce comportement. Cette idée s'exprime au sein des différentes approches par le postulat de l'existence d'unités ou de modules de traitement automatisés. Le principe d'une telle organisation étant posé, on peut chercher à *identifier* ces unités de traitement automatisées (1), à en décrire les *propriétés* (2), à en évaluer le *mode de formation* (3), et à en décrire le *mode d'intégration* dans un comportement finalisé (4). Chacun des six premiers chapitres traite préférentiellement de l'un ou l'autre de ces points.

(1) L'identification de modules de traitement automatisés semble avoir une priorité logique sur les autres aspects : comment décrire les propriétés de modules non identifiés ? Mais à l'inverse, comment identifier un module si l'on ignore tout des propriétés qui le caractérisent ? On comprend que la recherche procède là, comme bien souvent en psychologie, par aller-retour successif, un premier aperçu largement intuitif des propriétés permettant une identification grossière de modules dont l'analyse permet en retour une description plus fine, et ainsi de suite.

Le *chapitre I* (J. Segui et C. Beauvillain) fournit un exemple de recherche et d'identification de modules dans la perception du langage. Prenant pour base les propriétés conférées aux automatismes par Posner et Snyder (1975), les auteurs analysent en particulier pourquoi les procédures précoces d'accès au lexique mental peuvent être considérées comme une composante autonome du système de compréhension du langage.

(2) Les propriétés des automatismes sont évoquées, à un niveau général, dans la majorité des chapitres. Elles reprennent très largement les caractéristiques issues du langage commun, caractéristiques qui incluent les notions d'absence de contrôle volontaire, d'irrépressibilité, d'inconscience, et aussi généralement de rapidité et d'efficacité. Les unités automatisées traitent l'information sur un mode rigide, inflexible, invariable, déterminé uniquement par les informations disponibles à l'entrée du système, qu'il s'agisse d'informations sensorielles ou de productions d'autres unités situées en amont dans la chaîne de traitement. Le *chapitre II* (P. Perruchet) décrit les modalités usuelles d'opérationnalisation de ces propriétés, puis tente d'évaluer la valeur heuristique du concept d'automaticité, au travers, notamment, de l'examen de son unité théorique et empirique.

Le niveau de généralité de cette analyse conduit à masquer la cohérence interne d'approches spécifiques. Parmi celles-ci, il convient de faire une mention spéciale aux travaux conduits depuis plus de dix ans par Schneider, Shiffrin et leurs collaborateurs. Ces travaux concernent des automatismes créés de toute pièce en laboratoire par la pratique prolongée d'une tâche expérimentale. Compte tenu de leur intérêt propre et de leur influence prépondérante dans le champ qui nous concerne, il convenait d'en présenter une analyse critique. Le *chapitre III* (J.-F. Camus) remplit cet objectif.

Une question rarement posée a trait aux conséquences à long terme que la mise en action d'un automatisme engendre chez le sujet. Certaines de ces conséquences sont analysées au *chapitre IV* (P. Perruchet) à partir de l'examen des travaux visant à mettre en évidence l'existence d'apprentissages sans conscience. Cet examen conduit à proposer une distinction entre des formes d'acquisitions qui peuvent être conduites sur un mode automatique, et d'autres qui requièrent une participation attentionnelle et consciente de la part du sujet.

(3) Concernant le mode de formation des automatismes, on retrouve sous la plume de la plupart des contributeurs — seuls Segui et Beauvillain n'abordent pas ce point — que les unités de traitement automatisées sont formées par la répétition d'un traitement qui s'opère à l'origine sous contrôle attentionnel. Il faut souligner toutefois que la répétition d'un traitement n'implique pas nécessairement que la situation initiatrice se répète identique à elle-même. Plus que d'identité, il s'agit plutôt de régularité ou de cohérence interne, et ce point est analysé en détail par Camus. On peut noter incidemment qu'une telle conception est liée à l'adoption d'une perspective modulaire. Une parfaite similitude des situations serait nécessaire si l'ensemble de la

chaîne S-R devait être automatisé. Si l'opération ne concerne que l'une ou l'autre des composantes de cette chaîne, le seul impératif est qu'il y ait suffisamment de cohérence entre les situations pour qu'elles sollicitent la création de modules communs.

Le mode de formation des automatismes est traité à un autre niveau au *chapitre V* (C. George). Ce chapitre est centré sur la distinction entre les connaissances déclaratives et les connaissances procédurales, distinction voisine de celle qui oppose les composantes conscientes, verbalisables, explicitables, aux composantes inconscientes et automatiques du traitement de l'information. L'auteur accorde une part prédominante à l'analyse des connaissances procédurales, et plus particulièrement à leur mode de formation à partir des connaissances déclaratives.

(4) Les unités automatisées sont aveugles : leur mise en action est exclusivement déterminée par leur «input». La coordination de leur activité dans un comportement finalisé est attribuée à des processus de contrôle d'une autre nature. Cet aspect est abordé à divers points de l'ouvrage, et plus particulièrement au *chapitre VI* (J. Leplat). Ce dernier est centré sur les habiletés cognitives, telles notamment qu'elles se manifestent dans les situations de travail. Les habiletés possèdent un caractère adaptatif et finalisé. L'auteur analyse en particulier comment celles-ci se forment par l'organisation hiérarchique de leurs composantes, et décrit les facteurs qui peuvent conduire à leur dégradation.

Le dernier chapitre (N. Neuenschwander-El Massioui et F. El Massioui) prolonge l'ensemble de ces analyses, limitées à l'approche psychologique du comportement humain, par une double interrogation : peut-on parler d'automatismes chez l'animal ? et que sait-on des concomitants neurophysiologiques des traitements automatiques et contrôlés, tant chez l'animal que chez l'homme ? Bien qu'encore peu nombreuses, les données versées à ce dossier, notamment les indications relatives aux changements des structures neuronales impliquées dans le comportement après surapprentissage, sont un gage de l'apport considérable que la neurophysiologie est en mesure de pourvoir dans ce champ de recherches.

La préparation matérielle de l'ouvrage a largement utilisé les moyens propres du Laboratoire de Psychologie Différentielle de l'Université René-Descartes. Carole Damiani et Catherine Moussit ont bien voulu participer à diverses activités de coordination. Qu'elles en soient remerciées, ainsi que tous ceux qui ont bien voulu relire et commenter les versions préliminaires de l'un ou l'autre chapitre.

Bibliographie

ATKINSON R.C. et SHIFFRIN R.M. (1968). Human memory : a proposed system and its control processes, in K.W. SPENCE et J.T. SPENCE (eds), *The psychology of learning and motivation*, vol. 2, New York, Academic Press.
GUILLAUME, P. (1936). *La formation des habitudes*, Paris, PUF (réédition : 1968).
POSNER, M.I. et SNYDER C.R.R. (1975). Attention and cognitive control. In R.L. Solso (ed.), *Information Processing and Cognition : The Loyola Symposium*, Hillsdale, N.J., Erlbaum.
SHIFFRIN R.C. et SCHNEIDER W. (1977). Controlled and automatic human information processing : II. Perceptual learning, automatic attending, and a general theory, *Psychological Review, 84*, 127-190.

Chapitre I
Modularité et automaticité dans le traitement du langage : l'exemple du lexique

Juan SEGUI et Cécile BEAUVILLAIN
Laboratoire de Psychologie Expérimentale,
Université René-Descartes et EPHE,
Unité 316 associée au CNRS,
28, rue Serpente - 75006 Paris, France

1. INTRODUCTION : LES NOTIONS D'AUTONOMIE ET DE MODULARITE DES SYSTEMES LINGUISTIQUES DE TRAITEMENT

L'acceptation de l'hypothèse selon laquelle les phénomènes psychologiques complexes peuvent être abordés avec profit en les décomposant en leurs constituants plus élémentaires a contribué aux progrès les plus significatifs de la Psychologie Cognitive. Une telle perspective analytique a permis de mettre en évidence dans nombre de domaines cognitifs des parties fonctionnellement distinctes dans ce qui était considéré jusqu'alors comme un tout non différencié.

Ainsi par exemple, en psycholinguistique, le processus de compréhension d'une phrase ne sera pas envisagé comme étant lié à la mise en œuvre d'un mécanisme unique mais plutôt comme le résultat terminal de l'activité coordonnée de différents sous-processeurs dont chacun exécute un ensemble bien défini d'opérations. On parlera ainsi d'un processeur lexical, d'un processeur syntaxique, etc., ces processeurs étant caractérisés par référence au type d'information linguistique traitée.

A l'origine de cette perspective théorique en psycholinguistique se trouvent en particulier les travaux de Forster (1979) et de Garrett (1978) sur la compréhension d'énoncés. Dans ce domaine de recherche

Forster et Garrett ont formulé l'hypothèse de l'invariance de certaines opérations mises en œuvre lors de la perception du langage. Parmi ces aspects invariants ces auteurs mentionnent les procédures d'accès au lexique ou encore celles de calcul de la structure syntaxique des énoncés. Ces procédures seraient déterminées exclusivement par les informations spécifiques correspondant au niveau d'analyse considéré. Ainsi, l'invariance du calcul de la structure syntaxique d'un énoncé dérive du fait que seules les propriétés syntaxiques de celui-ci (ordre des mots, catégorie syntaxique, morphèmes grammaticaux, etc.) sont prises en considération par le système de calcul. En particulier, d'après cette hypothèse de l'autonomie de la syntaxe, le calcul syntaxique de l'énoncé est indépendant de la signification particulière des mots qui le constituent.

L'hypothèse de l'autonomie des processeurs linguistiques postule que les opérations linguistiques effectuées par ceux-ci sont de nature «obligatoire». Ainsi, d'après Garrett, même dans le cas où l'interprétation sémantique d'une phrase peut être dérivée de la seule prise en considération des contraintes sémantiques existant entre ses mots, le calcul de sa structure syntaxique interne est néanmoins effectué. Autrement dit, quand l'information syntaxique est disponible le processeur syntaxique va effectuer ses calculs et cela d'une manière que nous pouvons considérer comme quasi réflexe. Confronté à un énoncé linguistique «sémantiquement redondant» le sujet ne peut pas volontairement court-circuiter le calcul de sa structure syntaxique interne. Forster souligne pour sa part l'intérêt d'une telle procédure automatique d'analyse qui permet au système de traitement d'échapper aux éventuels biais d'interprétation induits par des connaissances extérieures au domaine cognitif considéré.

Une conséquence importante de l'hypothèse de l'autonomie est qu'elle conduit à postuler des restrictions importantes sur les possibilités d'échange entre les différentes sources d'information linguistique. En effet, ces échanges ne peuvent prendre place qu'aux «sorties» respectives des différents processeurs. Autrement dit, les informations provenant des niveaux supérieurs de traitement ne peuvent pas modifier les procédures de traitement des niveaux inférieurs. Sur ce point, la théorie de l'autonomie des processeurs linguistiques s'oppose à une interprétation interactive de la perception du langage d'après laquelle les informations provenant des différents niveaux peuvent interagir plus ou moins librement (Segui, 1986).

Bien que la formulation de l'hypothèse de l'autonomie du processeur syntaxique à laquelle nous avons fait référence ci-dessus ait précédé celle concernant les autres processeurs (Forster et Olbrei, 1973), c'est dans le domaine des études consacrées à l'accès au lexique interne que les idées d'autonomie développées par Forster et Garrett ont eu l'impact le plus important.

Selon l'hypothèse de l'autonomie de l'accès au lexique, les procédures mises en jeu lors de l'accès sont déterminées exclusivement par les informations issues des niveaux infralexicaux de traitement et par les principes d'organisation du lexique lui-même. Dans ce chapitre nous montrerons le rôle fondamental joué par cette hypothèse de l'autonomie de l'accès au lexique dans le développement récent des idées en psychologie cognitive et en particulier en ce qui concerne la notion de la «modularité» des systèmes de traitement.

L'essentiel des hypothèses avancées par Forster et Garrett en ce qui concerne l'autonomie fonctionnelle des processeurs linguistiques a été reprise et développée par Fodor (1983) dans son livre sur «La modularité de l'Esprit».

Dans cet ouvrage Fodor propose une taxonomie fonctionnelle des processus cognitifs en processus centraux et processus d'entrée. Tandis que la fonction principale des processus centraux est la «fixation de croyances», celle des processus d'entrée est de servir d'interface entre les transducteurs sensoriels et le système central. Le rôle essentiel des systèmes d'entrée est de fournir au système central, sous une forme interprétable par celui-ci, des informations sur le monde extérieur. C'est en raison du rôle fonctionnel attribué par Fodor aux systèmes d'entrée que cet auteur propose de considérer les mécanismes de traitement du langage comme faisant partie de ces systèmes. En effet, la fonction essentielle du langage est analogue à celle des mécanismes perceptifs en ce qu'elle consiste à fournir au système central des informations sur le monde extérieur.

Dans la théorie de Fodor la propriété fondamentale des systèmes d'entrée ou «modules» est d'être «informationnellement encapsulés». Autrement dit, leur mode de fonctionnement est «aveugle» aux informations d'arrière-plan provenant des autres sources de connaissance que celle propre au module lui-même, autrement dit, chaque module de traitement dispose de sa propre base de données. Il est clair par ailleurs, que cette encapsulation informationnelle des modules va conditionner à son tour l'ensemble des autres propriétés fonctionnelles que l'on va attribuer à ces systèmes. Sur ce point les propositions de Fodor reprennent pour l'essentiel les hypothèses avancées par Posner et Snyder (1975) en ce qui concerne les processus «automatiques» du traitement de l'information.

En particulier, les opérations effectuées par les modules seraient rapides, non stratégiques et irrépressibles.

C'est le caractère informationnellement encapsulé des modules lié à la nature «automatique» de leur fonctionnement qui constitue, d'après Fodor, la condition de base qui assure l'objectivité de l'intégration perceptive.

2. MODULARITE DU SYSTEME LEXICAL ET AUTOMATICITE

Afin de rendre compte de la connaissance que les sujets ont des mots de la langue il est couramment fait appel à la métaphore du dictionnaire mental ou lexique interne. Accepter cette hypothèse conduit à s'interroger, d'une part, sur l'organisation interne du lexique et, d'autre part, sur les procédures qui permettent d'accéder à ces informations lors de la production ou de la perception des mots. Dans ce paragraphe nous examinerons l'hypothèse selon laquelle le système lexical constitue un sous-module autonome de manière telle que les procédures d'accès mises en œuvre pour la perception des mots seraient déterminées exclusivement par les informations provenant des niveaux inférieurs de traitement (informations visuelles ou acoustico-phonétiques) ainsi que par l'organisation même des entrées du lexique. Ceci est reflété dans le cadre du système d'accès de Forster (1979), par exemple par la distinction introduite entre les voies d'accès au lexique et le lexique proprement dit. Le code sensoriel issu de la présentation d'un mot est utilisé afin de parcourir les voies d'accès jusqu'à ce qu'une correspondance soit trouvée entre ce code et une représentation particulière de la voie d'accès. Les entrées des voies d'accès étant organisées sur la base de principes formels, comme c'est le cas du partage de certaines propriétés orthographiques ou encore la fréquence d'usage des mots, ce sont exclusivement ces informations formelles qui vont conditionner les processus d'accès. Les informations linguistiques provenant des niveaux supérieurs de traitement (syntaxiques et sémantiques) ne seraient pas susceptibles de moduler ces premières étapes du traitement lexical.

Il est important de noter que l'hypothèse de l'autonomie du processeur lexical concerne ces procédures précoces d'accès et non pas celles plus tardives et complexes impliquées dans l'identification des mots. Par «accès au lexique» on fait référence à la mise en contact ou activation d'une ou plusieurs représentations lexicales à partir de la stimulation sensorielle fournie par un mot-stimulus. Lors de la présentation d'un mot, l'ensemble des codes internes ou formats par lesquels ce mot est représenté est activée. On postule par ailleurs que l'activation de cette représentation s'étend de manière automatique aux représentations du réseau de connexions auxquelles elle est reliée. Le caractère automatique de cette activation repose donc sur le fait qu'elle s'établit sur un réseau de connexions spécifique en mémoire. Les étapes d'accès au lexique seraient informationnellement encapsulées et posséderaient les propriétés d'automaticité propres à ce type de système.

Une façon naturelle de tester la pertinence de ces hypothèses consiste à étudier dans quelle mesure l'accès à une représentation lexicale dépend de la nature du contexte dans lequel un mot est présenté ainsi que du type de procédure de traitement mis en œuvre.

Concernant le premier point, une distinction importante doit être faite entre contexte «lexical» et contexte «non lexical». En ce qui concerne le deuxième point, il est nécessaire de différencier les processus automatiques des processus stratégiques dans le traitement lexical. Ces deux points, nature du contexte et mode de traitement, sont fortement liés comme nous le montrerons dans le paragraphe suivant.

A. Nature du contexte et mode de traitement lors du traitement perceptif des mots

Dans une recherche princeps, Meyer et Schvaneveldt (1971) ont montré que l'identification d'un mot était facilitée par la présentation préalable d'un autre mot qui lui est sémantiquement associé. Afin de rendre compte de ces résultats ces auteurs émettent l'hypothèse que la présentation du premier mot (ou mot-contexte) a activé non seulement sa propre représentation mais encore celle des autres mots auxquels il est relié dans la mémoire permanente du sujet. C'est cette «préactivation» irrépressible des mots reliés qui serait à l'origine de la facilitation observée. Selon cette interprétation l'effet du contexte observé dans ces expériences serait de nature «automatique» car soustendu par un processus d'irradiation de l'activation entre des représentations mentales. Cette interprétation des effets du contexte peut être compatible avec l'hypothèse de la modularité du lexique dans la mesure où les processus postulés seraient de nature «automatique» et prendraient place à l'intérieur du système lexical. Toutefois, l'interprétation proposée par Meyer et Schvaneveldt d'une irradiation de l'activation entre les représentations des mots n'est pas la seule possible. En effet, les effets observés pourraient être dus à la mise en œuvre de stratégies prédictives de nature consciente. Dans un tel cas la facilitation observée serait due à la confirmation des «attentes» générées à partir du mot-contexte et cela indépendamment des relations pouvant exister entre les représentations internes de ces mots. Autrement dit, ces attentes seraient liées aux «connaissances encyclopédiques» des sujets et non pas à un processus automatique d'activation entre les éléments d'un réseau (Beauvillain et Segui, 1983).

Afin de différencier ces deux sortes d'effets de contexte, Neely (1977) a fait varier dans une même expérience l'intervalle temporel qui sépare la présentation du mot contexte et celle du mot-test ainsi que le type de relation qui existe entre ces mots. D'après l'hypothèse des deux processus de Posner et Snyder (1975), on doit s'attendre à ce que, pour les intervalles courts, seuls les processus automatiques sont mis en jeu tandis que pour les intervalles longs ce seraient les processus stratégiques ou contrôlés qui seraient à l'œuvre. Si cette hypothèse est correcte cela devrait se traduire pour les intervalles courts (de l'ordre de 100 ms) par une facilitation pour les mots associés accompagnée d'une absence d'inhibition pour les mots non associés. En effet, d'après Posner et Snyder, tant que le pattern d'activation est limité au système en mémoire, il n'y aurait pas d'inhibition pour le traitement des mots qui ne partagent pas des connexions dans le système. En revanche, pour les intervalles longs on devrait observer une facilitation pour les mots «attendus» (même si ceux-ci ne sont pas reliés) ainsi qu'une inhibition pour les mots «non attendus» (même si ceux-ci sont reliés). Dans ce cas il s'agit d'un processus contrôlé de test d'hypothèses émises par le sujet.

Les résultats obtenus par Neely s'accordent parfaitement avec ces hypothèses. Quoique certains aspects de ces résultats ont été discutés par la suite, la présence d'un effet automatique de facilitation pour des mots sémantiquement associés accompagnée d'une absence d'inhibition pour les mots non associés dans des conditions temporelles très contraintes de présentation ou avec un masquage du mot-contexte visant à limiter son utilisation (voir sur ce point Holender, 1986; Segui et Beauvillain, 1988) semble à l'heure actuelle bien établie. Il reste néanmoins clair qu'en ce qui concerne ces données la validité de l'hypothèse de la modularité du lexique repose entièrement sur l'idée que le «locus» des effets observés se trouve dans le lexique mental.

B. Le « locus » des effets de facilitation automatique

Si l'on accepte l'hypothèse selon laquelle l'irradiation de l'activation entre des représentations mentales est le processus qui sous-tend les effets de facilitation automatique, il reste néanmoins à déterminer le type de représentations concerné par ces effets de facilitation. Deux possibilités peuvent être envisagées sur ce point : cet effet de facilitation relève-t-il d'un niveau conceptuel, c'est-à-dire du partage de propriétés sémantiques de deux mots reliés ou relève-t-il de la structure même du lexique où certaines « formes lexicales » seraient étroitement connectées ? Dans le premier cas, l'irradiation prendrait place entre les nœuds d'un réseau sémantique ou conceptuel structuré sur la base de principes de hiérarchie entre des concepts (voir, par exemple, Collins et Loftus, 1975). Dans le deuxième cas, l'irradiation prendrait place entre des formes lexicales reliées sur la base de principes multiples tels qu'ils sont reflétés au niveau des associations verbales. C'est la cooccurence fréquente entre deux mots qui détermine les connexions étroites entre leurs représentations lexicales (voir sur cette distinction Tanenhaus et Lucas, 1987).

Afin de répondre sur ce point, Lupker (1984) a étudié les effets de contexte observés pour des couples de mots reliés par des liens sémantiques ou associatifs. Les résultats indiquent que dans des conditions d'intervalles courts entre la présentation du mot-contexte et celle du mot-test un effet de facilitation est observé pour les couples de mots associés. En revanche, aucun effet n'est obtenu pour les mots reliés sémantiquement mais non reliés sur le plan associatif.

Plus récemment, Grainger et Beauvillain (sous presse) ont étudié la possibilité d'obtenir des effets de facilitation de nature automatique entre des mots de deux langues différentes chez le sujet bilingue. Selon ces auteurs, la mise en évidence d'un effet de facilitation pour des mots reliés sémantiquement et appartenant aux deux langues du sujet indiquerait que le locus de ces effets est supra-linguistique ou conceptuel et non pas lexical. Les résultats indiquent la présence d'un effet de facilitation automatique pour les mots associés appartenant à l'une ou l'autre langue du sujet (ex. high-low ou haut-bas) tandis qu'aucun effet n'est observé pour des couples équivalents composés de deux mots de différente langue (high-bas ou haut-low). Dans des situations bien contrôlées permettant vraisemblablement la mise en œuvre des seuls processus automatiques le locus des effets semble donc bien être associatif ou lexical et non pas conceptuel. Dans la même expérience ces auteurs ont montré un effet de facilitation inter-langue quand l'intervalle entre le mot-contexte et le mot-test est important et permet donc vraisemblablement l'utilisation d'une stratégie de traduction ou de prédiction.

Les travaux préalablement examinés mettent en évidence l'existence d'un effet automatique de facilitation, ils suggèrent en outre que le « locus » de cet effet est intralexical plutôt que sémantique ou conceptuel. L'interprétation de ces effets en termes d'un processus d'irradiation de l'activation entre des éléments du lexique est conforme avec l'hypothèse de la modularité du système lexical. Dans le paragraphe suivant nous examinerons dans quelle mesure l'accès au lexique des mots d'un énoncé peut être affecté par les informations provenant des niveaux supérieurs de traitement, syntaxiques, sémantiques et pragmatiques. Il est clair que d'après l'hypothèse de la modularité les procédures d'accès au lexique sont invariantes et donc non sensibles au contexte phrastique de réalisation des mots.

C. Le contexte phrastique peut-il faciliter le processus d'accès au lexique ?

L'un des moyens classiques destinés à démontrer le rôle des informations d'un niveau supérieur de traitement lors de la perception du langage consiste à montrer qu'un mot est plus facilement reconnu lorsqu'il est présenté dans le contexte d'une phrase que lorsqu'il est présenté de manière isolée et cela d'autant plus que ce mot possède une forte probabilité de transition dans la phrase. Dans le cadre d'un modèle interactif comme celui de Morton (1982) on rend compte de ce fait en proposant que l'état d'activation de la représentation d'un mot (ou « logogène ») peut être modifié par les informations provenant du contexte phrastique via le système cognitif. D'après ce type de modèle les informations syntaxiques et sémantiques peuvent donc agir « directement » sur le niveau d'activité des détecteurs de mots. Cette interprétation des effets du contexte est clairement en contradiction avec l'hypothèse de la modularité des procédures d'accès. Malgré le nombre très important des recherches conduites sur ce sujet l'interprétation des effets de facilitation lexicale pour les mots d'une phrase reste largement controversée. En particulier, il n'est nullement évident que les effets observés traduisent une modification des processus d'accès proprement dits plutôt que des processus plus tardifs (post-accès) de vérification et d'intégration de l'information lexicale et syntaxique. Cette hypothèse interprétative qui envisage le rôle du contexte phrastique comme ayant lieu post-accès au lexique est conforme avec la mise en évidence d'effets très importants d'inhibition pour les mots-test qui constituent une suite non acceptable de la phrase. La présence d'une telle inhibition semble indiquer que le mot-test a été accédé et que c'est son intégration avec le reste de l'énoncé qui pose des difficultés pour des raisons syntaxiques, sémantiques ou pragmatiques (voir sur ce point Segui et Kail, 1984). Par ailleurs, les effets observés de facilitation phrastique semblent limités aux seuls mots très prédictibles. Enfin, même si des effets de contexte phrastique sont observés dans certains contextes de phrase il est souvent possible d'interpréter ceux-ci comme étant dus non pas aux informations provenant des niveaux supérieurs de traitement mais induits par la présence dans la phrase de mots reliés au mot-test. Dans un tel cas les effets observés seraient assimilables à ceux obtenus dans les situations examinées préalablement et donc ayant leur origine au niveau intralexical.

Dans ce paragraphe nous avons vu que les données disponibles à l'heure actuelle sur l'éventualité d'un effet de facilitation pour l'accès aux mots d'une phrase ne permettent pas de conclure à l'existence d'une véritable interaction entre les informations syntaxiques et lexicales. Dans ce qui suit nous examinerons des résultats obtenus à l'aide d'un autre paradigme expérimental, qui sont favorables à l'hypothèse de la modularité du système lexical de traitement.

D. Ambiguïté lexicale et contexte

Il est d'observation courante que, généralement, l'ambiguïté d'un mot présenté à l'intérieur d'une phrase est rarement détectée par le sujet. Ceci semble prouver que le contexte phrastique prédétermine la «lecture» adéquate du mot ambigu de manière telle que son acception complémentaire n'est pas récupérée lors du processus ordinaire de compréhension. Cette interprétation du rôle du contexte va clairement à l'encontre de l'hypothèse de modularité du système lexical car elle postule que l'accès à l'une ou l'autre des acceptions du mot ambigu est «guidée» par le contexte phrastique précédent. Dans ce paragraphe nous examinerons certaines données récentes qui mettent en cause la pertinence de cette interprétation intuitivement plausible du contexte.

Afin de mettre à l'épreuve de manière précise les conditions temporelles d'intervention du contexte dans la détermination du processus de sélection de l'acception adéquate du mot ambigu, Swinney (1982) a mis sur pied un nouveau paradigme expérimental. Dans ce paradigme le sujet entend une phrase comportant un mot ambigu et il doit effectuer de manière corrélative une décision lexicale sur un mot présenté visuellement. Ce mot peut être relié à l'un ou à l'autre sens du mot ambigu et éventuellement à aucun d'eux et sa présentation peut être simultanée avec la fin de la présentation du mot ambigu ou suivre ce mot de quelques centièmes de seconde. Dans la situation de présentation simultanée les résultats montrent une facilitation pour le traitement du mot visuel quand celui-ci est relié à l'une des acceptions du mot ambigu indépendamment du fait que cette acception soit ou ne soit pas compatible avec le contexte précédent. Le contexte ne semble pas être en mesure de sélectionner *a priori* l'accès à la seule acception adéquate du mot ambigu. Dans la situation complémentaire dans laquelle le mot-test visuel suit la présentation du mot ambigu de quelque 300 ms on n'observe un effet de facilitation que dans le cas où ce mot-test est relié à l'acception contextuellement appropriée du mot ambigu. Un tel résultat suggère qu'après une première phase non sélective d'accès au lexique prend place un processus de sélection qui conduit à conserver pour la suite du traitement la seule acception contextuellement appropriée du mot ambigu.

Afin de rendre compte des résultats observés dans la situation de présentation immédiate du mot-test on peut suggérer que sa présentation a activé chez le sujet la représentation de tous les mots avec lesquels ce mot (avec ces différentes acceptions) est relié dans le lexique mental. Une telle interprétation d'accès «non sélectif» au mot ambigu est bien entendu conforme avec l'hypothèse de la modularité du système lexical. Les informations provenant des niveaux supérieurs de traitement syntaxiques et interprétatives n'interviendraient que lors des étapes plus tardives de sélection et d'intégration du mot ambigu au reste de la phrase.

Récemment, Beauvillain et Grainger (1987) ont examiné dans quelle mesure le traitement d'homographes inter-langues (mots caractérisés par la présence d'une même forme orthographique correspondant à une signification différente dans chaque langue (ex. pain, coin en anglais et en français) est sensible au contexte de langue dans laquelle ils sont lus. En manipulant l'intervalle de temps entre la présentation visuelle de ces homographes et celle d'un mot-test relié à l'une ou l'autre de ses acceptions (ex. pain-beurre et pain-ache), Beauvillain et Grainger démontrent la présence d'un accès initial multiple aux différents sens de ces homographes non affecté par le mode langagier dans lequel des sujets bilingues sont appelés à traiter ces homographes. Les résultats indiquent que les sujets accèdent initialement aux deux sens des homographes, tandis que la sélection du sens approprié au contexte langagier intervient plus tard. Ce résultat suggère que l'ensemble des significations reliées à une forme orthographique est accédé, la sélection du sens approprié à une langue n'intervenant que plus tardivement.

3. DISCUSSION

Dans les pages précédentes nous avons montré comment la conjunction des notions d'automaticité et de modularité a influencée le développement des recherches récentes consacrées au lexique mental. Ces dernières à leur tour ont permis de mieux cerner et caractériser certains aspects insoupçonnés et essentiels du traitement linguistique. En particulier, elles ont suggéré que le lexique pouvait être envisagé comme constituant une composante autonome du système de compréhension du langage. La pertinence de cette hypothèse peut avoir des conséquences fondamentales sur les propositions que nous pouvons avancer sur l'organisation fonctionnelle de l'appareil cognitif.

Le choix du lexique mental comme domaine d'illustration de cette nouvelle perspective théorique en psychologie cognitive a été dicté entre autres par les raisons suivantes : a) Dans le cadre des théories psycholinguistiques de la performance, des hypothèses précises ont été avancées en ce qui concerne les principes structuraux d'organisation du lexique interne ainsi que sur la nature fonctionnelle des opérations mises en œuvre lors de l'accès. b) C'est au niveau du lexique que les informations correspondant aux différents «niveaux» de traitement sont représentées d'une manière intégrée (informations phonologiques, morphologiques, syntaxiques, sémantiques, etc.). Les représentations lexicales peuvent être envisagées comme étant «précompilées» et entretenant des multiples relations entre elles. c) L'étude des caractéristiques temporelles de l'accès et de l'utilisation des différentes sortes d'informations stockées dans les entrées lexicales peut être effectuée dans des conditions expérimentales bien contrôlées, ce qui permet l'application des principes de la chronométrie mentale. Il semble naturel en raison de ce qui précède que ce soit dans le domaine de l'accès au lexique que les interprétations fonctionnelles visant à rendre compte de la performance observée par référence à la nature des représentations mentales et aux opérations portant sur celles-ci aient été formulées avec un haut degré de précision.

Il n'en reste pas moins qu'indépendamment du domaine considéré, la mise à l'épreuve des hypothèses liées à la notion de modularité ne peut être que très indirecte. En effet, si les opérations étudiées concernent le fonctionnement automatique de sous-systèmes modulaires, les réponses en sortie de ceux-ci ne peuvent être abordées de manière directe mais à travers l'étude des réponses issues d'un système plus central de traitement lui-même sensible à de multiples sources d'information linguistique et non linguistique.

Ainsi, les facteurs de comptabilité et de plausabilité de la réponse qui interviennent à des étapes post-accès peuvent altérer la réponse observée qui est sensée refléter le fonctionnement des sous-systèmes. La caractérisation adéquate de ces systèmes modulaires exige l'élaboration de méthodes plus directes et des plans expérimentaux susceptibles de neutraliser dans la mesure du possible l'intervention éventuelle des informations étrangères au système étudié. L'utilisation de ces sources d'information doit être éliminée dans la mesure du possible même si nous ne possédons pas une théorie adéquate des processus de prise de décision qui nous permette de distinguer les tâches qui sont plus ou moins affectées.

Malgré les difficultés rencontrées dans l'étude des processus cognitifs automatiques, les travaux préalablement examinés nous semblent mettre en évidence la fécondité de la perspective théorique de la modularité. Si les comportements linguistiques reflètent des opérations très complexes, cette approche montre que des composantes essentielles du traitement linguistique ont un mode de fonctionnement quasi réflexe. Bien des faits peuvent être expliqués comme relevant de l'architecture fonctionnelle du système de traitement (Pylyshyn, 1984) et n'exigent pas nécessairement de faire appel à un niveau d'interprétation sémantique qui tiendrait compte du «contexte cognitif», c'est-à-dire de l'ensemble des connaissances et motivations du sujet.

Bibliographie

BEAUVILLAIN, C. et GRAINGER, J. Accessing inter-lexical homographs : Some limitations of a language-selective access, *Journal of Memory and Language*, 1987, **26**, 658-672.
BEAUVILLAIN, C. et SEGUI, J. Rôle du contexte dans la décision lexicale : rapidité d'établissement d'une facilitation sémantique, *Année psychologique*, 1983, 39-52.
COLLINS, A.M. et LOFTUS, E.F. A spreading-activation theory of semantic processing, *Psychological Review*, 1975, **82**, 407-428.
FODOR, J.A. *The modularity of mind*, Cambridge, Mass., M.I.T. Press, 1983.
FORSTER, K.I. Levels of processing and the structure of the language processor. In W.E. Cooper and E.C.T. Walker (eds), *Sentence processing : Psycholinguistics studies presented to Merill Garrett*, Hillsdale, N.J., Lawrence Erlbaum Ass., 1979.

FORSTER, K.I. et OLBREI, I. Semantic heuristics and syntactic analysis, *Cognition*, 1973, **2**, 319-347.
GARRETT, M.F. Word and sentence perception. In R. Held, H.W. Leibowicz and H.L. Tueber (eds), *Handbook of sensory physiology : Perception, vol VIII*, N.Y., Springer Verlag, 1978.
GRAINGER, J. et BEAUVILLAIN, C. Semantic priming in bilinguals : lexically or conceptually mediated processes, *Canadian Journal of Experimental Psychology* (sous presse).
HOLENDER, D. Semantic activation without conscious identification in dichotic listening, parafoveal vision and visual masking : a survey and appraisal, *Behavior and Brain Services*, 1986, **9(1)**, 1-66.
LUPKER, S.J. Semantic priming without association : a second look, *Journal of Verbal Learning and Verbal Behavior*, 1984, **23**, 709-733.
MEYER, D.E. et SCHVANEVELDT, R.W. Facilitation of recognizing pairs of words : Evidence for retrieval operations, *Journal of Experimental Psychology*, 1971, **90**, 394-398.
MORTON, J. Desintegrating the lexicon. In J. Melher, E.C.T. Walker, M. Garrett (eds), *Perspectives in mental representation*, Hillsdale, L. Erlbaum, 1982.
NEELY, J.H. Semantic priming and retrieaval form lexical memory : Roles of inhibitionless spreading activation and limited capacity attention. *Journal of Experimental Psychology : General*, 1977, **106**, 226-254.
POSNER, M.I. et SNYDER, C.R.R. Attention and cognitive control. In R.L. Solso (eds) *Information processing and cognition : The Loyola Symposium*, Hillsdale, L. Erlbaum, 1975.
PYLYSHYN, Z.W. *Computation and cognition*, The M.I.T. Press, Cambridge, Massachusetts, 1984.
SEGUI, J. The role of context in language processing : When and how?, *Cahier de Psychologie Cognitive*, 1986, **6(2)**, 175-186.
SEGUI, J. et BEAUVILLAIN, C. Why limit the availability of a prime-word in the study of automatic contextual facilitation?, *The Behavioral and Brain Sciences*, 1988 (sous presse).
SEGUI, J. et KAIL, M. Le traitement de phrases localement ambiguës : L'attribution de la coréférence des pronoms. Dans M. Moscato et G. Pieraut-Le Bonniec (eds), *Le langage : construction et actualisation*, Rouen, Publication de l'Université de Rouen, 1984.
SWINNEY, D. Lexical processing during sentence comprehension : Effects of higher order constraints and implications for representation. In T. Myers, J. Laver, J. Anderson (eds), *The Cognitive Representation of Speech*, Amsterdam, North-Holland, 1982.
TANENHAUS, M.K. et LUCAS, M.M. Context effects in lexical processing, *Cognition*, 1987, **25**, 213-234.

Chapitre II
Une évaluation critique
du concept d'automaticité

P. PERRUCHET

Université René-Descartes,
Laboratoire de Psychologie différentielle,
28, rue Serpente - 75006 Paris

Que beaucoup d'articles récents visent à évaluer si telle ou telle composante du comportement, de la perception de la fréquence d'occurrence des événements (e.g. Sanders *et al.*, 1987) au jugement social (e.g. Winter *et al.*, 1985), procède, ou non, sur un mode automatique, laisse supposer que le concept d'automaticité fait l'objet d'une définition univoque et universellement partagée. A plus ample examen, toutefois, il apparaît que, dans la plupart des cas, ces travaux empiriques se limitent à analyser dans quelle mesure le segment comportemental sous étude remplit un critère particulier, dont le choix est justifié par le renvoi à l'une ou l'autre d'un petit nombre de publications, notamment celles de Posner et Snyder (1975), Schneider et Shiffrin (1977), et Hasher et Zacks (1979).

Cette pratique laisse ouverte la question de savoir si le terme d'automatisme et ses dérivés ne prennent sens que par rapport à des travaux initiaux ayant mystérieusement acquis valeur de référence, ou s'ils possèdent une réelle valeur scientifique. L'objectif de ce chapitre est de fournir certains éléments de réponse à cette question.

La première étape de notre démarche consistera à recenser les propriétés attribuées aux automatismes, et à décrire leurs principales modalités d'opérationnalisation (section 1). Puis nous tenterons de répondre à deux questions, qui semblent largement conditionner la valeur intrinsèque du concept d'automaticité. Les propriétés recensées sont-elles convergentes (section 2) ?, et dans quelle mesure constituent-elles des critères applicables de façon stricte et univoque (section 3) ? Cet examen conduira à proposer une évaluation globale des plus nuancée, se prolongeant par l'esquisse de nouvelles perspectives de recherches (section 4).

1. LES PROPRIETES DES AUTOMATISMES ET LEURS MODES D'OPERATIONNALISATION

Il existe, au moins en apparence, un large accord pour attribuer au traitement automatique deux propriétés principales : l'absence de coût ou de charge mentale, et l'absence de contrôle intentionnel. Une troisième propriété, plus contestée, est celle d'inconscience. D'autres propriétés, toujours perçues comme secondaires, sont évoquées épisodiquement.

A. L'absence de charge mentale

Que l'homme dispose, à un instant donné, d'une réserve limitée d'énergie ou de capacité mentale, correspond à une intuition quotidienne. La première propriété attribuée au traitement automatique de l'information est de laisser cette réserve intacte, en opérant « en parallèle » par rapport aux autres opérations cognitives. La littérature anglo-saxonne est riche de termes difficilement traduisibles tels que « effortless » ou « capacity-free » pour qualifier cette propriété. Opérationnellement, elle correspond à une absence d'interférence mutuelle entre un traitement automatisé et d'autres traitements, automatiques ou attentionnels : le premier ne perturbe pas le déroulement des seconds et réciproquement.

Le parallélisme des opérations automatiques peut être analysé soit au sein d'une tâche unique dans laquelle varie le nombre d'opérations à effectuer simultanément, soit en juxtaposant deux tâches. Compte tenu du caractère artificiel de la notion de tâche, on peut considérer que la distinction a peu d'importance théorique; elle détermine toutefois deux traditions différentes.

Les travaux s'inscrivant dans la première tradition se fondent d'une part sur les situations permettant d'observer des effets de préactivation sémantique, initialement mises à profit pour l'étude des automatismes par Posner et Snyder (1975), et d'autre part sur les tâches dites « de recherche », qui renvoient aux travaux séminaux de Schneider et Shiffrin (1977). Les chapitres I (2°, a) et III de cet ouvrage, respectivement, présentent une analyse détaillée de ces situations, dont seul le principe sera rappelé ici.

Dans les situations de préactivation sémantique (semantic priming), le sujet doit, par exemple, décider le plus rapidement possible si une chaîne de caractères qui lui est présentée constitue un mot ou un «non mot». S'agissant d'un mot, cette décision est habituellement facilitée — en fait : exécutée plus rapidement — par la présentation antérieure d'un autre mot sémantiquement relié. Cette facilitation peut être due, soit à l'attente explicite d'un mot appartenant à la même catégorie sémantique que le mot initial, soit à un processus de préactivation automatique. Les résultats recueillis dans le cas où les deux mots — le mot préactivateur (prime) et le mot «cible» (target) — ne sont pas sémantiquement reliés, permettent d'éclairer ce point. On observe alors un temps de réponse anormalement long, interprété en terme d'inhibition, lorsqu'un processus contrôlé a pu se développer, compte tenu des paramètres, notamment temporels, de la situation : l'attente explicite a un empan limité et ne peut concerner qu'une catégorie d'items à la fois. L'inhibition disparaît, par contre, lorsque l'intervalle entre les deux mots est suffisamment court (inférieur à 200 ou 300 msec.) pour proscrire le développement d'une orientation attentionnelle ; la préactivation s'opère alors en parallèle, sans affecter les autres opérations cognitives.

Dans les tâches «de recherche», le sujet doit détecter si, parmi un ensemble d'éléments (lettres, chiffres ou formes géométriques) présentés visuellement, figure l'un des éléments d'un ensemble présenté quelque temps avant. La réalisation de cette tâche suppose une double opération de recherche, en mémoire, et visuelle, pour tenter d'apparier chacun des éléments de la liste mémorisée des items-cibles à chacun des éléments de la liste présentée. On sait que dans les conditions habituelles le temps requis pour mener à bien ce genre de tâche augmente en fonction du nombre d'items maintenus en mémoire d'une part, et du nombre d'items présentés visuellement d'autre part, comme si le sujet examinait successivement chaque couplage possible. Si l'on porte en abscisse le nombre d'items de l'un des deux ensembles et en ordonnée le temps de réponse, les performances s'inscrivent grossièrement le long d'une droite de pente positive. Au terme d'un entraînement prolongé toutefois, et sous réserve que les ensembles d'items gardent un degré suffisant de cohérence, les performances deviennent indépendantes du nombre d'éléments composant chacune des listes. Les droites de régression prennent alors une valeur de pente nulle, comme si le sujet était devenu capable de traiter en parallèle l'ensemble des informations pertinentes.

Les situations de double tâche constituent le point d'ancrage d'une seconde tradition de recherche, aujourd'hui très développée. Le sujet doit effectuer simultanément deux tâches différentes. Ces conditions d'exercice induisent habituellement une baisse de performance par rapport à une condition contrôle où chacune des tâches est exécutée isolément. L'absence de détérioration est le signe que l'une et/ou l'autre des tâches est automatisée. La technique a été mise à profit pour remplir différents objectifs, notamment pour mesurer la charge mentale dans les situations de travail. Elle s'est spécifiée en plusieurs variantes. Nous n'envisagerons ici que la principale d'entre elles.

Dans cette variante, le sujet a pour instruction de donner la priorité d'exécution à l'une des deux tâches, appelée la tâche primaire; c'est celle dont il s'agit d'évaluer le degré d'automaticité. L'autre tâche, secondaire, doit être exécutée avec les capacités de traitement restantes. Le choix de cette seconde tâche repose sur son aptitude à solliciter des ressources en continu, sans être affectée par la répétition. Le sujet doit, par exemple, répondre le plus rapidement possible à des signaux (éventuellement de faible intensité), compter à rebours de 3 en 3, retenir en mémoire à court terme des mots ou des chiffres, exécuter une tâche de poursuite, ou encore produire un rythme régulier ou une série de nombres au hasard. Le degré d'automatisation de la tâche primaire est évalué par la performance atteinte dans la tâche secondaire. Dans le dernier exemple cité, un détournement d'attention induit la production de séquences systématiques, et des irrégularités dans la fréquence d'occurrence des nombres; le degré d'automatisation de la tâche primaire sera inversement proportionnel à la distance séparant la production d'un sujet d'une production réellement aléatoire.

L'application de cette stratégie d'investigation, parfois appelée «technique de la tâche subsidiaire», pose des problèmes difficiles (voir sur ce point la discussion de Fisk et al., 1986). Un problème préliminaire, commun à toute manipulation expérimentale, consiste à éviter les effets de plancher ou de plafond; le risque est ici d'inférer trop vite l'existence d'un automatisme alors que l'absence d'interférence observée est due au fait que l'addition des deux tâches ne suffit pas à saturer les capacités limitées de traitement. Mais il existe des difficultés beaucoup plus fondamentales qui ne sont actuellement qu'en partie résolues. La logique de la procédure suppose que la tâche primaire interfère avec la tâche secondaire en prélevant dans une *même* réserve une quantité *fixe* de ressources. Or il apparaît d'une part que l'interférence peut être due à d'autres facteurs que la sollicitation conjointe d'une réserve commune, et d'autre part que la quantité de ressources utilisée par la tâche primaire ne reste pas stable.

Le premier problème peut être illustré par le fait qu'il est difficile d'écrire et de conduire en même temps, quel que soit le degré d'automatisation de chacune de ces activités. Ce genre d'interférence lié à la sollicitation simultanée des mêmes structures sensorielles ou motrices, est appelée «interférence structurale». De simples considérations triviales permettent d'éviter les cas les plus flagrants d'interférence structurale. Le problème consiste à savoir jusqu'où étendre cette notion. On observe en effet, comme une règle générale, qu'une tâche primaire donnée n'exerce pas le même effet sur différentes tâches secondaires. Ceci suggère que l'interférence structurale joue, à un certain degré, quelle que soit la combinaison des tâches[1]. Une méthode, hélas coûteuse, pour atténuer les biais d'estimation, consiste à utiliser plusieurs tâches secondaires, choisies comme étant les plus variées possibles, et à calculer une estimation moyenne de l'interférence. Cette proposition, initialement formulée par Kahneman (Kahneman, 1973), se semble pas avoir reçu beaucoup d'écho. Il est par contre fréquent de recourir à une autre méthode, consistant à introduire des variations dans le niveau de difficulté d'une tâche secondaire donnée. On suppose que l'interférence structurale reste stable, la tâche secondaire impliquant les mêmes structures sensorielles et motrices, quel que soit son degré de complexité. Le degré d'automatisation de la tâche primaire est alors évalué par la façon dont la performance à la tâche primaire réagit, non pas à la simple superposition de la tâche secondaire, mais aux variations de difficultés de celle-ci.

Une seconde difficulté inhérente à la technique de la tâche subsidiaire est relative au fait que les performances à la tâche primaire sont, en règle générale, négativement affectées par la simple présence d'une tâche secondaire. Tout se passe comme si le sujet accordait, en dépit des instructions qui lui sont données, une certaine part de res-

---

[1] Une autre interprétation de ce résultat consiste à abandonner la notion de réserves communes ou de capacité centrale. Navon et Gopher (1979) ont proposé une théorie fondée sur la notion de ressources multiples et différenciées. On peut penser que cette conceptualisation, dans sa forme actuelle, a une valeur heuristique des plus limitées, en raison notamment de son imprécision et de son caractère non infirmable. De plus, elle semble conduire à postuler pratiquement autant de ressources qu'il y a de tâches. Il faut reconnaître toutefois que ce point de vue critique reste minoritaire.

sources à la tâche secondaire au détriment de la tâche primaire. Cette observation soulève la question de savoir comment obtenir une estimation de l'interférence à partir des performances observées dans la tâche secondaire, sachant qu'une part de l'interférence, évidemment variable selon les tâches et les sujets, s'exerce au niveau de la tâche primaire.

Le problème étant de séparer ce qui relève de l'interférence effective entre les tâches, de ce qui relève du critère adopté par le sujet quant au degré de priorité accordé à l'une ou l'autre d'entre elles, certains auteurs (cf. Norman et Bobrow, 1975) ont proposé de lui appliquer les méthodes développées dans le cadre de la théorie de la détection du signal, qui visent à obtenir une mesure de la discriminalité du stimulus indépendante du critère de réponse adopté par le sujet dans une situation de détection (cf. pour une présentation : Bonnet, 1986, ch. 2). Au lieu de contraindre les sujets à accorder une priorité absolue à la tâche primaire, la consigne stipule alors d'accorder une part d'attention, variable selon les blocs d'essais, à l'une ou à l'autre tâche. Les performances peuvent être reportées sur un diagramme où les axes représentent les performances atteintes dans l'une et l'autre tâche. La courbe ainsi obtenue est analogue aux courbes ROC (receiving operating characteristic) de la théorie de la détection du signal, et prend dans ce contexte le nom de courbe AOC (attention operating characteristic, cf. Kinchla, 1980) ou plus généralement POC (performance operating characteristic). Si les observations se distribuent le long de la diagonale, c'est que l'interférence entre les deux tâches est maximale : toute amélioration des performances dans l'une des tâches se traduit par une décroissance comparable dans l'autre tâche. La distance de la courbe à la diagonale, symbolisée d', est inversement proportionnelle au degré d'interférence. Cette méthodologie, fréquemment utilisée aujourd'hui, a elle-même des limites. En particulier, elle exige un nombre de mesures important, ce qui, outre le coût de l'opération, a pour effet de multiplier les risques d'automatisation de la tâche secondaire, ou d'intégration des deux tâches en une nouvelle unité (Neisser, 1976; voir la discussion de Baddeley *et al.*, 1984).

En résumé, le parallélisme du traitement automatique est mis en évidence, soit au sein de tâches particulières dans lesquelles peut être estimé le nombre d'opérations simultanément effectuées (d'après la sélectivité de la préparation dans les paradigmes de préactivation sémantique, ou le nombre d'items simultanément pris en compte dans les tâches de recherche), soit par la juxtaposition de tâches différentes. Cette dernière technique constitue, de par l'étendue de son domaine d'application, un outil d'analyse particulièrement puissant; il reste qu'estimer la quantité de ressources allouée à une tâche primaire par les performances observées sur une tâche secondaire conduite en parallèle est une opération délicate, qui requiert la mise en œuvre de méthodes particulières.

B. L'absence de contrôle intentionnel

On utilise de façon équivalente pour désigner ce second critère, les termes d'obligatoire, non optionnel, non délibéré, ou autonome. Les termes d'irrépressible, non inhibable, ou ballistique, parfois utilisés comme synonymes, sont sans doute malheureux dans la mesure où ils suggèrent qu'une activité ayant pour objet d'arrêter avant son terme un traitement se déroulant à l'insu du sujet est vouée à l'échec. Ceci n'est généralement pas le cas, et nous reviendrons sur ce point en section 3; mais la nécessité de déployer une activité inhibitrice pour mettre un terme au déroulement d'un processus témoigne du caractère non délibéré de sa mise en action.

Opérationnellement, l'absence de contrôle intentionnel est toujours évaluée dans des situations particulières où une rupture dans les régularités de l'environnement fait que l'occurrence d'un automatisme habituellement adapté intervient comme une perturbation. Il s'agit là d'une nécessité méthodologique évidente, un comportement adapté pouvant toujours être attribué à une stratégie délibérée du sujet. L'absence de contrôle du traitement automatique a été étudiée dans les conditions naturelles au travers de ce que l'on appelle les ratés, les lapsus de l'action, ces données étant généralement collectées par questionnaire (Norman, 1981; Reason, 1984). Elle a été également étudiée expérimentalement en introduisant un changement, généralement une inversion, au sein d'une tâche longuement pratiquée. Après surapprentissage d'une discrimination, par exemple, les stimulus renforcés et non renforcés peuvent être inversés. Ou encore, des items ayant toujours servi d'items-cibles dans une tâche de recherche sont introduits comme items-leurres. L'absence de contrôle se manifeste dans ces tâches par la persistance du comportement antérieurement adapté. Mais l'outil d'investigation privilégié de ce second critère est indiscutablement ce qu'il est convenu d'appeler l'«effet Stroop».

Chacun connaît l'effet décrit par Stroop en 1935, qui se rapporte à la difficulté de dénommer la couleur d'un mot imprimé dans une couleur différente de celle que le mot désigne (lorsque, par exemple, le mot «bleu» est écrit en rouge). L'effet est habituellement mesuré comme une différence entre les performances observées dans cette situation conflictuelle, et les performances observées quand le stimulus est une simple surface colorée. Le nombre d'erreurs restant très réduit, la variable dépendante est le temps de dénomination, ou le nombre d'items dont la couleur a été dénommée durant un temps donné.

Cette forme prototypique de l'épreuve, où l'interférence s'exerce entre la lecture et la dénomination d'une couleur, est toujours utilisée; elle a également donné naissance à de multiples variantes, elles aussi désignées comme tâches de Stroop (ou «de type Stroop»). Certaines tâches induisent une interférence entre la lecture et la dénomination de dessins; la situation peut consister par exemple à dénommer un pied dessiné dans lequel figure le mot «main». D'autres formes sont plus spécifiques. Ainsi, le sujet peut avoir à situer la position d'un mot par rapport à un point de fixation, ce mot étant incompatible avec la réponse correcte (par exemple, le mot «au-dessus» apparaît sous le point de fixation). Dans ces exemples, et dans ceux qui seront évoqués plus loin, la lecture constitue le traitement automatique interférent. Quelques rares formes de Stroop recourent à d'autres types de traitement. C'est le cas du «test du fruit» (Cammock et Cairns, 1979), applicable aux jeunes enfants : la tâche consiste à dénommer la couleur de dessins représentant des fruits, la couleur du dessin étant évidemment non conforme à la couleur réelle du fruit qu'il représente (par exemple, une banane est colorée en bleu).

Une littérature considérable s'est développée autour de l'effet Stroop, visant notamment à rechercher si l'interférence s'exerce principalement au niveau de la prise d'information ou au niveau de la réponse. Il n'est pas question d'évoquer ici ces travaux, sur lesquels il n'existe malheureusement aucune revue d'ensemble récente (la dernière revue sur l'effet Stroop est celle de Dyer, 1973). Nous nous limiterons à noter que rien dans les résultats récents ne permet de remettre en cause une interprétation générale, formulée le plus explicitement par Posner et Snyder (1975), selon laquelle l'interférence signe le caractère obligatoire du traitement de la composante du stimulus qui devrait être ignorée du sujet. Il convient en particulier de souligner que l'interférence ne peut être attribuée à la simple différence de vitesse entre les processus sollicités. On pourrait penser en effet que, dans la forme prototypique du phénomène, l'interférence naîtrait du fait que la lecture d'un nom est plus rapide que la dénomination d'une couleur. Cette différence est certes réelle dans les conditions habituelles (Fraisse, 1969). On observe toutefois que l'effet Stroop demeure virtuellement inaltéré si l'on inverse ce rapport de vitesse par diverses manipulations expérimentales, telles que l'introduction d'une asynchronie dans la présentation des diverses composantes du stimulus

(Glaser et Dungelhof, 1984), ou l'allongement artificiel de la durée de la composante automatique du traitement (Dunbar et Mac Leod, 1984). Ces résultats conduisent à penser que l'interférence est directement imputable au développement d'un automatisme, les différences de temps de traitement n'en constituant qu'une conséquence habituelle sans effet causal.

C. L'inconscience

Plusieurs auteurs classent l'inconscience[2] à l'égal des deux précédents critères d'automatisme (par exemple : Posner et Snyder, 1975; Neumann, 1984). L'inconscience est opérationnalisée par l'incapacité des sujets à verbaliser, ou plus généralement à témoigner intentionnellement par une réponse symbolique, de la nature d'un processus ou d'un événement. Il est des champs entiers de recherches qui recourent presque exclusivement à ce critère (cf. la problématique traitée au ch. IV, *intra*). Son usage n'est toutefois pas universellement accepté. Les réserves exprimées se distribuent en deux catégories : soit elles mettent en doute la possibilité de traiter expérimentalement de l'inconscience, soit elles reconnaissent l'inconscience comme un objet d'étude valide mais rejettent son identité avec la notion d'automatisme. Ces deux aspects seront examinés successivement.

Rares sont aujourd'hui les auteurs qui, à l'exemple de Neisser *et al.* (1981), rejettent encore *a priori* toute mesure de conscience et d'inconscience parce qu'elles reposent sur les rapports introspectifs des sujets. Mais donner crédit à cette source d'information ne résout pas toutes les difficultés.

Considérons à titre d'exemple une situation dans laquelle l'inconscience porte sur la perception d'un stimulus exposé à un niveau infraliminaire. Comment s'assurer que le stimulus présenté n'a fait l'objet d'aucun traitement conscient? Au moins trois façons d'opérer sont utilisées, isolément ou en combinaison.

On peut d'abord mesurer en début d'expérience un seuil sensoriel individuel, qui servira de référence pour ajuster la durée et l'intensité des stimulus durant la phase expérimentale. Le niveau d'exigence

---

[2] Le terme d'inconscient est utilisé ici comme synonyme de non conscient, sans aucune connotation psychanalytique. Pour des discussions récentes sur l'inconscient envisagé du point de vue de la psychologie cognitive expérimentale, on pourra consulter Holender (1986) et les commentaires suivant cet article, Kihlstrom (1987), et le numéro de septembre 1987 de *Personality and Social Psychology Bulletin* (vol. 13, n° 3).

requis est plus élevé aujourd'hui qu'il l'était il y a quelques dizaines d'années; ainsi la valeur finale sera-t-elle choisie inférieure à la plus faible valeur détectée, et non simplement à la valeur seuil conventionnellement définie. De plus, il s'agit de seuil de détection, et non d'identification : s'agissant de mots par exemple, la durée et l'intensité de leur exposition seront choisies de telle façon que le sujet soit incapable, non seulement d'identifier les mots présentés, mais plus encore de détecter la présence d'un stimulus quelconque. Il reste que ce genre de procédure n'échappe toujours pas complètement à la critique formulée depuis l'origine à l'encontre des phénomènes de perception subliminale, relative à la considérable marge de variation intra-individuelle de la sensibilité sensorielle. Cette critique est renforcée par le fait que la mesure de seuil s'effectue dans des conditions nécessairement différentes des conditions expérimentales proprement dites, ne serait-ce qu'en raison de la succession temporelle des mesures (voir à ce sujet les remarques d'Holender, 1986, pp. 19 sv.).

Une seconde façon d'opérer consiste à fixer les conditions de présentation, et à interroger les sujets en fin d'expérience pour vérifier l'absence de conscience des informations pertinentes, en éliminant éventuellement de l'analyse finale les sujets ne répondant pas à des critères d'inconscience préétablis. La sensibilité des différentes formes d'interrogatoires a fait l'objet de nombreux développements. Aussi fine soit-elle cependant, elle ne concerne que ce dont le sujet se souvient en fin d'expérience. Qu'il ait pu être momentanément conscient de certaines sources d'informations sans en garder le souvenir demeure possible.

La troisième méthode, dans laquelle l'inconscience est vérifiée au moment de la présentation de chaque stimulus, apparaît à bien des égards la plus valide. Mais elle souffre d'un inconvénient majeur : celui d'être fortement intrusive. L'obligation pour le sujet de traduire en continu son niveau de conscience n'est pas toujours compatible avec les impératifs de la tâche, et risque dans tous les cas d'interférer avec le déroulement normal des événements. Il n'existe pas actuellement semble-t-il de solution totalement satisfaisante. On peut concevoir que là comme dans bien d'autres domaines, le niveau de fiabilité des conclusions dépend du degré de convergence entre des résultats obtenus par des méthodes variées souffrant chacune de limitations différentes.

Une seconde catégorie de réserves visant l'inclusion de l'inconscience parmi les critères d'automatisme, porte sur le fait d'identifier la distinction entre conscience et inconscience à la distinction entre contrôlé et automatique. Schneider et Shiffrin sont sans doute les plus explicites sur ce point. La position de ces auteurs s'explique par les caractéristiques de leur situation expérimentale de prédilection. Rappelons qu'il s'agit de tâches de recherche, et que la transition du contrôle à l'automatisme est supposée correspondre au passage d'un mode sériel à un mode parallèle de traitement. La difficulté n'est pas tant de reconnaître l'inconscience du traitement parallèle que la conscience du traitement sériel. Les sujets sont en effet normalement incapables de prendre conscience des opérations de balayage des listes d'éléments dont leurs performances semblent témoigner. Schneider et Shiffrin ont introduit la notion de processus « voilé à la conscience » pour rendre compte de ce mode de traitement contrôlé, mais la notion n'apparaît pas pleinement satisfaisante (Ryan, 1983).

D. Les autres critères d'automatisme

La rapidité d'un traitement est également utilisée comme critère d'automatisme, notamment dans les études de préactivation, lorsqu'il s'agit de juger de l'influence d'un premier stimulus sur un second. On convient habituellement que le temps de sollicitation de l'attention est supérieur à 150 ou 200 millisecondes. Si le premier stimulus exerce un effet sur le traitement du second en dépit d'une asynchronie temporelle plus réduite, cet effet est dans ce contexte qualifié d'automatique (cf. ch. I, *intra*).

Nous ne citerons que pour mémoire un certain nombre de critères additionnels, initialement proposés par Hasher et Zacks (1979). Ils dérivent de l'idée selon laquelle le traitement automatique doit être insensible à un certain nombre de facteurs qui affectent le niveau de capacité attentionnelle des sujets. Ces facteurs peuvent agir au niveau interindividuel (âge, état dépressif, niveau de motivation ou d'intelligence) ou au niveau intra-individuel. Suivant cette ligne de raisonnement, Birnhaum *et al.* (1987), par exemple, jugent que le processus par lequel est évaluée la fréquence d'occurrence d'un événement donné ne procède pas automatiquement, car il est affecté par un état d'intoxication alcoolique.

Un dernier critère fortement contesté est celui de simplicité. Hirst *et al.* (1980) ont montré qu'une pratique intensive pouvait conduire à mener de pair une tâche de dictée avec une tâche de lecture, sans déficit notable au niveau de la compréhension. Selon eux, la complexité des opérations en jeu suffit à éliminer l'hypothèse selon laquelle ce résultat est lié à la formation d'automatismes. On peut tout d'abord noter que la notion de simplicité est, non seulement arbitraire, mais encore difficilement opérationnalisable (il apparaît paradoxal que les auteurs qui l'utilisent soient parmi les plus critiques vis-à-vis de la notion d'inconscience). Supposant résolu ce problème de mesure, il reste que l'idée selon laquelle seuls les processus simples sont susceptibles de s'automatiser est elle-même habituellement rejetée (cf. par exemple les discussions de Shiffrin et Dumais, 1981, pp. 119-120, et Schneider *et al.*, 1984, p. 15).

En résumé, il apparaît que seuls deux critères d'automatisme recueillent une très large adhésion : celui d'absence de charge, principalement opérationnalisé dans les situations de double tâche, et répondant à l'idée commune selon laquelle la mise en œuvre d'automatismes permet de faire plusieurs choses en même temps, et celui d'absence de contrôle, principalement opérationnalisé dans les tâches de type Stroop, et répondant à l'idée commune selon laquelle les automatismes opèrent en dehors de nous-mêmes. Parmi les autres critères, il convient d'accorder une mention particulière à la propriété de rapidité et surtout à celle d'inconscience, qui, bien que faisant l'objet de réserves de la part de certains auteurs, est très largement utilisée dans certains contextes.

2. LE DEGRE DE CONVERGENCE DES DIFFERENTES PROPRIETES

Les propriétés ainsi définies sont-elles à la fois communes à tous les automatismes et propres à eux seuls, ainsi que l'usage même du mot « propriété » le suggère ? En d'autres termes, sont-elles toujours associées ? On peut noter qu'une réponse positive à cette question conditionne dans une large mesure la valeur heuristique du concept d'automatisme. Une propriété donnée peut alors servir de critère, et sa présence autoriser des généralisations relatives à la présence des autres propriétés.

A. Quelques considérations préliminaires

L'idée d'une convergence entre propriétés apparaît logiquement impliquée dans la conception générale qui sous-tend la littérature sur les automatismes, dans laquelle ces derniers sont posés en opposition à un opérateur central. A cet opérateur central sont attribuées tout à la fois les propriétés constitutives de l'attention, d'un centre de contrôle, et bien souvent aussi de la conscience. De là dérivent les propriétés des automatismes qui se définissent en négatif par rapport à ces attributs. Cependant, des difficultés apparaissent à plus ample examen.

S'il est, en effet, conforme à la notion d'un opérateur central de penser qu'un traitement qui s'exécute sans charge mentale, s'exerce également sans contrôle, il existe une apparente contradiction dans le mode d'opérationnalisation de ces critères. L'absence de charge mentale se traduit par l'absence d'interférence avec une activité concurrente, alors que le manque de contrôle est mesuré, précisément, par l'existence d'une interférence, essentiellement dans les tâches de type Stroop. Les deux exigences sont évidemment incompatibles. Quelques auteurs, peu favorables à la notion d'automatisme, l'ont noté incidemment (Cheng, 1985, p. 585; Hirst et Wolpe, 1984, p. 374). Mais de façon générale, le problème ainsi posé est passé sous silence.

La position de Posner (e.g. Posner et Snyder, 1975) autorise une certaine cohérence en posant que seuls les processus automatiques déclenchant normalement une réponse, verbale ou motrice, peuvent être générateurs d'interférence; à ce niveau en effet le parallélisme n'est plus possible. Bien que Posner semble de façon générale développer l'idée contraire, une telle conception implique logiquement une définition des automatismes en termes disjonctifs : soit le processus inclut le stade de réponse, et on peut lui appliquer le critère d'inévitabilité, soit il ne l'inclut pas, et c'est alors le critère de parallélisme qui devient pertinent. Schneider et Shiffrin (e.g. Schneider *et al.*, 1981) proposent que le critère d'inévitabilité s'applique uniquement aux processus déclenchant une réponse d'*attention*, une position qui conduit elle aussi à une définition en termes disjonctifs. Il semble bien que telle soit la conception des auteurs, bien que nombre de chercheurs se référant à ce courant ne reprennent pas explicitement cet aspect.

Une troisième solution peut être suggérée. Elle consiste à postuler que le champ de pertinence de chaque critère dépend, non pas du processus, comme précédemment, mais de la situation qui sollicite ce processus. Plus spécifiquement, il y aurait parallélisme tant que le processus sollicité est adapté à la tâche proposée, et interférence dans le cas contraire. Ainsi par exemple, on peut concevoir que l'extraction des caractéristiques physiques d'un stimulus linguistique procède en parallèle et sans interférence lorsque cette extraction s'inscrit dans une activité intentionnelle de lecture, dont il fait partie intégrante, alors qu'il suscite une interférence, témoin de son caractère inévitable, dès lors que la tâche a d'autres finalités, comme dans l'effet Stroop. On peut noter qu'une telle conception a concrètement le danger d'ouvrir à des raisonnements circulaires : le caractère adapté ou non d'un processus dans la réalisation d'une tâche donnée est une notion sans doute trop imprécise pour éviter que l'absence ou la présence d'interférence n'en devienne subrepticement le critère. Cette conception semble toutefois être la seule qui conserve la possibilité pour un processus donné de satisfaire simultanément les deux critères. A ce titre, elle paraît sous-tendre la pratique de la plupart des chercheurs, bien qu'elle soit rarement formulée en ces termes. Elle est, en particulier, implicitement contenue dans les travaux empiriques centrés sur l'étude des convergences entre critères, examinés ci-dessous.

B. Le degré de convergence empirique

Nous ne reviendrons pas sur le fait que l'inconscience ne semble pas toujours aller de pair avec les deux propriétés primaires. Cette relative indépendance a été antérieurement mentionnée pour justifier les réserves de certains auteurs, et en particulier de Schneider et Shiffrin, à intégrer cet aspect parmi les propriétés des automatismes. La discussion suivante sera limitée au degré de convergence des deux critères primaires.

Plusieurs travaux montrent que le critère d'absence de contrôle attentionnel peut être rempli, sans que le critère d'absence de charge mentale le soit. Paap et Ogden (1981) ont illustré ce fait à partir d'une situation où des lettres présentées en vision fovéale sont traitées de façon obligatoire et restent néanmoins source d'interférence. Regan (1981) parvient à la même conclusion au terme d'expériences où des sujets américains doivent apprendre à identifier des lettres arméniennes. Le caractère obligatoire du traitement est évalué dans une tâche de type Stroop : de grandes lettres sont formées par la juxtaposition de petites lettres identiques les unes aux autres, mais différentes de la grande lettre qu'elles représentent, et la tâche consiste à nommer la petite lettre. Les sujets sont évidemment perturbés par la non-congruence des lettres; mais le résultat intéressant est que cette perturbation apparaît très tôt dans le cours de l'apprentissage, alors même que la dénomination de lettres sollicite encore, d'après les résultats d'une expérience indépendante, une charge mentale importante.

Ces résultats ne conduisent pas nécessairement à remettre en cause le concept d'automatisme, ainsi que le prétendent Paap et Ogden (1981). On peut penser en effet qu'ils traduisent, non pas une incohérence fondamentale du concept, mais seulement une divergence de sensibilité des différents indicateurs qui l'opérationnalisent : certains indicateurs seraient sensibles à des degrés faibles d'automatisme, et atteindraient rapidement un plateau, alors que d'autres, moins prompts à se modifier, continueraient longtemps de marquer une évolution. Cette asynchronie pourrait d'ailleurs être retrouvée à d'autres niveaux; ainsi, l'absence d'interférence dans les situations de double tâche pourrait elle-même être observée bien avant que soit obtenue une pente nulle dans les tâches de recherche (Logan, 1979, pp. 203 sv.), l'un et l'autre indicateurs opérationnalisant cependant le même critère d'absence de charge mentale.

Si le manque de concordance, à un moment donné du temps, de l'état des différents indicateurs a une portée réduite, il en est autrement des divergences d'évolution de performances au cours de la pratique. Une évolution parallèle des différents indicateurs serait évidemment souhaitable pour assurer la validité du concept d'automatisme; considérant que des effets de plancher ou de plafond peuvent maintenir tel ou tel critère à un niveau constant, on doit poser pour condition minimale qu'il n'existe pas d'évolution contraire. Logan (1985), qui formule cette condition, affirme qu'elle se trouve empiriquement remplie. Un examen détaillé de la littérature conduit toutefois à plus de réserve. La pratique d'une tâche conduit de façon très générale à faciliter son exécution conjointe avec une autre tâche. Il est beaucoup moins certain qu'elle conduise de façon aussi régulière à un moindre contrôle. Trois méthodes d'investigation du degré de contrôle ont été décrites dans la section précédente, qui toutes justifient cette réserve.

La première méthode est liée à l'étude des «ratés» de la vie quotidienne. Il est manifeste que ceux-ci ne correspondent pas toujours à la persistence d'une habitude très ancienne, ainsi que permettrait de le prévoir l'hypothèse d'une perte progressive de contrôle. Reason (1984, p. 540) rapporte ainsi plusieurs exemples où l'inadaptation de l'action provient de la perturbation d'anciennes routines par la généralisation abusive d'un comportement acquis de façon relativement récente. La seconde méthode d'investigation correspond à l'introduction d'un changement de situation après différents niveaux de surapprentissage. Or il est connu dans ce champ de recherche, dont les principales données ont été recueillies avant que les automatismes ne forment un domaine de recherche propre, que la poursuite d'un apprentissage ne conduit pas toujours à accroître le caractère obligatoire, non modifiable, du comportement appris. Une série d'effets ont été observés, qui correspondent au contraire au fait que le surapprentissage peut faciliter un transfert (OTE : Overtraining ou overlearning transfer effect), une inversion de discrimination (ORE : Overtraining reversal effect, cf. Ch. VII, *intra*), et même l'extinction des réponses acquises (OEE : Overtraining extinction effect). Les travaux récents ont confirmé la susceptibilité du traitement automatique au transfert (e.g. Schneider *et al.*, 1984, p. 20), ou à la généralisation (e.g. Shiffrin *et al.*, 1981, pp. 235-236).

Enfin, la troisième méthode d'investigation du degré de contrôle, aujourd'hui privilégiée, est le Stroop et ses multiples variantes. Plusieurs auteurs ont cherché à évaluer comment l'interférence suscitée par l'obligation de lire un mot écrit évolue en fonction du degré de pratique de la lecture. Or il ressort de ces études que l'interférence apparaît très rapidement et à un niveau élevé, puis tend à diminuer dès la deuxième ou troisième année d'apprentissage et jusqu'à l'âge adulte (Ehri et Wilce, 1979; Guttentag et Haith, 1979; Schadler et Thissen, 1981). Plusieurs facteurs sont à prendre en compte, qui nuancent ces résultats. En particulier, il faut remarquer que, dans ces études où la lecture constitue le traitement interférent, le niveau de pratique est toujours étroitement confondu avec l'âge; or il est possible que l'âge ait une influence sur les performances indépendante du niveau de pratique, par exemple en affectant le niveau de compréhension de la consigne. Quelques études évitent ce biais sans présenter de différences appréciables de résultats, par le recours à du vocabulaire appartenant à une langue étrangère en cours d'apprentissage, le degré de maîtrise de la langue pouvant alors être considéré indépendamment de l'âge des sujets (e.g. Magïste, 1984; Chen et Ho, 1986). Il existe toutefois une deuxième difficulté, commune à toutes les études cherchant à évaluer comment l'effet Stroop varie en fonction de la pratique. L'amplitude de cet effet est estimée en comparant le temps mis pour dénommer la couleur (ou d'autres éléments) en situation d'interférence et en situation contrôle. Or le temps contrôle diminue lui-même; faut-il alors évaluer l'interférence par une simple différence, un rapport, ou quelque autre fonction? Il n'existe pas d'arguments déterminants permettant d'opérer ce choix, qui conditionne en partie les conclusions.

En dépit de ces difficultés méthodologiques, l'ensemble des données présentées suggère que, si la pratique d'une tâche tend, comme attendu, à diminuer la charge mentale nécessaire à son exécution, son effet sur le contrôle du traitement sollicité est beaucoup plus capricieux; les données expérimentales sont compatibles avec l'idée selon laquelle le contrôle, après une brève phase de décroissance, pourrait à nouveau augmenter. Cette dernière hypothèse, en apparence paradoxale, peut s'alimenter de réflexions plus générales sur la notion d'habileté. Ainsi que le remarque Logan (1985, p. 379), l'expert, au terme d'une longue pratique, ne tend en aucun cas à perdre le contrôle de ses performances, qui n'exigent plus qu'une charge mentale réduite; bien au contraire, ce contrôle est bien souvent beaucoup plus étroit que celui que les novices exercent.

L'analyse des implications de ces données vis-à-vis du concept d'automaticité est reportée en section 4. En ce qui concerne leurs conséquences à un niveau plus général, on peut noter brièvement qu'elles sont considérables. Dissocier la notion de coût de celle de contrôle conduit à remettre en cause la notion d'opérateur central de traitement, ou du moins à reconsidérer les propriétés qui lui sont habituellement attribuées. On pourrait trouver dans d'autres contextes des résultats incitant à la même révision; des réflexions en ce sens sont proposées à la fin de la percutante revue critique de Johnston et Dark (1986) sur l'attention.

3. LES PROPRIETES DES AUTOMATISMES SE CONCOIVENT-ELLES EN TERMES ABSOLUS OU RELATIFS?

En présentant les propriétés des automatismes en première section, nous avons passé sous silence le problème relatif au degré d'exigeance qu'il paraît souhaitable d'exercer. Or la question de savoir si une autonomie totale vis-à-vis des processus attentionnels et du contrôle intentionnel est de rigueur, ou si l'on peut parler d'automatisme sans que soit atteinte une parfaite indépendance, doit être posée.

La réponse à cette question relève évidemment en partie du choix arbitraire d'une définition; mais elle dépend également des faits. Une définition formulée en terme d'exigences maximales sera dépourvue d'intérêt si elle ne correspond à aucun processus réel. Il nous faut donc examinner jusqu'à quel degré des processus qui paraissent être parmi les plus automatiques — la lecture constitue de ce point de vue un prototype privilégié — partagent les propriétés précédemment décrites.

En première analyse, il apparaît que le problème ne se pose pas avec la même acuité pour chacune des propriétés. La vitesse de traitement, par exemple, s'exprime naturellement le long d'une échelle continue, et on ne voit pas en quels termes autres que relatifs un traitement «rapide» pourrait être défini. La situation est inverse en ce qui concerne l'inconscience, qu'il est habituel de concevoir en termes dichotomiques : son mode d'opérationnalisation s'accorde mal avec l'idée d'une graduation quantitative. Le problème se pose par contre dans toute son étendue pour les deux propriétés principales des automatismes. Tant la charge mentale que le contrôle intentionnel peuvent se concevoir, et se mesurer commodément, comme des dimensions continues, mais ces dimensions possèdent virtuellement une limite absolue, au moins vers le pôle qui correspond à l'automaticité. Cette limite peut-elle être empiriquement atteinte?

A. L'absence de charge mentale

La question de savoir si un processus donné peut s'exercer totalement en parallèle se heurte à des difficultés méthodologiques difficilement surmontables. Il existe, certes, dans la littérature, quelques études parvenant à un critère de pente nulle dans une tâche de recherche (e.g. Ryan, 1983, note 1, p. 172), ou démontrant une absence d'interférence mutuelle dans une situation de double tâche (e.g. Hoffman *et al.*, 1985, p. 50). Il est toutefois difficile de leur accorder un trop grand crédit, d'une part en raison de leur nombre réduit par rapport aux études parvenant aux conclusions inverses, et d'autre part parce que leur objet est de démontrer une *absence* d'interférence. L'absence d'un effet peut toujours être relié à de multiples causes artéfactuelles. Ainsi par exemple, selon Cheng (1985a), les études qui parviennent à obtenir une absence d'interférence dans les situations de double tâche seraient toutes affectées par des effets de plancher ou de plafond (cf. aussi Neumann, 1984, p. 260).

Il est notable que les affinements méthodologiques de ces dernières années ont conduit à relativiser les conclusions que certains travaux antérieurs avaient imposées un peu hâtivement. Un exemple privilégié se rapporte aux processus par lesquels est évaluée la fréquence d'occurrence des événements. Autour de 1980 s'est répandue l'idée selon laquelle l'homme est capable d'évaluer combien de fois est survenu un événement particulier dans un contexte spécifié, alors même que cet aspect n'a fait l'objet d'aucune attention, étant toutefois entendu que chaque occurrence de l'événement a été normalement perçue et traitée (cf. en particulier Hasher et Zacks, 1979). Ce point de vue a suscité une littérature abondante, sur laquelle on pourra consulter utilement les discussions de Jonides *et al.* (1985, pp. 159 sv.), Fisk (1986) et la réponse de Zacks *et al.* (1986), et Logan (1985a, p. 371). Concernant le problème qui nous occupe, plusieurs travaux récents (e.g. Maki et Osthy, 1987; Sanders *et al.*, 1987) ont démontré que, contrairement aux affirmations initiales, la qualité des estimations subjectives se dégrade lorsque augmente la difficulté d'une tâche concurrente imposée aux sujets. La présence d'une interférence en situation de double tâche a également été observée pour un autre processus dont l'automaticité est souvent affirmée : le codage de la localisation spatiale (Naveh-Benjamen, 1987, exp. 2).

On dispose, de plus, d'indications tendant à montrer que la lecture des mots ne peut s'exercer totalement en parallèle. Considérons une variante du Stroop prototypique mise à profit par Kahneman et Chajczyk (1983), dans laquelle le nom d'une couleur est écrit en noir à quelque distance d'une plage colorée. La plage apparaît à l'endroit du point de fixation durant 200 msec., et la tâche du sujet est de dénommer sa couleur. L'interférence observée dans cette situation se trouve réduite de moitié environ si un autre mot, neutre, est simultanément présenté au sujet, du côté opposé au nom de couleur. Kahneman et Chajczyk ont appelé ce phénomène «l'effet de dilution». On peut noter incidemment que l'effet de dilution constitue un nouvel exemple de dissociation entre indicateurs, la lecture du nom de couleur apparaissant tout à la fois comme obligatoire et consommatrice de ressources.

Ces données concordent avec les résultats obtenus dans le champ du comportement moteur. D'une brève revue consacrée à ce sujet, Adams (1987, pp. 65-66) conclut qu'il n'existe à ce jour aucune indication permettant d'affirmer que la pratique prolongée de deux tâches motrices conduit à supprimer leur interférence mutuelle.

B. L'absence de contrôle attentionnel

Traitant de cette propriété en section 1, nous soulignions que l'absence de contrôle concerne davantage la mise en route initiale d'un traitement que son déroulement. En d'autres termes, et sauf exception (Hasher et Zacks, 1979), l'idée selon laquelle un processus ne doit pas pouvoir être interrompu intentionnellement pour être qualifié d'automatique, n'a pas été communément acceptée.

Stroop (1935) notait déjà que, dans la situation qui porte son nom, l'interférence se manifeste beaucoup plus au niveau des temps de traitement qu'au niveau des erreurs commises, ces dernières restant exceptionnelles : le mot écrit est très rarement prononcé à la place de la couleur à dénommer. Les travaux récents ont confirmé que l'homme possède une excellente capacité à suspendre le déroulement normal de l'action (voir une revue brève en Logan, 1985b, pp. 204-205) comme de la pensée (cf. par exemple Zbrodoff et Logan, 1986, en ce qui concerne les opérations arithmétiques courantes).

De plus, il apparaît aujourd'hui probable qu'un processus quelconque ne se déroule pas de façon strictement identique selon qu'il répond, ou non, à l'intention des sujets. On a pu montrer que le codage de la fréquence d'occurrence des événements (Sanders *et al.*, 1987) ou de la localisation spatiale (Naveh-Benjamin, 1987, exp. 1) est affecté par l'intentionalité. On sait également que les perturbations provoquées par la présence des composantes interférentes du stimulus dans les tâches de type Stroop (le mot écrit dans la situation prototypique) ne sont pas insensibles aux motivations et aux stratégies délibérées du sujet. Ainsi par exemple, dans l'une de leurs expériences, MacKinnon *et al.* (1985, exp. 2) observent une durée moyenne d'interférence, sur l'ensemble des essais, de 34,4 sec. dans un test de Stroop pour un groupe à qui l'expérience est présentée comme une étude exploratoire. Lorsque les sujets, des étudiants en psychologie, sont placés en situation de compétition avec un pair, le gagnant recevant une heure de crédit supplémentaire sur les six heures d'expériences dues dans le cadre de leur enseignement, la durée d'interférence est alors réduite à 25,8 sec.

Logan et ses collaborateurs ont montré que les conditions expérimentales pouvaient induire des stratégies susceptibles de modifier considérablement l'effet Stroop. Si par exemple le mot bleu est écrit en rouge et le mot rouge en bleu sur 20 % des essais, les 80 % restants étant constitués de stimulus congruents (bleu écrit en bleu et rouge en rouge), l'interférence moyenne pour un essai en situation non congruente est de 96 msec. Lorsque les fréquences d'apparition des stimulus congruents et non congruents sont inversées, on observe au contraire une *facilitation* de 7 msec.; ainsi les sujets se révèlent-ils capables de négliger l'incongruence des stimulus et de tirer parti de l'information prédictive véhiculée par leurs composantes normalement génératrices d'interférence (Logan *et al.*, 1984, exp. 1). Des effets de ce genre ont été reproduits sur différentes variantes de Stroop (Logan, 1980; Logan et Zbrodoff, 1979). L'ensemble de ces données suggère que l'absence de contrôle intentionnel du traitement habituellement qualifié d'automatique est tout à fait relative.

C. Les effets de l'orientation de l'attention

Quel que soit le degré de perfection avec lequel un processus quelconque remplit les critères essentiels d'automatisme que sont l'absence de charge mentale et de contrôle intentionnel, de nombreux résultats expérimentaux donnent à penser que le déroulement d'un tel processus demeure en dépendance, au moins partielle, de l'orientation de l'attention dévolue à la tâche qui le sollicite. Ce paradoxe mérite d'être développé, car dans ce domaine où les concepts reprennent bien souvent des notions véhiculées par le langage commun, il constitue un ensemble de données expérimentales échappant largement à l'introspection, et porteur de nouvelles perspectives théoriques.

L'analyse des situations expérimentales mises à profit pour étudier l'automaticité révèle que l'attention est toujours, ou du moins peut toujours être, dirigée vers les stimulus dont une part au moins du traitement est supposée se dérouler sur un mode automatique. Ainsi par exemple, dans la forme conventionnelle du Stroop, l'attention est nécessairement dirigée vers ce qui est supposé faire l'objet d'un traitement non contrôlé, couleur et mot ne formant qu'un seul stimulus. Il est possible de briser artificiellement cette conjonction, et nous en avons présenté une illustration plus haut. Lorsque le mot et la couleur sont présentés sur des plages séparées, l'effet décroît rapidement en fonction de leur distance. Ainsi dans l'expérience 2 de Kahneman et Chajczyk (1983), l'interférence moyenne passe de 74 à 40 msec. quand la distance angulaire du mot et de la couleur passe de 2° à 4°. Cette décroissance est toutefois difficile à interpréter, puisqu'elle peut être due aussi bien au changement affectant les conditions physiques de stimulation, et donc la qualité du message sensoriel, qu'à des facteurs attentionnels. Les expériences suivantes mettent à profit le fait que le foyer de l'attention peut différer du point de vision fovéale. Ceci permet de manipuler séparément la direction ou l'objet de l'attention, et les conditions physiques de stimulation. Le contrôle de ces dernières s'effectue en présentant le stimulus durant un temps trop court (200 msec.) pour autoriser un déplacement (même involontaire) du regard.

Le premier exemple a trait aux tâches de recherche. Dans la version utilisée par Hoffmann *et al.* 1985, les sujets doivent détecter si un chiffre est présent dans un ensemble de lettres présentées visuellement, chiffre et lettres étant disposés à égale distance d'une aire de fixation en forme de carré. L'entraînement est poursuivi jusqu'à automatisation, définie par le critère de pente nulle propre à ce type de tâche (section 1, A). Les sujets gardent alors le regard dirigé vers le carré central, et une analyse «naïve» du traitement qui s'opère alors serait que l'empreinte rétinienne (parafovéale) formée par les différents items suffit à déclencher la réponse de détection. Hoffman *et al.* (1985)

introduisent une modification permettant de montrer qu'il n'en est pas ainsi. Ils surimposent une nouvelle tâche impliquant que l'attention reste concentrée à l'intérieur de l'aire carrée de fixation; il s'agit en fait de déterminer la position d'un point légèrement déplacé par rapport au centre du carré. Les performances sont considérablement affectées par cette tâche. Tout se passe comme si les sujets devaient maintenir leur attention dirigée vers les emplacements où les items apparaissent, pour effectuer les opérations de recherche que l'application des critères conventionnels conduit à définir comme automatiques (cf. aussi Hoffman et al., 1983).

Considérons un second exemple, relatif au test de Stroop. Dans une expérience de Francolini et Egeth (1980, exp. 3) portant sur une forme de Stroop où le traitement intentionnel (compter des items présentés visuellement) est perturbé par la nature de ces items (des chiffres non congruents avec le résultat de l'opération de comptage), tous les items sont disposés à égale distance d'un point de fixation central (à environ 1,6°), et pendant une durée de 200 msec. Les items peuvent être des lettres ou des chiffres, présentés en noir ou en rouge. La tâche consiste à compter les items rouges. Les sujets ont un temps de réponse significativement plus long lorsque parmi ces items figurent des chiffres incompatibles avec le résultat du comptage. Si par contre ces chiffres incongruents sont écrits en noir, leur effet perturbateur est pratiquement nul. Ainsi là encore, des informations dont le traitement est tenu pour automatique, présentées dans des conditions perceptives identiques, n'ont un effet que si l'attention est orientée vers elles. D'autres expériences de ce genre, utilisant des plans expérimentaux variés, convergent vers cette conclusion (voir de brèves revues en Jonhston et Dark, 1986, pp. 53-56; Kahneman et Treisman, 1984).

En résumé, il apparaît que les recherches ont, jusqu'à présent, échoué à démontrer qu'un traitement puisse se dérouler totalement en parallèle, et échapper totalement au contrôle du sujet. En particulier, l'activité de lecture qui engendre l'effet Stroop est consommatrice de ressources, et l'effet se montre sensible à l'effort déployé par le sujet pour se soustraire aux influences perturbatrices. De nombreux travaux ont montré par ailleurs que les processus qui répondent au moins partiellement aux principaux critères d'automatisme, ne sont opérationnels que dans des conditions particulières, spécifiées par l'orientation générale de l'attention des sujets.

4. BILAN ET PERSPECTIVES

La prise de conscience des difficultés posées par le concept d'automaticité a entraîné une grande diversité de définitions. Concernant la combinaison des critères pouvant être considérés comme nécessaires et suffisants, les positions varient autant qu'il est possible. Laberge (1981, p. 173), Schneider et Shiffrin (e.g. Shiffrin et Dumais, 1981, p. 117) requièrent seulement que l'un *ou* l'autre des deux critères fondamentaux soit rempli pour parler d'automatisme. A l'autre pôle d'exigeance, Hasher et Zacks, qui retiennent cinq critères, sollicitent que tous soient simultanément satisfaits (Hasher et Zacks, 1979, p. 367). Entre ces positions extrêmes, d'autres auteurs se satisfont de la convergence d'un certain nombre de critères, chacun n'étant ni nécessaire ni suffisant (Hirst et Wolpe, 1984, p. 374), ou encore conditionnent le choix de leurs critères au modèle de leur tâche (Jonides *et al.*, 1985).

Constatant qu'un processus donné ne remplit qu'imparfaitement les critères d'indépendance vis-à-vis de l'attention, certains auteurs restent fidèles à une définition stricte, et remettent en cause la nature automatique du processus en question, alors que d'autres suggèrent d'assouplir (e.g. Sanders *et al.*, 1987), voire de changer (Broadbent, 1987) les critères conventionnels. Kahneman (e.g. Kahneman et Charzick, 1983) a proposé de distinguer deux ou trois niveaux d'automaticité. Serait «fortement automatique», un traitement qui n'est pas facilité par l'attention, ni perturbé par le manque d'attention. Les traitements pouvant survenir sans attention, mais restant néanmoins affectés par son orientation seraient «partiellement automatique». Une troisième catégorie parfois évoquée (Kahneman et Treisman, 1984) est celle des traitements «occasionnellement automatiques» : ils requièrent généralement l'attention, mais peuvent dans certains cas s'en dispenser. Peu d'auteurs ont fait leur cette terminologie.

Une telle diversité a de quoi désorienter. Il n'est pas certain toutefois qu'un accord général sur l'une ou l'autre de ces définitions constitue un quelconque progrès. Rien n'empêche évidemment de définir les automatismes, par convention, par un ensemble de propriétés conjonctives ou disjonctives, comme rien n'empêche de créer un terme spécial pour désigner des objets à la fois gros, arrondis, et bleus, ou possédant l'une ou l'autre de ces caractéristiques. Un tel terme serait-il, toutefois, justifié? L'intérêt d'un concept est de traduire les traits communs de phénomènes partiellement hétérogènes, permettant ainsi la formation d'inférences. Ainsi le concept d'acidité permet-il de prédire qu'un composé chimique ayant satisfait au test que chacun a pratiqué — faire varier au rouge la teinture de tournesol — doit également attaquer les métaux. Les données recensées en section 2 et 3 indiquent clairement qu'il est prématuré de proposer une définition du concept d'automaticité qui permette des classements, généralisations, et prédictions, concernant les modes de fonctionnement de l'appareil cognitif. Le problème fondamental est que rien n'émerge de suffisamment cohérent qui fasse naturellement l'objet d'un consensus. L'ambivalence est dans les faits, avant d'être dans la terminologie.

Dans ces conditions, on peut douter de la pertinence des investigations visant à élucider si tel ou tel segment d'activité, de la perception de la fréquence d'occurrence des événements (e.g. Sanders *et al.*, 1987) aux rotations mentales (e.g. Corballis, 1986), procèdent sur un mode automatique ou contrôlé. Est-ce à dire que le terme d'automatisme et ses dérivés doivent être rayés du vocabulaire de la psychologie, et le champ qu'ils étaient censés recouvrir rejeté des préoccupations des chercheurs? A notre sens, la réponse doit être clairement négative. Les données analysées invitent toutefois à développer de nouvelles orientations.

L'une d'elles pourrait prendre pour exemple les changements conceptuels dont le champ du conditionnement a été l'objet dans le passé. Il y a quelques dizaines d'années, le terme de conditionnement renvoyait à un *processus* hypothétique : sorte d'empreinte passive par lequel un stimulus évoque la réponse propre à un autre stimulus par suite d'une association avec ce dernier. Une question alors fréquemment posée était de savoir si telle ou telle unité de comportement relevait de ce processus. Les développements expérimentaux ultérieurs ont conduit à penser qu'un tel processus, selon toute vraisemblance, n'existe pas, du moins sous la forme dans laquelle il était alors décrit. Les progrès qui ont vu le jour depuis 15 ou 20 ans procèdent d'une nouvelle perspective, dans laquelle le terme de conditionnement renvoie aux effets d'une *procédure*. La procédure, définie globalement, par la présentation contiguë ou contingente de deux stimulus, sollicite la mise en jeu d'une pluralité de mécanismes, en aucune façon réductibles à un transfert passif de réponse.

Sur ce modèle, et en ce qui concerne notre thème, il semblerait qu'un courant de recherche puisse trouver profit à prendre également pour objet d'analyse, non plus un mode hypothétique de traitement spécifié par ses propriétés, mais les effets d'une procédure. En première approximation, cette procédure pourrait être définie par la pratique prolongée d'une activité déployée en réponse à des situations possédant un niveau élevé de cohérence interne. La stratégie ici proposée n'a rien d'original : c'est en fait celle que Schneider et Shiffrin ont suivie dans leurs articles princeps de 1977. Les nombreuses recherches inspirées par ces articles ont malheureusement inversé la perspective : les propriétés initialement dégagées dans des conditions particulières ont été adoptées comme critères, que chacun s'est efforcé de retrouver dans les comportements les plus variés. Cette démarche était sans doute prématurée.

Bibliographie

ADAMS, J.A. (1987). Historical review and appraisal of research on the learning retention, and transfer of human motor skills, *Psychological Bulletin,* 101, 41-74.
BADDELEY, A., LEWIS, V., ELDRIDGE, M. et THOMSON, N. (1984). Attention and retrieval from long-term memory, *Journal of Experimental Psychology : General,* 113, 518-540.
BIRNBAUM, I.M., TAYLOR, T.H., JOHNSON, M.K. et RAYE, C.L. (1987). Is event frequency encoded automatically? The case of alcohol intoxication, *Journal of Experimental Psychology : Learning, Memory and Cognition,* 13, 251-258.
BONNET, C. (1986). *Manuel pratique de psychophysique,* Paris, A. Colin.
BROADBENT, D. (1987). Structures and strategies : Where are we now?, *Psychological Research,* 49, 73-79.
CAMMOCK, T., CAIRNS, E. (1979). Concurrent validity of a children's version of the stroop color-word test : the fruit distraction test, *Perceptual and Motor Skills,* 49, 611-616.
CHEN, H.C., HO, C. (1986). Development of stroop interference in chinese-english bilinguals, *Journal of Experimental Psychology : Learning, Memory and Cognition,* 12, 397-401.
CHENG, P.W. (1985a). Restructuring versus automaticity : alternative account of skill acquisition, *Psychological Review,* 92, 414-423.
CHENG, P.W. (1985b). Categorization and response competition : two nonautomatic factors, *Psychological Review,* 92, 585-586.
CORBALLIS, M.C. (1986). Is mental rotation controlled or automatic?, *Memory and Cognition,* 14, 124-128.
DUNBAR, K., MACLEOD, C.M. (1984). A horse race of a different color : stroop interference patterns with transformed words, *Journal of Experimental Psychology : Human Perception and Performance,* 10, 622-639.
DYER, F.N. (1973). The Stroop phenomenon and its use in the study of perceptual, cognitive, and response processes, *Memory and Cognition,* 1, 106-120.

EHRI, L.C., WILCE, L.S. (1979). Does word training increase or decrease interference in a stroop task?, *Journal of Experimental Child Psychology*, 27, 352-364.
FISK, A.D. (1986). Frequency encoding is not inevitable and is not automatic : A reply to Hasher and Zacks, *American Psychologist*, 41, 215-216.
FISK, A.D., DERRICK, W.L. et SCHNEIDER, W. (1986). A methodological assessment and evaluation of dual-task paradigms, *Current Psychological Research & Reviews*, 5, 315-327.
FRAISSE, P. (1969). Why is naming longer than reading?, *Acta Psychologica*, 30, 96-103.
FRANCOLINI, C.M. et EGETH, H.E. (1980). On the nonautomaticity of «automatic» activation : Evidence of selective seeing, *Perception & Psychophysics*, 27, 331-342.
GLASER, W.R., DUNGELHOFF, F.J. (1984). The time course of picture-word interference, *Journal of Experimental Psychology : Human Perception and Performance*, 10, 640-654.
GUTTENTAG, R.E., HAITH, M.M. (1979). A developmental study of automatic word processing in a picture classification task, *Child Development*, 50, 894-896.
HASHER, L. et ZACKS, R.T. (1979). Automatic and effortful processes in memory, *Journal of Experimental Psychology : General*, 108, 356-388.
HIRST, W., SPELKE, E., REAVES, C., CAHARAK, G. et NEISSER, U. (1980). Dividing attention without alternation or automaticity, *Journal of Experimental Psychology : General*, 109, 98-117.
HIRST, W. et VOLPE, B.T. (1984). Automatic and effortful encoding in amnesia. In M.S. Gazzaniza (ed.), *Handbook of cognitive neuroscience*. New York, Plenum Press.
HOFFMAN, J.E., HOUCK, M.R., MACMILLAN III, F.W., SIMONS, R.F. et DATMAN, L.C. (1985). Event-related potentials elicited by automatic targets : A dual-task analysis, *Journal of Experimental Psychology : Human Perception and Performance*, 11, 50-61.
HOFFMAN, J.E., NELSON, B. et HOUCK, M.R. (1983). The role of attentional resources in automatic detection, *Cognitive Psychology*, 51, 379-410.
HOLENDER, D. (1986). Semantic activation without conscious identification in dichotic listening, parafoveal vision, and visual masking : A survey and appraisal, *The Behavioral and Brain Sciences*, 9, 1-65.
JOHNSTON, W.A., DARK, V.J. (1986). Selective attention, *Annual Review of Psychology*, 37, 43-75.
JONIDES, J., NAVEH-BENJAMIN, J., PALMER, J. (1985). Assessing automaticity, *Acta Psychologica*, 60, 157-171.
KAHNEMAN, D. (1973). *Attention and Effort*, Englewood Cliffs, N.J., Prentice Hall.
KAHNEMAN, D. et CHAJCZYK, D. (1983). Tests of the automaticity of reading : Dilution of stroop effects by color-irrelevant stimuli, *Journal of Experimental Psychology : Human Perception and Performance*, 9, 497-509.
KAHNEMAN, D. et TREISMAN, A. (1984). Changing views of attention and automaticity, in R. Parasuraman & D.R. Davies (eds), *Varieties of attention*, Orlando, F.L., Academic Press.
KIHLSTROM, J.F. (1987). The cognitive unconscious, *Science*, 237, 1445-1452.
KINCHLA, R.A. (1980). The measurement of attention, in R.S. Nickerson, *Attention and Performance*, vol. 8, Hillsdale, N.J., Erlbaum.
LABERGE, D. (1981). Automatic information processing : A review. In J. Long & A. Baddeley (eds), *Attention and Performance*, vol. 9, Hillsdale, N.J., Erlbaum.
LOGAN, G.D. (1979). On the use of a concurrent memory load to measure attention and automaticity, *Journal of Experimental Psychology : Human Perception and Performance*, 5, 189.

LOGAN, G.D. (1980). Attention and automaticity in stroop and priming tasks : theory and data, *Cognitive Psychology*, 12, 523-553.
LOGAN, G.D. (1985a). Skill and automaticity : relations, implications, and future directions, *Canadian Journal of Psychology*, 39, 367-386.
LOGAN, G.D. (1985b). Executive control of thought and action, *Acta Psychologica*, 60, 193-210.
LOGAN, G.D., ZBRODOFF, N.J. (1979). When it helps to be misled : facilitation effect of increasing the frequency of conflicting stimuli in stroop-like tasks, *Memory and Cognition*, 7, 166-174.
LOGAN, G.D., ZBRODOFF, N.J. et WILLIAMSON, J. (1984). Strategies in the color-stroop task, *Bulletin of the Psychonomic Society*, 22, 135-138.
MACKINNON, D.P., GEISELMAN, R.E. et WOODWARD, J.A. (1985). The effects of effort on stroop interference, *Acta Psychologica*, 58, 225-235.
MÄGISTE, E. (1984). Stroop tasks and dichotic translation : the development of interference patterns in bilinguals, *Journal of Experimental Psychology : Learning, Memory and Cognition*, 10, 304-315.
MAKI, R.H. et OSTBY, R.S. (1987). Effects of level of processing and rehearsal on frequency judgments, *Journal of Experimental Psychology : Learning, Memory and Cognition*, 13, 151-163.
NAVEH-BENJAMIN, M. (1987). Coding of spatial information : An automatic process?, *Journal of Experimental Psychology : Learning, Memory and Cognition*, 13, 595-605.
NAVON, D. et GOPHER, D. (1979). On the economy of the human-processing system, *Psychological Review*, 86, 214-255.
NEISSER, U. (1976). *Cognition and Reality*, San Francisco, W.H. Freeman.
NEISSER, U., HIRST, W. et SPELKE, E.S. (1981). Limited capacity theories and the notion of automaticity : reply to Lucas and Bob, *Journal of Experimental Psychology : General*, 110, 499-500.
NEUMANN, O. (1984). Automatic processing : A review of recent findings and a plea for an old theory. In W. Prinz & A.F. Sanders (eds), *Cognition and Motor Processes*, Berlin, Springer-Verlag.
NORMAN, D.A. (1981). Categorization of action slips, *Psychological Review*, 88, 1-15.
NORMAN, D.A. et BOBROW, D.G. (1975). On data-limited and resource-limited processes, *Cognitive Psychology*, 7, 44-64.
PAAP, K.R. et OGDEN, W.C. (1981). Letter encoding is an obligatory but capacity-demanding operation, *Journal of Experimental Psychology : Human Perception and Performance*, 7, 518-527.
POSNER, M.I. et SNYDER, C.R.R. (1975). Attention and cognitive control. In R.L. Solso (ed.), *Information Processing and Cognition : The Loyola Symposium*, Hillsdale, N.J., Erlbaum.
REASON, J. (1984). Lapses of attention in everyday life. In R. Parasuraman & D.R. Davies (eds), *Varieties of attention*, Orlando, F.L., Academic Press.
REGAN, J.E. (1981). Automaticity and learning : effects of familiarity on naming letters, *Journal of Experimental Psychology : Human Perception and Performance*, 7, 180-195.
RYAN, C. (1983). Reassessing the automaticity-control distinction : Item recognition as a paradigm case, *Psychological Review*, 90, 171-178.
SANDERS, R.E., GONZALEZ, E.G., MURPHY, M.D., LIDDLE, C.L. et VITINA, J.R. (1987). Frequency of occurence and the criteria for automatic processing, *Journal of Experimental Psychology : Learning, Memory and Cognition*, 13, 241-250.
SCHADLER, M., THISSEN, D.M. (1981). The development of automatic word recognition and reading skill, *Memory and Cognition*, 9, 132-141.

SCHNEIDER, W., DUMAIS, S.T. et SHIFFRIN, R.M. (1984). Automatic and controlled processing and attention, In R. Parausuraman, R. Davis & J. Beatty (eds.), *Varieties of Attention*, New York, Academic Press.
SCHNEIDER, W., SHIFFRIN, R.M. (1977). Controlled and automatic human information processing : I. Detection, search, and attention, *Psychological Review*, **84**, 1-66.
SHIFFRIN, R.M., DUMAIS, S.T. (1981). The development of automatism. In J.R. Anderson (ed.), *Cognitive skills and their acquisition*, Hillsdale, N.J., Erlbaum.
SHIFFRIN, R.M., DUMAIS, S.T. et SCHNEIDER, W. (1981). Characteristics of automatism. In J.B. Long & A. Baddeley (eds), *Attention & Performance*, vol. **9**, Hillsdale, N.J., Erlbaum.
STROOP, J.R. (1935). Studies of interference in serial verbal reactions, *Journal of Experimental Psychology*, **18**, 643-662.
WINTER, L., ULEMAN, J.S. et CUNNIF, C. (1985). How automatic are social judgments?, *Journal of Personality and Social Psychology*, **49**, 904-917.
ZACKS, R.T., HASHER, L. et HOCK, H.S. (1986). Inevitability and automaticity : a response to Fisk, *American Psychologist*, **41**, 216-218.
ZBRODOFF, N.J. et LOGAN, G.D. (1986). On the autonomy of mental processes : A case study of arithmetic, *Journal of Experimental Psychology : General*, **11**, 118-130.

Chapitre III
La distinction entre les processus contrôlés et les processus automatiques chez Schneider et Shiffrin

Jean-François CAMUS
Laboratoire de Psychologie Expérimentale,
Université René-Descartes,
Associé au CNRS,
EHESS,
EPHE (3ᵉ Section)
28, rue Serpente - 75006 Paris

1. INTRODUCTION

La littérature concernant l'étude des conduites attentives abonde de distinctions dualistes. Depuis dix ans une de ces distinctions occupe, en psychologie cognitive, une place privilégiée. Il s'agit de celle systématisée par Schneider et Shiffrin (1977) entre un processus contrôlé et un processus automatique de traitement de l'information. L'objectif de ce texte est double. Il vise, d'une part à présenter et à populariser auprès des lecteurs francophones les travaux de cette équipe, et, d'autre part à essayer d'apprécier si les interactions décrites entre les deux processus contribuent à éclairer certains aspects de l'apprentissage humain.

Cette dernière question tire sa raison de l'importance qu'on accorde aujourd'hui aux processus attentionnels dans l'apprentissage d'une habileté. Qu'il s'agisse des apprentissages perceptifs (Laberge, 1973, 1975, 1981), des habiletés motrices et sensori-motrices (Adams, 1971, 1987 ; Schmidt, 1982, 1983 ; Leplat et Pailhous, 1976), des habiletés cognitives (Anderson, 1981 ; George, ce volume) ou de l'acquisition d'un conditionnement (Perruchet, 1979 ; 1980) toutes ces formes d'apprentissage semblent impliquer des variables attentionnelles dans leur genèse. Dès lors qu'il s'agit d'un apprentissage ou de l'acquisition d'une habileté tous les auteurs s'accordent à reconnaître que ceux-ci se traduisent par une transformation de la compétence du sujet. L'expert procède du novice à la suite d'un processus complexe au cours duquel vont se transformer les principales caractéristiques de la conduite (prise et encodage de l'information, traitement central de celle-ci, sélection, programmation, exécution et régulation de la réponse). Le pianiste virtuose, la dactylo confirmée, ou le champion de Rubik's cube se comportent d'une manière qualitativement différente de celle du novice. La performance experte diffère de la performance novice par une plus grande vitesse et une plus grande précision (variations quantitatives), qui constituent des indicateurs d'une modification qualitative du mode de fonctionnement de l'appareil cognitif humain.

Un des objectifs de la recherche en ce domaine vise à identifier les phases et les étapes de cette transformation, c'est-à-dire repérer et caractériser les instants de changement de compétence à travers les indices de performance. La valeur qu'une distinction duale dans les conduites attentives peut présenter dans le domaine de l'apprentissage va donc dépendre pour l'essentiel de son aptitude à rendre compte d'un processus de transformation du novice en expert et du débutant en confirmé.

2. DIX ANNEES DE RECHERCHE SUR LES PROCESSUS AUTOMATIQUES ET CONTROLES DANS LA DETECTION ET LA RECHERCHE VISUELLE

A. Le paradigme expérimental et les définitions

Il consiste en un ensemble de trames visuelles, de nombre variable, présentées successivement à l'écran et comportant, en leur centre un point de fixation et aux quatre coins des items qui peuvent être des chiffres, des lettres, des patterns de points ou tout simplement des blancs (cf. fig. 1). La durée d'exposition de chaque trame est définie pour l'ensemble des trames. Elle peut être variée. La première et la seconde trame de chaque ensemble ont un statut un peu particulier. La première trame, exposée aussi longtemps que le sujet le désire, présente un ou plusieurs items qui sont définis comme des cibles. La seconde trame ne comporte que le point de fixation central. La tâche du sujet consiste à détecter dans la suite des trames la présence (ou l'absence) d'un des items qui figurait sur la première trame, en appuyant sur une clé.

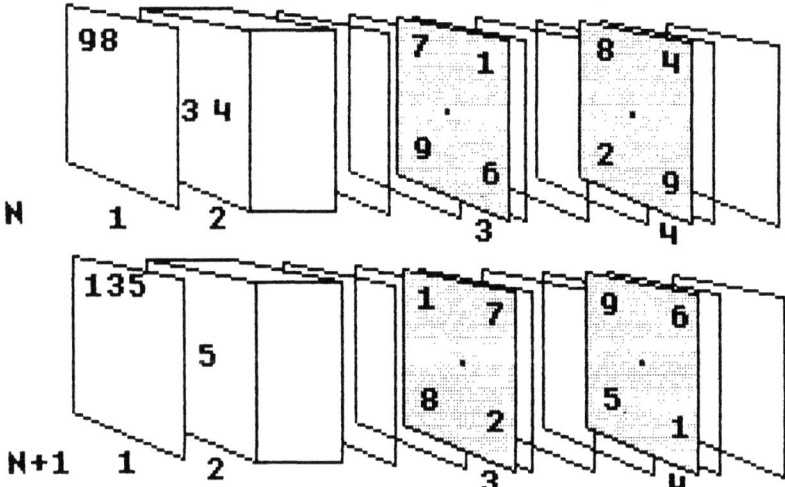

1 A) Codage consistant.
Les items cibles appartiennent à l'ensemble (345), les distracteurs appartiennent à l'ensemble (126789). A l'essai N, la trame 1 fournit la connaissance des résultats de l'essai n-1. La trame 2 indique les cibles à détecter (ici 3 et 4). La trame 3, trame leurre, ne contient aucune cible. La trame 4, test, contient la cible 4. A l'essai N+1, une nouvelle cible est présentée, ici 5, la cible est présente dans la trame 4. On notera aussi bien à l'essai N qu'à l'essai N+1, qu'aucune cible, non retenue pour l'essai, ne figure parmi les distracteurs.

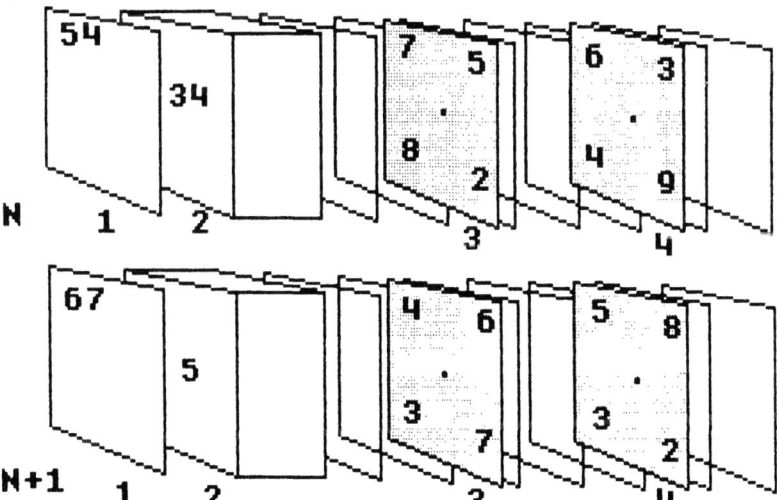

1 B) Codage variable.
Les items cibles ne sont définis, que pour un essai particulier. Ainsi, à l'essai N les cibles à détecter sont 3 et 4, mais on remarque que le 5, cible de l'essai N+1, figure parmi les distracteurs. De même à l'essai N+1, ou la cible est 5, on note que 3 et 4, cibles de l'essai précédent, figurent parmi les distracteurs.

Fig. 1. Protocole expérimental des expériences de 1977.

La structure d'un ensemble de trame est composée de la manière suivante : les trames leurres sont intercalées entre les trames masques et la trame test et après la trame test. Les trames leurres et les trames masques ne contiennent jamais la cible. La cible (un des items choisi parmi ceux figurant sur la première trame) est soit présente sur la trame test, soit absente. Tous les autres items figurant sur les trames sont appelés distracteurs.

Les principales sources de variations sont les suivantes :

— Le nombre de cibles que le sujet doit rechercher. Les auteurs le dénomment «memory set», nous le traduirons par l'Empan Cible (EC). Cet EC varie selon les expériences et les essais. Il varie de un à quatre items.

— Le nombre d'items figurant sur une trame. Les auteurs le dénomment «frame size», nous le traduirons par l'Empan d'Affichage (EA). Cet EA peut contenir jusqu'à quatre items.

— Le Temps d'exposition d'une Trame (TT).

— La nature des règles utilisées pour distinguer les items cibles des items distracteurs. Cette procédure dénommée «mapping» par les auteurs et que nous traduirons par codage est au cœur de tout l'édifice. Le Codage Variable (CV) consiste à tirer au sort parmi un ensemble d'items définis à l'avance, ceux qui figureront comme cible à un essai donné. Ce tirage renouvelé avant chaque essai a pour conséquence d'attribuer à un même item le statut de cible (s'il est retenu parmi l'ensemble cible lors d'un essai) et celui de distracteur (s'il n'est pas retenu comme cible). Par exemple si l'ensemble des items est constitué par les dix premières lettres de l'alphabet (A...J) et si l'empan cible est de trois items, sont tirées, à chaque essai trois lettres parmi les dix. Les sept restantes sont les distracteurs. Au cours d'une série d'essais (un bloc de 120 essais) le «A» peut donc être présenté à la fois comme une cible et comme un distracteur bien que pour un essai donné il ne puisse avoir qu'un seul statut (cible ou bien distracteur). C'est cette variabilité du codage Cible/Distracteur qui définit la condition de codage variable.

Dans la condition du Codage Consistant (CC), «consistant mapping» chez les auteurs, l'ensemble des cibles et l'ensemble des distracteurs sont définis une fois pour toutes. Au cours d'une série d'essais une cible n'apparaît jamais comme un distracteur et réciproquement un distracteur n'apparaît jamais comme une cible. Pour reprendre l'exemple précédent si «A, D et H» sont choisis comme cibles avec un EC de trois items, aucune de ces lettres ne pourra figurer comme distracteur. Réciproquement «BCEFG et I» ne pourront jamais figurer comme cible. Le codage est ici dénommé consistant.

Nous préférons utiliser le terme de codage pour traduire le terme de «mapping» et non celui de «réponse» utilisé par Richard (1980) — «réponse variable» et «réponse constante» — dans la mesure ou l'opération de «mapping» concerne moins les liaisons établies entre une cible détectée et les diverses manières de produire une réponse indiquant que la détection a été effectuée, que la liaison à établir entre un stimulus et sa détection. Cette dernière manière de concevoir le mapping et donc de le traduire pertinemment en français est confirmée par la recherche de Fisk et Schneider (1984a) dans laquelle ils étudient les effets conjugués de l'attente (consistante ou variable) et de la réponse (qui, elle aussi peut être consistante ou variable). Dans l'esprit des auteurs il existe donc bien une différence entre le «mapping» et le «responding». Le terme de réponse pour traduire le mapping me paraît constituer un faux sens.

Quant aux variables dépendantes elles expriment, pour l'essentiel la précision des réponses du sujet (taux de détections correctes) et la vitesse de la réponse (temps de réaction). On peut noter une formule élégante de leur procédure qui consiste à définir un seuil de précision (par exemple, 90 % de réponses correctes) et à définir comme variable dépendante la durée d'exposition d'une trame correspondant à ce niveau de performance (Schneider et Shiffrin, 1977, expérience 1).

Les sujets sont soumis à une trentaine d'essais de familiarisation. L'expérience se poursuit avec la passation de 36 blocs de 120 essais répartis en quatorze semaines. Les 15 premiers essais de chaque bloc ne sont jamais pris en compte (Schneider et Shiffrin, 1977, expérience 1).

Plutôt que de présenter les résultats obtenus avec ce paradigme dans un ordre chronologique (de 1977 à 1987), nous allons d'emblée présenter, en les classant, les propriétés que Schneider et Shiffrin attribuent aux deux processus automatiques et contrôlés. Chaque propriété s'étayant sur les données expérimentales recueillies avec ce paradigme.

Afin de fournir, tout de suite, un repère au lecteur, disons que les situations construites autour d'un codage consistant permettent de révéler un processus de traitement automatique, et celles construites autour d'un codage variable permettent de révéler un processus de traitement contrôlé.

B. Les propriétés et les caractéristiques des processus automatiques et contrôlés

Elles figurent dans le tableau résumé suivant (tableau I, Schneider, Dumais, Shiffrin, 1984).

Tableau I : Les propriétés différentes des processus automatiques et contrôlés

Caractéristique	Processus automatique	Processus contrôlé
Capacité centrale	Non requise	Requise
Contrôle	Incomplet	Complet
Indivisibilité	Globale	Fragmenté
Pratique	Conduit à des améliorations progressives	Peu d'effet
Modification	Difficile	Facile
Dépendance Sériel/parallèle	Parallèle indépendant	Sériel Dépendant
Stockage en MCT	Pas ou peu	Beaucoup
Niveau de performance	Elevé	Faible, sauf si la tâche est facile
Conscience	Faible	Elevée
Attention	Non requise mais peut être appelée	Indispensable
Effort	Peu, pour autant qu'il y en ait	Enormément

1. Les différences qualitatives et quantitatives de vitesse et de précision des deux processus

Cette caractéristique descriptive est essentielle. Elle permet de différencier au niveau de la performance les deux processus. Un processus automatique se déroule rapidement, sans perdre la qualité de sa précision. Un processus contrôlé se déroule lentement et, si, pour une raison ou une autre on l'accélère la précision se détériore considérablement. L'expérience princeps (Schneider et Shiffrin, 1977 ; Shiffrin et Schneider, 1977) illustre cette caractéristique. Les sujets sont placés soit en condition de CC, soit en condition de CV. L'EC est de 1, 2 ou 4 items. Dans la condition CC les cibles sont des chiffres et les distracteurs des lettres. Dans la condition CV les cibles et les distracteurs sont pris dans un ensemble de lettres. Les résultats montrent que pour atteindre un niveau de précision fixé à 95 % de détections correctes, la durée d'exposition d'une trame ne doit pas être inférieure à 80 ms dans le groupe CC et inférieure à 400 ms dans le groupe CV.

Si la durée d'exposition se réduit la performance chute beaucoup plus rapidement pour le groupe CV que pour le groupe CC. La différence dans les temps de réaction est tout à fait marquée entre les deux groupes en ce qui concerne l'interaction avec les variations de EC et de EA. Dans la condition CC le temps de réaction moyen est de l'ordre de 488 ms. Cette valeur n'évolue guère en fonction des niveaux de EC ni de EA. Par contre dans le groupe CV, le temps de réaction est proche de celui observé en CC dans la condition EC = 1 et EA = 1, mais s'accroît notablement lorsque les tailles de EA et de EC s'accroissent (cf. figures 2 et 3 extraites de Schneider et Shiffrin, 1977, exp. 1 et 2).

A partir de ces résultats les auteurs établissent un modèle de la recherche et de la détection visuelle. Ce modèle est largement décrit par Richard (1980), nous y renvoyons le lecteur. Ce modèle permet aussi de contraster les processus intervenant dans les deux conditions CC et CV. Le sujet choisit dans l'ensemble EC un item et va le

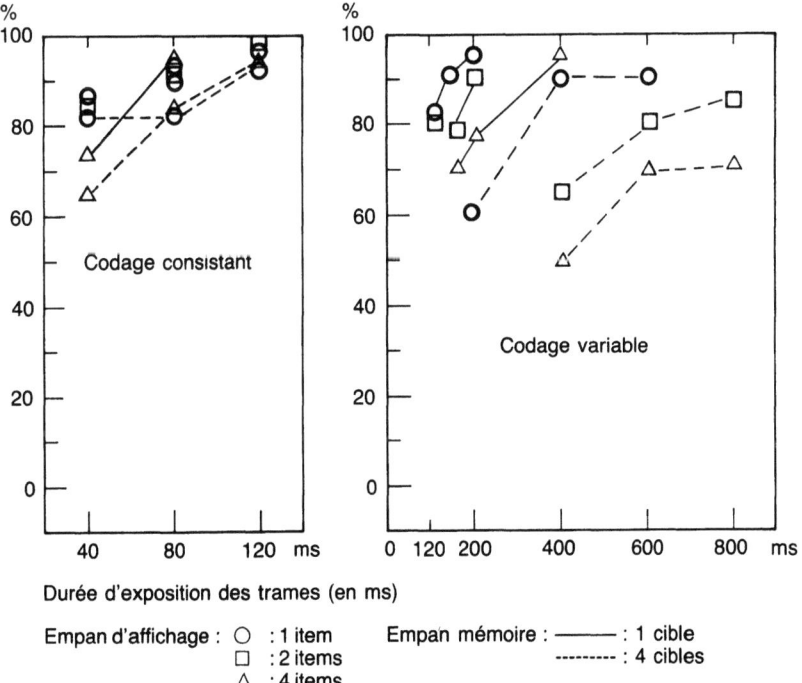

Fig. 2 : Pourcentage de cibles correctement détectées en fonction des différents facteurs.

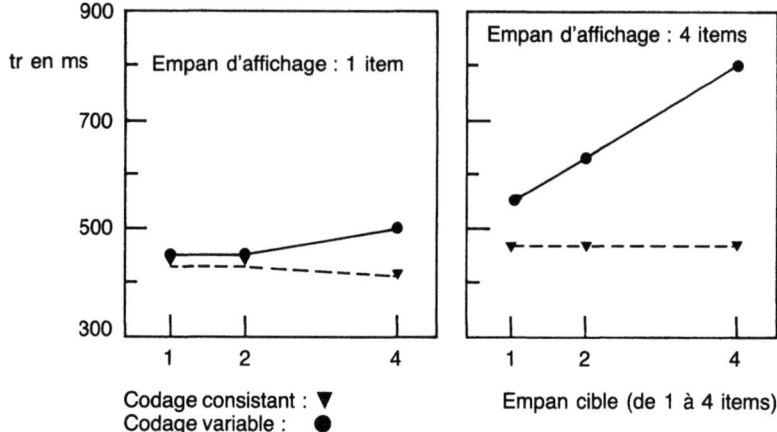

Fig. 3 : Latence des réponses correctes positives en fonction des différents facteurs.

comparer successivement avec les items de la trame (EA). Lorsque cette boucle sur la trame est terminée, le sujet boucle sur l'item suivant de l'ensemble cible, et ainsi de suite jusqu'à épuisement des deux ensembles. Le temps d'exécution de ces boucles a été mis en équations (Schneider et Shiffrin, 1977; Fisk et Schneider, 1983). Ces derniers constatent qu'en CV les boucles sur EA et sur EC sont de l'ordre de 40 à 90 s, respectivement, et qu'en CC celles-ci sont de l'ordre de 20 à 2 ms. Ces valeurs sont obtenues après un apprentissage de 2.400 essais. Ces valeurs n'ont guère bougé pour le groupe CV alors qu'elles se sont considérablement réduites pour le groupe CC. En CC la performance en fin d'apprentissage devient six fois plus rapide qu'au début et vingt-cinq fois plus rapide que celle du groupe CV.

Les différences quantitatives observées entre ces deux conditions de codage renvoyent à des différences qualitatives. Dans le groupe CC la relative insensibilité des temps de réactions à l'effet multiplicateur EA × EC ne peut s'interpréter que par la mise en place d'un processus qui ne fonctionne plus de manière sérielle mais de manière parallèle. Les auteurs distinguent alors un processus lent parce que sériel et exhaustif qu'ils appellent contrôlé et un processus rapide parce que traitant les informations en parallèle qu'ils appellent automatique. Le processus contrôlé ne se modifie pas au cours de l'exercice effectué dans des conditions de codage variable, alors que le processus automatique améliore son fonctionnement au fur et à mesure d'un exercice effectué dans les conditions de codage consistant.

2. La différence de « consommation » d'attention des deux processus

Le processus contrôlé se déroule de manière attentive. Il exige un effort cognitif et il est limité par la capacité centrale du système de traitement. Un processus automatique n'exige pas d'attention pour être exécuté, il ne s'accompagne d'aucun effort cognitif et n'est pas limité par une capacité centrale de traitement. Ces diverses formulations expriment un même phénomène : un processus contrôlé est attentif ; un processus automatique ne l'est pas. La diversité des formules ne fait que le traduire dans les notions utilisées par les grandes théories attentionnelles.

Si l'on se place dans le cadre d'une théorie structurale de l'attention (Broadbent, 1958, 1982) le processus automatique échappe au goulot d'étranglement (Schneider, Dumais et Shiffrin, 1984). Les résultats présentés précédemment constituent une première justification. De plus on observe (Shiffrin et Schneider, 1977; Shiffrin, Dumais et Schneider, 1981) que si l'on recommande au sujet de faire plus particulièrement attention à une diagonale de la trame (là où va apparaître la cible) la performance du sujet s'améliore. Mais si dans l'autre diagonale apparaissent des items dont la détection avait déjà été automatisée (apprentissage en CC antérieur) ils sont aussi détectés. Le processus automatique se déroule indépendamment de la sélection focalisée effectuée par le filtre.

Dans le cadre d'une théorie concevant l'attention en terme de ressources affectées aux traitements selon les exigences de la tâche (Kahneman, 1973; Wickens, 1984) la caractéristique précédente s'exprime sous la forme suivante : un processus automatique ne consomme pas ou peu de ressources attentionnelles. Cette expression est d'ailleurs érigée en règle (Schneider, Dumais et Shiffrin, 1984; Shiffrin, Dumais et Schneider, 1981) : « tout processus qui n'utilise pas de ressource générale, non spécifique et qui ne diminue pas la capacité générale et non spécifique disponible pour les autres traitements est automatique ». Cette règle prend appui sur les recherches effectuées en situation de double tâche.

Dans une recherche publiée en 1982 (Schneider et Fisk, 1982b, expérience II) les sujets apprennent à détecter une cible dans différentes conditions de codage consistant (c'est-à-dire en faisant varier, entre les groupes, la proportion du nombre de fois ou un item apparaît comme cible, sur le nombre de fois où il apparaît comme distracteur) pendant 12 blocs de 85 essais. Une fois cet entraînement réalisé les sujets exécutent une double tâche. Ils attendent à chaque essai soit une lettre présentée selon un codage variable, soit une des lettres qu'ils avaient appris précédemment. L'EA est de 3 items et le nombre de trames est de 12. On constate que la qualité de la précision des détections à la nouvelle tâche de codage variable est directement fonction du degré de consistance de l'apprentissage précédent. C'est-à-dire que plus la détection dans la tâche secondaire est automatisée et plus la détection dans la tâche est précise. Moins la détection à la tâche secondaire est automatisée et moins la détection à la tâche principale est précise.

Lorsque, après avoir réalisé un apprentissage dans les conditions de CC ou de CV, le sujet effectue une recherche automatique de catégorie (l'EC est constitué par des noms de catégories et l'item cible est un exemplaire appartenant ou non à l'une des catégories de l'EC) simultanément avec une tâche de rappel de chiffres, on observe une diminution, qui se réduit avec la pratique, de 10 % de la performance pour le groupe ayant appris un CC, alors qu'on observe une diminution de 27 %, qui ne se réduit pas, dans le groupe ayant appris en CV (Fisk et Schneider, 1983 ; expérience III).

Lorsque la performance en situation de double tâche se détériore par rapport au niveau atteint par chacune des deux tâches réalisée séparément (CC et CV) un apprentissage de la double tâche elle-même permet de retrouver le niveau atteint précédemment uniquement pour la condition CC (différence de 1 %) et pas pour la condition CV (69 % du niveau précédent) (Shiffrin et Schneider, 1977).

Dans le cadre, enfin, des études sur la vigilance, les effets traditionnels de diminution de la performance accompagnant une attention soutenue sont accentués si la tâche est pratiquée dans la condition de CV et atténués si la condition est d'un CC (Fisk et Schneider, 1981). Les processus automatiques sont moins affectés par le taux d'alcool que les processus contrôlés (Schneider et Fisk, 1983).

Les auteurs font l'hypothèse que les processus automatiques qui activent directement des nœuds (Schneider et Fisk, 1982a) ou des productions (Schneider et Fisk, 1983) situées en mémoire à long terme se déroulent sans transiter par la mémoire de travail (Baddeley et Hircht, 1974) et par conséquent sans en subir les limitations. A l'inverse le processus contrôlé est obligé de maintenir en mémoire de travail la trace des différents items intervenant dans la réalisation de la tâche. Ce qui implique un effort volontaire, une attention soutenue.

Toutefois une réaction d'attention peut s'automatiser. C'est-à-dire que l'attention peut être automatiquement attirée vers un stimulus particulier. L'attention est attachée à un stimulus et déclenchée automatiquement lorsque le stimulus est présent dans l'environnement. Cette attache d'une réponse attentionnelle à un stimulus est conçue en terme de réponse orientée (Schneider et Fisk, 1983). Les auteurs ne précisent pas la nature de ce lien qui attache la réponse d'orientation à un stimulus en un processus automatique.

3. Les modalités de contrôle de ces deux processus

Un processus contrôlé est, comme son nom l'indique, sous le contrôle direct du sujet. C'est-à-dire que ce dernier peut en modifier à tout instant le déroulement en fonction des modifications intervenant dans l'environnement ou des conséquences de sa réalisation. Le sujet recourt à ce mode de traitement de l'information lorsque la situation est nouvelle, lorsqu'il ne dispose pour y faire face d'aucun processus automatique, ou enfin, lorsque le codage stimulus-réponse est changeant. Dans ces conditions le sujet ne peut extraire ni régularité ni stabilité. Il est obligé de maintenir continuellement en mémoire de travail les paramètres contingents de la situation et choisir à chaque fois la réponse appropriée à la configuration actuelle de ces paramètres.

A l'inverse un processus automatique n'est plus sous le contrôle direct du sujet. Lorsque celui-ci est déclenché, celui-ci se déroule sans que le sujet puisse intervenir. Schneider et Shiffrin (1977) observent qu'après l'automatisation de la détection d'une cible (10.000 essais!) celle-ci ne peut plus être ignorée par le sujet. Qu'elle soit présentée comme distracteur (dans une situation où la tâche principale porte sur la détection d'une autre cible), elle demeure automatiquement traitée même si le sujet est prévenu et instruit de ne pas y faire attention. Dans une situation de CV avec comme consigne d'ignorer le distracteur (préalablement appris) la performance passe de 84 % de détections correctes à 62 % si le distracteur automatisé est présent sur la même trame, et à 77 % si il est présenté sur la trame suivant la trame test.

Lorsqu'on effectue une inversion de l'ensemble cible et des distracteurs après un apprentissage en CC, la détérioration de la performance est spectaculaire (Schneider et Shiffrin, 1977). L'ensemble des items choisis est constitué par les lettres de l'alphabet. L'ensemble cible comprend les premières lettres et l'ensemble distracteur les dernières lettres. Après un apprentissage en CC conduisant à l'automatisation des détections de l'ensemble cible, on inverse le statut des cibles et des distracteurs. Les distracteurs deviennent cibles et les cibles distracteurs. La performance se détériore aussi bien en vitesse qu'en précision. Le niveau après l'inversion est non seulement inférieur à celui qu'il était en début d'apprentissage, mais encore à celui d'un groupe travaillant en condition de CV avec les mêmes items. Il faut attendre un nouvel apprentissage (2.400 essais) pour que soit atteint un niveau équivalent à celui de la fin du premier apprentissage.

Ces résultats sont exprimés dans la règle suivante (Schneider, Dumais et Shiffrin, 1984 ; Shiffrin, Dumais et Schneider, 1981) : « Tout processus qui demande des ressources en réponse aux stimulations externes, indépendamment des efforts du sujet pour ignorer cette distraction, est automatique ».

Cette propriété radicale séparant les deux types de processus d'être ou ne pas être sous le contrôle direct du sujet, n'exclut pourtant pas l'existence de rapports entre les deux processus (Schneider, Dumais et Shiffrin, 1984).

Un processus automatique peut être « préparé » par un processus contrôlé. C'est-à-dire que le sujet peut décider volontairement de dérouler une activité automatique.

Un processus contrôlé peut contribuer à améliorer un mode automatique de traitement de l'information. En effet les informations traitées par un processus automatique sont fugaces et labiles et leur stockage en mémoire de travail n'excède guère quelques secondes. Si le processus automatique nécessite d'être exécuté durant plus de temps un processus contrôlé permet de maintenir actives les informations nécessaires au processus automatique.

Enfin, dans certains cas le sujet peut hésiter à « lancer » son automatisme. Il doit apprendre à laisser sa production automatique se dérouler sans essayer de la contrôler ni sans y affecter de ressources attentionnelles (Schneider et Fisk, 1983). Les auteurs constatent en effet que certains sujets présentent parfois des résultats atypiques. Dans l'expérience de double tâche citée précédemment (retenir l'ordre des chiffres présentés et décider de l'appartenance d'un mot test à une catégorie cible), deux sujets sur les huit ont une performance qui se détériore : 95 % de détection correcte en tâche simple et 30 % en double tâche. Après un apprentissage individualisé, au cours duquel le sujet est invité à se laisser aller à détecter des mots appartenant à des catégories cibles plus familières, la performance en situation expérimentale de double tâche remonte à 84 % (Fisk et Schneider, 1984b).

Le processus contrôlé ne permet qu'un contrôle indirect du processus automatique qui demeure largement autonome, et indépendant d'un contrôle qu'on pourrait appeler réfléchi. Les auteurs estiment que cette propriété de « non inhibitabilité » du processus automatique permet de rafraîchir l'attention qui ne peut pas être continuellement soutenue. Les brusques commutations que le processus automatique impose à l'attention focalisée contribuent à en améliorer l'efficacité en permettant une réaffectation des ressources attentionnelles (Schneider, Dumais et Shiffrin, 1984).

4. Les facteurs de l'automatisation

Parmi les différences observées entre les conditons CC et CV, celles qui sont liées à l'exercice sont les plus marquées. L'apprentissage (entre 2.000 et 12.000 essais selon les expériences) ne conduit à aucune amélioration de la performance dans la condition de CV. Ce n'est donc pas la répétition en elle-même qui est le facteur principal de l'apprentissage mais les conditions consistantes ou cohérentes de son exercice.

La consistance est définie comme la stabilité du codage entre le stimulus et la réponse. L'automatisation est une fonction multiplicative du degré de consistance et du nombre de répétitions (Schneider, Dumais et Shiffrin, 1984). Si l'on varie le degré de consistance en manipulant la fréquence avec laquelle un item apparaît comme cible en maintenant constante la fréquence avec laquelle il apparaît comme distracteur (de 100 % à 33 %), on constate que le taux d'amélioration de la performance dépend directement du taux de consistance (Schneider et Fisk, 1982b). La consistance porte-t-elle sur la totalité de la tâche ou sur quelques-unes seulement de ses composantes ? En d'autres termes qu'advient-il si on sépare le caractère consistant de l'attente (si tel item est présenté il le sera toujours en tant que cible) du caractère consistant de la réponse (si telle cible est détectée on fournira toujours la même réponse). Fisk et Schneider (1984a) étudient cette question en croisant les conditions consistantes ou variable de l'attente avec les conditions consistantes ou variable de la réponse. Le caractère consistant de la réponse est obtenu en demandant au sujet d'appuyer sur le bouton poussoir d'un dispositif de réponse occupant la même position que la cible sur la trame (un des quatre coins). Le caractère variable du système de réponse est obtenu en modifiant à chaque fois la règle associant telle position de la trame à telle position du dispositif de réponse. Ils observent que, quel que soit le système de réponse (consistant ou variable) c'est le caractère consistant (codage consistant) de l'attente qui détermine les performances les plus précises. A l'intérieur de chacune des conditions d'attente, le caractère consistant de la réponse amène des performances plus précises que le caractère variable. Toutefois si le caractère variable de la réponse diminue la performance, on constate, dans la situation d'attente consistante, que la précision des réponses s'améliore progressivement au cours de l'apprentissage. Si dans une tâche toutes les composantes ne sont pas automatiques l'apprentissage est ralenti, mais les composantes contrôlées n'empêchent pas les composantes automatiques de se développer. Parmi les autres facteurs qui interviennent dans l'automatisation de la détection relevons (Schneider, Dumais et Shiffrin, 1984) : la fréquence plus ou moins grande avec laquelle un item cible est proposée à la recherche (plus la fréquence est élevée, meilleure est la détection, de 64 % à 71 %); la fréquence plus ou moins grande avec laquelle un item proposé dans l'ensemble cible est effectivement présenté sur la trame (de 57 % à 71 % de détections correctes); la similarité ou le recouvrement entre les items cibles et les distracteurs (plus la dissimilarité croît, plus l'apprentissage est rapide); le type de tâche (une tâche à trame multiple conduit à un meilleur apprentissage qu'une tâche à simple trame).

5. *Le caractère modulaire du processus automatisé*

Les propriétés des processus automatisés décrites jusqu'à maintenant nous permettent d'en mieux repérer la structure. Un processus automatique constitue une unité autonome du système cognitif. A côté des degrés divers d'automatisation de cette unité, trois formes différentes de processus automatique apparaissent dans les textes de nos auteurs : comme réponse automatisée d'attention; comme mécanisme de coactivation; comme système de production.

La première forme correspond à l'attache ou l'association directe d'une réponse d'attention à un stimulus. Les auteurs ne sont guères diserts sur le mécanisme intervenant dans cette association. L'hypothèse d'un mécanisme associatif reposant sur la fortification du lien réunissant ces deux éléments paraît la plus probable : la réaction attentionnelle serait conditionnée à un stimulus.

Le processus contrôlé constitue un instrument permettant le développement des processus automatiques. Le processus contrôlé intervient dans la modification des nœuds de la mémoire à long terme, en maintenant actif les liens réunissant la trace du stimulus au nœud sémantique qui lui est associé. Se construit ainsi, pas à pas, une brique d'automatisme («stepping stones») (Schneider, Dumais et Shiffrin, 1984). Le processus contrôlé dépose («lay down») les unités de traitement automatiques, qui vont ensuite se développer (automatisation) de manière autonome.

La coactivation consiste à activer («disponibiliser»?) les traces sémantiques qui correspondent aux traits extraits de la cible et, simultanément, à inhiber les nœuds qui correspondent aux distracteurs.

La troisième forme est développée dans l'article de 1983 (Schneider et Fisk) et présente le processus automatique comme un système de production selon le sens donné à ce terme par Newell. Le processus automatique constitue une règle générale comprenant une partie condition et une partie action. La seconde n'est mise en œuvre que si la première est réalisée, c'est-à-dire si les prérequis de l'action sont réunis. Chaque production effectue une transformation consistante du stimulus dans une réponse. Ces traitements sont cognitifs dans la mesure où ils portent sur des représentations du stimulus et de la réponse et pas sur leurs équivalents externes. Ce système de production est hétérarchique, c'est-à-dire que la même composante de production peut être appelée quel que soit le niveau du traitement du stimulus (la même lettre apparaît dans de nombreux mots, le même mot apparaît dans différents concepts, etc.).

Chaque unité de production, c'est-à-dire chaque processus automatique, forme un tout, un «chunk» (Schneider et Fisk, 1983) intégrant toujours plus solidement («strengthening») les divers éléments qu'il contient. Les degrés divers d'automatisation correspondent à la plus ou moins grande intensité de la force compactifiant ces différents éléments. Ces différents éléments sont constitués par les traits du stimulus, la trace sémantique qui y est associée, mais aussi des indices contextuels internes et externes rendant plus appropriées les conditions de son exécution.

Ces unités de productions peuvent être composées en cascade, ce qui permet d'accroître le nombre de composantes automatiques dans une tâche. Les recherches sur le transfert (Schneider et Fisk, 1982a, 1984) montrent, dans une tâche en CC sur la recherche de catégories, que des items tests, non présentés jusqu'alors mais appartenant à une catégorie sur laquelle le sujet avait déjà été entraîné, sont détectés plus rapidement que des items cibles appartenant à des catégories pour lesquelles le sujet n'avait pas été entraîné. Ce transfert de l'ordre de 60 % à 92 % varie en fonction du nombre d'items cibles. Plus le nombre d'items cibles est grand (c'est-à-dire plus le nombre d'exemplaires appartenant à la même catégorie est grand) et meilleur est le transfert. Ce résultat est interprété comme un effet de contexte abaissant le seuil des prérequis autorisant la mise en œuvre de la production catégorielle. Mais cette production n'est qu'une composante de la chaîne du niveau informationnel (Schneider et Fisk, 1982a). Cette chaîne informationnelle assure le traitement de l'information des lettres en mots, des mots en catégories et des catégories en réponses.

Selon les caractéristiques de la situation les paramètres actuels qu'elle comporte vont être comparés aux prérequis d'une production pour savoir si celle-ci est appropriée. Si les paramètres viennent à changer il y a commutation des unités de productions et sélection de la production dont les prérequis s'accordent aux paramètres actuels (Schneider et Fisk, 1983). Il convient de bien prendre la mesure de cette forme de contrôle. Les unités de productions ne sont pas paramétrables. L'unité est inflexible (Schneider, Dumais et Shiffrin, 1984; p. 23). Lorsque les paramètres changent c'est une autre production qui est activée. Le processus contrôlé permet le maintien en mémoire de travail des informations stratégiques sur lesquelles s'accordent les diverses classes de productions automatiques. Le paramètre stratégique définit la production qui sera exécutée (Schneider et Fisk, 1983; pp. 135 et sq.).

3. LE PROCESSUS CONTROLE SE TRANSFORME-T-IL EN PROCESSUS AUTOMATIQUE?

Sur cette question, qui revêt à nos yeux quelque importance, les auteurs proposent des réponses parfois différentes. Nous avons déjà souligné certaines interactions intervenant entre les deux types de processus, nous n'y reviendrons pas. Deux formulations distinctes apparaissent dans les textes que nous souhaitons maintenant développer.

A. Le processus contrôlé ne se transforme pas en processus automatique

Cette formulation ressort des nombreuses observations suivantes : La condition de codage variable ne donne jamais lieu, dans aucune expérience, à une quelconque amélioration de la performance. Par contre la condition de codage consistant donne lieu à des modifications durables de l'activité de recherche et de détection. Si l'on considère que la condition de codage variable est celle qui révèle un processus contrôlé et la situation du codage consistant celle qui révèle un processus automatique, il est parfaitement clair que le processus contrôlé ne se transforme jamais en processus automatique, dans la mesure où jamais une situation n'est transformée en une autre. Il convient de s'interroger sur la valeur prototypique de la situation de codage variable vis-à-vis des processus contrôlés et sur la nature du mode de traitement de l'information, en début d'apprentissage dans la situation de codage consistant.

On constate que la situation de codage variable, contrairement à ce qu'affirment les auteurs, donne lieu à des modifications de la performance. Ces modifications vont dans le sens d'une amélioration de la précision et de la rapidité. Elles sont peut-être faibles, mais elles existent. Par exemple (Schneider et Fisk, 1982b ; exp. I), on constate que la proportion de détection correcte du groupe travaillant en codage variable, passe de 45 % au bloc 1 de l'apprentissage à 55 % au 67e bloc d'essai, alors que les sujets apprenant avec un codage consistant passent de 45 % à 80 %. D'autres recherches (Ackerman et Schneider, 1985 ; Ackerman, 1986) montrent des effets comparables (gains de 400 ms à 500 ms pour des sujets travaillant en codage variable). La situation de codage variable ne permet pas l'automatisation du traitement de l'information, mais comment peut-on expliquer ces progrès ?

Les conditions de l'automatisation existent dans les situations de codage consistant, et pas dans les situations de codage variable. Mais lorsque le sujet débute dans ces conditions d'apprentissage, il ne se trouve pas d'emblée commuté dans un mode automatique de traitement ! Peut-on faire l'hypothèse que le sujet se trouve alors en mode contrôle de traitement de l'information ? Plusieurs résultats expérimentaux nous permettent d'incliner vers cette hypothèse. En situation de codage consistant, le temps de réaction est proche de la situation du codage variable, ce n'est que progressivement que les effets multiplicatifs de la consistance et de la répétition se font sentir (cf. *supra*, paragraphe sur vitesse et précision) ; on constate en début d'apprentissage un léger effet de la taille de l'empan cible en situation de codage consistant sur le temps de réaction (Schneider et Shiffrin, 1977 ; p. 19), de même qu'un effet de la vitesse de présentation des trames sur la précision des réponses (*ibidem*, p. 12) ; en situation de double tâche la performance du groupe travaillant en codage consistant se détériore puis progressivement recouvre le niveau précédent (cf. p. 39). Ces quelques effets semblent indiquer que le sujet, sans être dans une situation cognitivement équivalente à celle du codage variable, n'ont pas encore automatisé leur processus de recherche et de détection. Ne pas se préoccuper de caractériser le mode de traitement du sujet au cours de ces phases particulières me paraît constituer un raccourci interprétatif tout à fait discutable puisque le sujet à cette étape de son apprentissage n'est pas dans un mode contrôlé de traitement de l'information, au sens donné par ces auteurs, pas plus qu'il ne paraît être, déjà, dans un mode automatique de traitement, puisque les effets essentiels de la répétition consistante n'ont pas pu, encore, se développer. Signalons, par ailleurs, que nos auteurs sont souvent discrets dans leurs graphiques sur les présentations comportant, en abscisse, les essais, les blocs ou les sessions.

Cheng (1985) propose une hypothèse de transformation comme alternative de la distinction effectuée par Schneider, Shiffrin et leurs collaborateurs. Elle considère que le processus automatique se développe comme une restructuration de la tâche. Le sujet met en place de nouvelles coordinations et réalise de nouvelles intégrations d'unités perceptives, cognitives et motrices. Les anciennes composantes de la tâche sont remplacées par de nouvelles procédures plus efficaces et comportant des éléments nouveaux. Elle avance en particulier l'argument que les effets observés dans les situations de codage consistant peuvent en grande partie provenir d'un effet de catégorisation des stimulus qui constituerait une forme de restructuration.

La réponse de Schneider et Shiffrin (1985) est particulièrement nette : ils récusent le processus de catégorisation comme ressort permettant de rendre compte des effets d'automatisations qu'ils observent. Deux résultats expérimentaux justifient leurs argumentations. Un jeu de cibles et de distracteurs est défini parmi les lettres de l'alphabet. Dans la condition «catégorie» le même sous-groupe de lettre apparaît soit comme cible, soit comme distracteur, l'autre sous-groupe apparaît aussi soit comme cible, soit comme distracteur. C'est-à-dire que d'un essai à l'autre un même groupe de lettres peut apparaître soit comme cible, soit comme distracteur mais la composition du groupe demeure stable à travers ces inversions de statut (de cible à distracteur et inversement). Le sujet peut donc «catégoriser» les deux sous-groupes de lettres en leur attachant des étiquettes particulières. Lorsque l'on compare les performances de ce groupe à celles des sujets qui travaillent en condition de codage variable avec le même jeu de lettres on constate que la précision des détections s'améliore considérablement (Schneider et Shiffrin, 1977). Ceci semble donner raison à l'hypothèse de catégorisation. Mais si après cet apprentissage on soumet les sujets du groupe «catégorie» à un apprentissage en condition de codage consistant, on constate que la performance s'améliore encore non seulement en vitesse mais aussi en précision. L'automatisation est donc «en plus» de la catégorisation, et ne peut donc pas s'y réduire. Le second résultat expérimental invoqué dont nous avons déjà parlé est celui des effets désastreux sur la performance des expériences d'inversions (après apprentissage en CC, on inverse le statut des cibles et de distracteurs dans un nouvel apprentissage consistant) (Shiffrin, Dumais et Schneider, 1981). On ne peut pas expliquer cette chute de la performance, en dessous du niveau obtenu par un groupe travaillant en codage variable, par un effet de catégorisation. En effet l'affectation stable d'un item soit à l'ensemble cible, soit à l'ensemble distracteur permet donc la catégorisation. Si celle-ci explique l'automatisation l'inversion du statut de cible et de distracteur devrait conduire à un niveau de performance équivalent à celui des sujets de la condition « catégorie » présenté précédemment.

L'hypothèse de catégorisation est donc rejetée au profit de l'hypothèse de compactification qui correspond à la construction d'une unité modulaire autonome et inflexible. Comme nous l'avons déjà vu, cette unité automatique intègre les différents éléments d'informations nécessaires au traitement qu'elle effectue, mais pour les auteurs l'accent est porté sur la solidification, la fortification du lien réunissant les divers éléments. Il n'y a donc à ce propos aucune ambiguïté possible : le processus de traitement automatique n'est pas une recomposition, une restructuration d'un processus contrôlé mais constitue un processus distinct à côté, éventuellement à la place d'un processus contrôlé.

Le caractère non inhibable du traitement automatique mérite quelques éclaircissements qui ne figurent pas toujours dans les textes de Schneider et Schiffrin et de leurs collaborateurs. Ils insistent sur le fait que le processus automatique, une fois déclenché, soit volontairement, soit parce que les conditions l'imposent, se déroule indépendemment de tout contrôle volontaire du sujet et sans pouvoir être bloqué. Ceci explique les effets d'interférence bien connus (cf. effet Stroop, 1935) qui apparaissent lorsqu'une réponse produite automatiquement se trouve être incompatible avec la réponse requise par un processus concurrent automatique ou contrôlé (Schneider et Shiffrin, 1985, p. 427). Toutefois on trouve aussi des formulations plus souples de ce caractère non inhibable du traitement automatique. Schneider, Dumais et Shiffrin (1984) précisent en effet qu'il est difficile mais pas impossible de contrecarrer les effets du traitement automatique. Ces tentatives de « contre » sont coûteuses en effort et grandes consommatrices de ressources attentionnelles (p. 11). Les sujets éprouvent donc des « difficultés » pour le faire, mais peuvent y parvenir. Il y a quand même une certaine contradiction entre la fomulation stricte (Schneider et Shiffrin, 1985 ; Shiffrin et Schneider, 1977) et la formulation souple du caractère non inhibable de la réponse automatique. La formulation souple me paraît mieux rendre compte des résultats expérimentaux des auteurs.

L'expérience sur l'inversion supporte cette interprétation. La performance se détériore considérablement et atteint un niveau plus faible que celle observée en codage variable, ce qui traduit, à mon sens, l'importance de l'obstacle constitué par l'automatisme et que le sujet doit vaincre dès lors que cet automatisme n'est pas adapté à la nouvelle situation. On pourrait alors faire l'hypothèse que le processus de traitement contrôlé sert à briser les obstacles constitués par des automatismes lorsque ceux-ci cessent de fournir une réponse pertinente à la situation. Cette hypothèse largement développée dans les recherches de Piaget (1973, 1974) soutient l'idée d'un contrôle volontaire et intentionnel sur l'automatisme pour en corriger le déroulement lorsque celui-ci est inadapté. De plus on peut considérer que l'organisme oppose certaines inerties (Berthoz, 1978) à l'acquisition d'un automatisme que celui-ci doit continuellement contrebattre pour maintenir son niveau d'efficacité. Que l'on songe aux exercices répétés du pianiste, ou à l'entraînement continu du sportif de haut niveau.

Quant à l'action du processus automatique sur le processus contrôlé, il est quasiment inexistant : le processus automatique interrompt le processus contrôlé. Ceci ne constitue pas une modification de son mode de fonctionnement, tout au plus une suspension dans son déroulement. La nécessité de rafraîchir l'attention soutenue est une forme indirecte de contrôle. On trouve toutefois dans le texte de 1983 (Schneider et Fisk, 1983) des indications sur le rôle stratégique dévolu au traitement contrôlé lorsque des traitements automatiques sont disponibles dans une tâche. Tous les aspects de résolution de problème, définition des objectifs, invention d'une solution, etc. seraient traités en mode contrôlé, alors que chaque composante de production serait réalisée en mode automatique. L'accroissement des productions automatiques permettrait alors de libérer le mode contrôlé et lui permettrait de jouer de plus en plus efficacement son rôle stratégique.

B. Le processus contrôle se transforme en processus automatique

En 1985, Schneider propose un modèle en quatre phases représentant les transitions d'un processus contrôlé en processus automatique. Ce modèle est construit autour de la notion d'unité cognitive (module ?) spécialisée dans un traitement particulier de l'information. Le développement d'un processus automatique coordonne deux composantes de l'apprentissage : un apprentissage associatif qui porte sur la consolidation de l'association entre deux unités de traitement successives et un apprentissage de priorité qui détermine l'intensité avec laquelle les «vecteurs» d'informations seront délivrés vers les unités suivantes. Le terme de vecteur correspond à une unité d'information. Le passage d'un mode contrôlé à un mode automatique s'accompagne de deux effets spécifiques : a) l'élimination de l'attention dans le traitement de l'information, et b) le passage d'un mode sériel de traitement à un mode parallèle. Les quatre phases de l'automatisation sont les suivantes :

a) *Mode contrôlé de traitement*. La circulation de l'information n'est possible que de manière attentive, c'est-à-dire que l'attention fournit le «gain» nécessaire à chaque vecteur, pour circuler d'une unité à l'autre. Dans une situation consistante, le système extrait rapidement des régularités. Des configurations particulières vont être identifiées en ce qu'elles constituent les activations les plus puissantes des vecteurs. Il devient possible alors d'atténuer les gains contrôlés.

b) *La phase de traitement à la fois contrôlée et automatique*. Durant cette phase, et uniquement dans les situations de codage consistant, les deux processus vont coexister. L'apprentissage associatif entre deux unités se développe et un vecteur correspondant à un stimulus va évoquer de plus en plus puissamment le vecteur correspondant à la réponse. L'apprentissage de priorité va déterminer le gain, cette fois automatique, que l'unité va accorder à la transmission des vecteurs importants (cibles) et les autres vecteurs (distracteurs). Le gain des vecteurs cibles est maximisé, celui des vecteurs distracteurs minimisé. Toutefois cette phase comporte encore des processus contrôlés (la performance se détériore en cas de surcharge liée à une double tâche).

c) *Phase de traitement automatique avec assistance du processus contrôlé*. Elle apparaît lorsque les niveaux d'apprentisages associatif et de priorité sont suffisants pour que les vecteurs puissent s'évoquer les uns les autres sans qu'il soit nécessaire de les maintenir activement en mémoire de travail. Le processus contrôlé assure un gain additionnel dans l'évocation des vecteurs afin de surmonter le bruit présent dans la communication.

d) *Le traitement automatique*. Il intervient dans les tâches longuement pratiquées de manière consistante. Les vecteurs s'évoquent les uns les autres avec suffisamment de force pour qu'aucun gain additionnel ne soit nécessaire. Ce processus supporte facilement l'élimination des ressources contrôlées, qui peuvent être investies dans d'autres tâches sans perturber le déroulement du processus automatique.

Schneider propose de retenir la sensibilité d'un processus à l'interférence comme indicateur du passage de la phase c) à la phase d). Mais il souligne qu'un traitement automatique peut encore être amélioré par une attention contrôlée, même durant cette phase. D'un autre côté, un excès d'assistance contrôlée durant cette phase peut aussi détériorer le déroulement de l'automatisme en modifiant provisoirement le réseau des priorités construit.

4. CONCLUSION : GENERALISATIONS ?

Les travaux de Schneider et Shiffrin et de leurs collaborateurs ont profondément marqué à la fois les protocoles de recherche, et la manière d'envisager la structure et le fonctionnement de l'appareil cognitif. Les principes et les lois qu'ils dégagent sont-ils généralisables à tous les automatismes ? Deux remarques me semblent devoir être faites.

A. L'importance de la variabilité de l'exercice

Schmidt (1982, 1983) prenant appui sur l'acquisition des habiletés motrices estime que la plasticité et la flexibilité que l'on observe dans ces conduites est beaucoup plus compatible avec l'idée d'un automatisme considéré comme un schéma souple et paramétrable qu'avec l'idée d'un automatisme rigide, inflexible et stéréotypé, pour reprendre les adjectifs qu'utilise Schmidt à propos de la distinction effectuée par Schneider et Shiffrin. Il y a toute une discussion sur la consistance du codage stimulus-réponse qui demande à être poursuivie si l'on veut généraliser la distinction au domaine sensori-moteur. En particulier la variabilité des conditions d'exercice dans l'automatisation motrice semble être un facteur important de la qualité de l'acquisition (Schmidt, 1983). La possibilité de frapper rapidement et précisément une balle de tennis dépend-elle plutôt de la rapide adaptation d'un programme moteur aux conditions actuelles de trajectoire de la balle ou d'une brusque commutation d'un programme moteur à l'autre en fonction de la sélection effectuée par l'analyse de ces paramètres ? Les considérations introduites par Pew (1975) sur la nature du stockage de ces programmes moteurs en mémoire rendent peu vraisemblable la seconde hypothèse. La définition stricte de la consistance que fournissent Schneider et Shiffrin et qui rend compte de processus automatique de détection visuelle ne semble pas, immédiatement pouvoir se généraliser à des conduites sensori-motrices.

Dans le domaine de l'attention visuelle la distinction proposée par Schneider et Shiffrin est souvent reprise. Le caractère non automatisable de certaines conduites perceptives est aussi décrit par Treisman et Gelade (1980) et Kahneman et Treisman (1984). L'importance de la répétition consistante dans la construction d'une association solide entre une trace visuelle et sa trace sémantique pouvant être activée automatiquement est reprise par Laberge (1973, 1975, 1981). Le mécanisme de la coactivation est lui aussi décrit par Posner et Snyder (1975a, 1975b ; Posner, Nissen et Odgen, 1978 ; Posner, 1982).

Mais dans le domaine sensori-moteur, un certain nombre d'auteurs vont souligner la plasticité et la souplesse d'un automatisme sensori-moteur qui n'est pas appris (Paillard, 1985 ; Beaubaton et Hay, 1986).

B. La différence entre habileté et automatisme

Logan (1985) distingue la notion d'habileté de celle d'automatisme. L'automatisme porte sur les composantes élémentaires d'une activité globale. Les mécanismes intervenant sur les composantes ne sont pas les mêmes que ceux qui interviennent sur l'activité globale. Il ne remet pas en cause les caractéristiques développées par nos auteurs à propos des composantes automatiques (encore qu'il soit dubitatif sur le fait d'atteindre un niveau d'automatisme parfait), mais souligne qu'une habileté ne saurait se réduire à la somme des composantes qu'elle intègre. L'habileté comme recoordination de composantes automatisées à des degrés divers, constitue une activité globale, totale différente de l'automatisme, qui met en jeu des formes de contrôles cognitifs différentes de celles qui interviennent lors de la phase contrôlée d'une automatisation.

Ainsi, si au cours de l'automatisation, le processus automatique change de forme et de structure, au cours de la construction d'une habileté le processus contrôlé, lui aussi, change de forme et de structure.

Bibliographie

ACKERMAN P.L., SCHNEIDER W. Individual differences in automatic and controlled information processing. In Dillon R.F. (éd.), *Individual differences in cognition*, vol 2, Orlando, Academic press, 1985, 35-66.
ACKERMAN P.L. Individual Differences in information processing : an investigation of intellectual abilities and task performance during practice, *Intelligence*, 1986, **10**, 139.
ADAMS J.A. A closed loop theory of motor learning, *Journal of motor Behavior*, 1971, **2**, 111-150.
ADAMS J.A. Historical review on appraisal of research on the Learning, Retention and Transfert of motor Skills, *Psychological Bulletin*, 1987, **101**, 41-74.
ANDERSON J.R. *Cognitive Skills and their Acquisition*, Hillsdale, Lawrence Erlbaum, 1981.
BADDELEY A.D. and HIRCHT G.J. Working memory. In *The psychology of learning and motivation*, vol. 8, edited by G.H. Bower, New York, Academic Press, 1974.
BEAUBATON D. et HAY L. Contribution of visual information to feedforward and feedback processes in rapid human pointing movements, *Journal of Human Movement Science*, 1986, **5**, 1-16.
BERTHOZ A. Rôle de la proprioception dans le contrôle de la posture et du geste. In *Du contrôle moteur à l'organisation du geste*, edited by H. Hecean and M. Jeannerod, Paris, Masson, 1978.
BROADBENT D.E. *Perception and communication*, London, Pergamon Press, 1958.
BROADBENT D.E. Task combination and the selective intake of information, *Acta Psychologica*. **50**, 253-290, 1982.
CHENG W.P., Restructuring versus automaticity : alternative account of skill acquisition, *Psychological review*, **92**(3), 414-423, 1985.
FISK A.D. and SCHNEIDER W. Control and automatic processing during tasks requiring sustained attention : a new approach to vigilance, *Human Factors*, **23**, 737-750, 1981.
FISK A.D. and SCHNEIDER W. Category and word search : generalizing search principle to complex processing, *Journal of Experimental Psychology : Learning, Memory and Cognition*, **9**, 177-194, 1983.
FISK A.D. and SCHNEIDER W. Consistant attending versus consistant responding in visual search : Task versus componant consistency in automatic processing development, *Bulletin of the Psychonomic Society*, **22**, 330-332, 1984a.
FISK A.D. and SCHNEIDER W. Memory as a function of attention, level of processing and automatization, *Journal of Experimental Psychology : Learning, Motivation and Cognition*, **10**, 181-197, 1984b.
GEORGE C. Les interactions entre les connaissances déclaratives et procédurales. Ce volume.
KAHNEMAN D.A. *Attention and Effort*, London, Prentice Hall, 1973.
KAHNEMAN D.A. and TREISMAN A. Changing views of attention and automaticity. In *Varieties of Attention*, edited by Parasuraman R., London, Academic Press, 1984.
LABERGE D. Attention and the measurement of perceptual learning, *Memory and Cognition*, **I**, 268-276, 1973.
LABERGE D. Acquisition of automatic processing of perceptual and associative learning. In *Attention and Performance*, vol. V, edited by S. Dornic, Hillsdale, Lawrence Erlbaum, 1975.

LABERGE D. Automatic information processing : a review. In *Attention and Performance,* vol. IX, edited by J. Long and A. Baddeley, Hillsdale, Lawrence Erlbaum, 1981.
LEPLAT J. and PAILHOUS J. Conditions cognitives de l'exercice et de l'acquisition d'habiletés sensori-motrices, *Bulletin de Psychologie,* XXIV (312), 205-211, 1976.
LOGAN G.D. Skill and automaticity, relation, implication and futures directions, *Canadian Journal of Psychology,* 1985, **39,** 367-386.
PAILLARD J. Les niveaux sensori-moteurs et cognitifs du contrôle de l'action. In Laurent M. et Therme P. éds, *Recherches en activités physiques et sportives, Actes des journées de la recherche en activités physiques et sportives,* Aix-Marseille, 1985.
PERRUCHET P. Conditionnement classique chez l'homme et facteurs cognitifs : I. Le conditionnement végétatif, *L'année psychologique,* **79,** 527-557, 1979.
PERRUCHET P. Conditionnement classique chez l'homme et facteurs cognitifs : II. Le conditionnement moteur, *L'année psychologique,* **80,** 193-219, 1980.
PEW R.W. Human perceptual-motor performance. In *Human Information Processing,* edited by B.H. Kantowicz, Hillsdale, Lawrence Erlbaum, 1975.
PIAGET J. *La prise de conscience,* Paris, Presses Universitaires de France, 1973.
PIAGET J. *Réussir et comprendre,* Paris, Presses Universitaires de France, 1974.
POSNER M.I. and SNYDER C.R. Attention and cognitive control. In *Information Processing and Cognition,* edited by J.H. Solso, Hillsdale, Lawrence Erlbaum, 1975b.
POSNER M.I. and SNYDER C.R. Facilitation and inhibition in the processing of signals. In *Attention and Performance,* vol. V, edited by P.M. Rabbit and S. Dornic, New York, Academic Press, 1975a.
POSNER M.I., NISSEN M.J. and OGDEN W. Attended and unattended processing modes : the role of set for spatial location. In *Mode of Perceiving and Processing Information,* edited by H.L. Pick and E. Saltzman, Hillsdale, Lawrence Erlbaum, 1978.
POSNER M.I. Cumulative development of attentional theory, *American Psychologist,* 37, 168-179, 1982.
RICHARD J.F. *L'Attention,* Paris, Presses Universitaires de France, 1980.
SCHMIDT R.A. *Motor Control and Learning.* Champain, Human Kinetics Publishers, 1982.
SCHMIDT R.A. On the underlying structures of well learned motor responses. A discussion of Namikas, Schneider and Fisk. In *Memory and the Control of Action,* edited by R. Mc Gill, La Haye, North Holland Publishing Company, 1983.
SCHNEIDER W. Toward a Model of attention and the development of automatic processing. In Posner M. (ed.) : *Attention and Performance,* vol. XI, Hillsdale, New Jersey, Lawrence Erlbaum, 1985.
SCHNEIDER W., DUMAIS S.T. and SHIFFRIN R.M. Automatic and control processing and attention. In *Varieties of Attention,* edited by R. Parasuraman and D.R. Davies, Londres, Academic Press, 1984.
SCHNEIDER W. and SHIFFRIN R.M. Controlled and automatic human information processing : I. Detection search and attention, *Psychological Review,* **84,** 1-66, 1977.
SCHNEIDER W. and FISK A.D. Processing with and without long term memory modification : Attention, level of Processing and word frequency, technical report, HARL-ONR-8104, University of Illinois, 1982a.
SCHNEIDER W. and FISK A.D. Degre of consistant training : Improvement on search performance and automatic process development, *Perception and Psychophysics,* **31,** 160-168, 1982b.
SCHNEIDER W. and FISK A.D. Attention theory and mechanisms for skilled performance. In *Memory and control of action,* edited by R. Mc Gill, North Holland Publishing Company, 1983.

SCHNEIDER W. and FISK A.D. Automatic category search and its transfert, *Journal of Experimental Psychology : Learning, Memory and Cognition*, **10**, 1-29, 1984.
SCHNEIDER W. and SHIFFRIN R.M. Categorisation (restructuring) and automatization : Two separable factors, *Psychological Review*, **92**, 424-428, 1985.
SHIFFRIN R.M. and SCHNEIDER W. Controlled and automatic human information processing : II. Perceptual learning, automatic attention and a general theory, *Psychological Review*, **84**, 127-190, 1977.
SHIFFRIN R.M., DUMAIS S.T. and SCHNEIDER W. Caracteristics of automatism. In *Attention and Performance*, vol. IX, edited by J. Long and A. Baddeley, Hillsdale, Lawrence Erlbaum, 1981.
STROOP J.R. Studies of interference in serial verbal reactions, *Journal of Experimental Psychology*, **18**, 643-662, 1935.
TREISMAN A.M. and GELADE G. A feature integration theory of attention, *Cognitive Psychology*, **12**, 97-136, 1980.
WICKENS C.D. Processing resources in attention. In *Varieties of Attention*, edited by R. Parasuraman and D.R. Davies, London, Academic Press, 1984.

Chapitre IV
L'apprentissage sans conscience :
données empiriques et
implications théoriques

Pierre PERRUCHET
Université René-Descartes,
Laboratoire de Psychologie différentielle,
28 rue Serpente - 75006 Paris

Le langage courant limite habituellement la notion d'apprentissage aux effets bénéfiques de situations intentionnellement planifiées pour l'acquisition de compétences précises, généralement scolaires ou professionnelles. En psychologie, l'usage est aujourd'hui d'étendre la notion à l'ensemble des effets durables d'une expérience antérieure. Le terme d'expérience, dans ce contexte, renvoie, le plus largement possible, aux différentes situations auxquelles un sujet peut être confronté, de l'occurrence unique d'un stimulus simple à la répétition d'événements complexes et fortement structurés.

Dans cette perspective, le problème de l'apprentissage sans conscience se révèle d'une extrême généralité. Il se rapporte à l'ensemble des influences à long terme que des événements non consciemment identifiés au moment de leur occurrence peuvent exercer sur le comportement. Les questions qui se posent à ce sujet concernent en premier lieu l'existence d'un tel phénomène : un apprentissage sans conscience est-il possible? Si oui, cette possibilité est-elle générale, ou réservée à certaines formes d'apprentissage dont il conviendrait de spécifier les propriétés?

Ce genre de questions renvoie à deux séries d'intuitions contradictoires. D'une part, il est habituel de considérer que l'efficacité d'un apprentissage est corrélative de l'intérêt et de l'attention portés à son objet. Par exemple, l'attitude naturelle d'un instructeur est de favoriser la prise de conscience la plus explicite possible par son élève de l'ensemble des éléments constitutifs du corps de connaissance à acquérir. D'autre part, toutefois, chacun a le sentiment qu'une partie au moins de son comportement est déterminée par des influences ayant toujours échappé à sa propre consicence ; une analyse introspective peut même conduire à penser que les acquis les plus fondamentaux qui structurent les conduites, qu'elles soient perceptives, linguistiques, intellectuelles, affectives, ou sociales, n'ont, pour la plupart, jamais fait l'objet d'une connaissance explicite.

Le caractère paradoxal de ces intuitions conduit à rechercher des éléments de réponse ailleurs que dans la réflexion introspective. La première section de ce chapitre examine les données expérimentales aujourd'hui disponibles concernant le problème de l'apprentissage sans conscience. La psychologie scientifique ayant longtemps rejeté ce sujet hors de ses frontières, les données pertinentes restent assez fragmentaires et ne concernent, pour l'essentiel, que des formes d'acquisition relativement élémentaires. L'image qui se dégage de ces travaux est néanmoins cohérente. Son intégration à un modèle théorique du fonctionnement cognitif sera esquissée en seconde section, où le débat sera élargi aux formes plus complexes d'apprentissage. Nous tenterons alors de montrer comment l'enjeu des problèmes soulevés touche aux fondements mêmes de la psychologie cognitive.

Une brève remarque est nécessaire avant d'aborder ces développements. A la suite de certains auteurs (e.g. Posner, 1978), nous utiliserons de façon équivalente les termes conscients et attentionnel, pour les opposer à inconscient et automatique, ou à des expressions telles que «à l'insu du sujet». Par contre, l'opposition ici désignée doit être soigneusement distinguée de celle qui concerne l'*intention* d'apprendre, auquel il est conventionnel de se référer par les termes d'intentionnel et d'incident. Que l'apprentissage incident existe est une évidence quotidienne, et les expériences conduites au cours des années soixante-dix suggèrent même que l'intention d'apprendre n'a en tant que telle aucun effet bénéfique sur l'apprentissage (revue in Anderson, 1985, ch. 7 ; Eysenck, 1982). Mais ces résultats n'informent en rien sur le problème qui nous occupe : la situation d'apprentissage incident n'introduit en elle-même aucune entrave au contrôle attentionnel du traitement qui s'y opère, et à la prise de conscience des éléments pertinents.

1. L'EXAMEN DES DONNEES EMPIRIQUES

Nous aurons recours, pour structurer cette section, à une classification des phénomènes d'apprentissage fondée sur le mode d'expression des connaissances acquises. Le principe en est simple. Supposons, pour l'illustrer, qu'une phrase composée de deux mots soit présentée à un sujet. Une première façon de tester l'effet à long terme de cette présentation consiste à demander à ce sujet, après un intervalle convenable, de rappeler les mots composant la phrase, ou de les reconnaître dans une liste, ou encore d'évoquer le second mot à la présentation du premier. Dans tous les cas, l'information acquise doit être explicitement restituée. Une seconde façon d'opérer consiste à soumettre le sujet à une épreuve dans laquelle les performances sont affectées par la perception initiale de la phrase, sans que le souvenir direct en soit nécessaire. Il peut s'agir par exemple d'observer comment les mots énoncés sont plus facilement identifiés que des mots contrôles dans une tâche de perception tachistoscopique, ou comment la connotation de l'un des mots a été durablement affectée par son voisinage occasionnel avec l'autre mot. Les modifications observées témoignent alors indirectement d'une action à long terme de la présentation initiale. En bref, l'apprentissage est évalué par un souvenir explicite de l'événement dans le premier cas, et par ses conséquences sur le comportement actuel dans le second; la mémoire de l'événement constitue tour à tour un «objet» et un «outil» (Jacoby et Kelley, 1987).

La distinction ici esquissée est loin d'être nouvelle, puisqu'elle est déjà présente dans le travail d'Ebbinghaus (cf. Tulving, 1985a). Elle est proche de la distinction traitée dans ce volume entre connaissance déclarative et connaissance procédurale (ch. V, *intra*). Nous utiliserons préférentiellement ici les termes de mémoire explicite et mémoire implicite (e.g. Graf et Schacter, 1985), car ils restent plus descriptifs : ils ne concernent que des formes d'expression différentes, sans préjuger de l'unicité ou de la dualité du mode de représentation des connaissances qu'ils expriment.

A. La mémoire explicite

L'impossibilité d'évoquer ou de reconnaître explicitement, après un intervalle de temps supérieur à quelques secondes, des événements non consciemment identifiés au moment de leur présentation est aujourd'hui très largement reconnue. Certains travaux récents considèrent que le fait est suffisamment établi pour justifier l'usage d'indices de reconnaissance dans l'évaluation du niveau de conscience accordé à la stimulation initiale (Dark *et al.*, 1985).

On trouve dans la littérature des expériences conduisant à des conclusions contraires, mais aucune n'est parvenue à démontrer de façon convaincante l'absence effective de conscience lors de la phase d'étude.

Considérons par exemple les recherches relatives à l'apprentissage au cours du sommeil. Il y a un certain nombre d'années, s'était répandue l'idée séduisante selon laquelle un sujet endormi peut retenir des informations dispensées par un équipement adéquat. En dépit d'une savante orchestration, conduite par ceux qui trouvaient dans la distribution de cet équipement une source de profits substantiels, l'idée a fait long feu. La méthode est clairement apparue d'une efficacité trop limitée et trop aléatoire pour des applications concrètes. De plus, les expériences de laboratoire ont montré que la part résiduelle d'apprentissage qui semblait néanmoins s'opérer paraissait en fait contingente à un éveil momentané, mis en évidence par la présence d'onde alpha dans l'électroencéphalogramme (revue in Aaron, 1976). Quelques rares études montrent que les sujets échouent également à rappeler ou reconnaître des informations présentées alors qu'ils étaient sous anesthésie générale (Loftus *et al.*, 1985).

Les travaux portant sur l'homme en état de veille ont eu recours à diverses techniques. Leur principe général est de solliciter toute l'attention du sujet sur une tâche quelconque, en lui présentant simultanément d'autres informations qu'il a pour consigne explicite de négliger. Le test ultérieur de rétention porte sur ces informations annexes. La tâche qui a été le plus souvent utilisée pour capter l'attention consiste à répéter oralement, avec un décalage temporel minimum, un message provenant en continu à l'une des deux oreilles («shadowing», ou poursuite en écho). Les informations annexes sont présentées à l'autre oreille. Les premiers travaux s'accordaient pour reconnaître que ces informations, bien que susceptibles d'un traitement sémantique, ne pouvaient faire l'objet d'aucune rétention à long terme (Glucksberg et Cowen, 1970; Moray, 1959; Norman, 1969). Des travaux postérieurs devaient toutefois rapporter un certain taux de rétention (Allport, Antonitis et Reynolds, 1972; Rollins et Thibadeau, 1973). Il fait peu de doute que les contrôles exercés dans ces travaux, qui, il faut le souligner, poursuivaient d'autres objectifs que ceux qui nous occupent, étaient insuffisants; ainsi la pratique suivie par les auteurs, consistant à interposer des épreuves de rétention à différents moments en cours d'expérience, ne pouvait qu'inciter les sujets à porter une part de leur attention aux stimulus qu'ils étaient censés négliger.

La possibilité de mémoriser une information non consciemment perçue a été plus récemment défendue par Kellog (1980, 1982). Dans les expériences de Kellog, les sujets ont pour tâche de multiplier mentalement deux nombres. Ils doivent exécuter ces opérations en gardant le regard dirigé vers des dessins de visages, mais sans porter attention à ces derniers. Suit alors un test de reconnaissance des visages, accompagné d'une demande de jugement introspectif sur l'attention qui leur a été en fait accordée, en dépit des instructions. Des données recueillies de cinq expériences de ce type, Kellog conclut que les visages sont parfois reconnus sans avoir été consciemment perçus. Cette conclusion est, elle aussi, sujette à caution. Les sujets devaient rester 9 secondes à calculer mentalement, le regard passivement dirigé vers les figures. Il est difficile de s'assurer que les sujets, quel qu'en soit leur jugement, n'opèrent aucun transfert momentané d'attention, et cette difficulté apparaît déterminante si l'on rappelle qu'une durée de 150 msec. suffit pour l'identification de dessins (Potter, 1976).

Ces remarques conduisent à s'interroger sur l'existence d'une stratégie expérimentale excluant toute possibilité d'un transfert, aussi fugitif soit-il, de l'attention. Fisk et Schneider (1984) ont suggéré qu'un tel objectif était sans doute illusoire. Prenant acte de cette limite, ils proposent une solution alternative consistant à évaluer objectivement la part résiduelle d'attention subrepticement accordée à la tâche en dépit des instructions, pour estimer dans quelle mesure celle-ci peut rendre compte de l'apprentissage éventuellement observé. L'ensemble de leur procédure mérite examen.

Fisk et Schneider utilisent une tâche de catégorisation qu'un entraînement prolongé a rendu automatique. Une série de mots est présentée séquentiellement aux sujets, qui doivent appuyer sur un bouton si ces mots appartiennent à la catégorie des véhicules. Après 10 à 15 heures d'exercice, la catégorisation des mots peut s'opérer sans participation attentionnelle de la part des sujets (cf. ch. III, *intra*). Pour maximiser la probabilité que le traitement s'opère effectivement sur un mode automatique, les sujets doivent effectuer parallèlement une autre tâche de catégorisation, portant sur des nombres. Il faut noter que l'exécution correcte de la tâche principale *requiert* ici le traitement sémantique des mots, et il est évident qu'il s'agit là d'une caractéristique favorable à la pertinence générale de l'expérience.

En fin de séance, les sujets sont soumis à un test de reconnaissance forcée des «distracteurs», c'est-à-dire des mots présentés au sein de la tâche de catégorisation automatisée, et n'appartenant pas à la catégorie des véhicules. Le test de reconnaissance utilisé est extrêmement sensible : à chaque essai, un mot antérieurement présenté et un mot nouveau sont exposés, et les sujets doivent obligatoirement désigner l'un d'eux. Les auteurs observent un taux de reconnaissance correcte de 55 %, taux qui doit être évalué par rapport aux 50 % de réponses correctes que le hasard seul permet d'espérer. Il faut noter que la différence est faible, en dépit du fait que les mots en question étaient perçus (et correctement placés dans la catégorie des non-véhicules), pour certains jusqu'à 20 fois. Mais elle est néanmoins statistiquement significative.

Pour évaluer dans quelle mesure cette reconnaissance peut être attribuée à un transfert momentané de l'attention, les auteurs ont pris soin d'ajuster la complexité de la tâche parallèle de catégorisation de nombres à un niveau suffisamment élevé pour que toute perte d'attention se traduise dans les performances. En comparant les performances du groupe expérimental aux performances d'un groupe contrôle uniquement soumis à la tâche de catégorisation de nombres, Fisk et Schneider obtiennent une estimation du transfert d'attention, qu'ils jugent suffisante, en se fondant sur différents postulats, pour être tenue responsable de la reconnaissance observée.

Ainsi cette étude tend-elle à confirmer l'expérience commune de l'absence de souvenirs se rapportant à l'exécution de segments de comportements automatisés : qui n'a jamais oublié s'il avait correctement éteint la lumière ou fermer la porte de son domicile en le quittant ?

En conclusion, les travaux publiés à ce jour n'offrent aucune raison de remettre en question le consensus associant la mémoire explicite à la conscience de l'événement initial. Il faut noter que les recherches ont porté presque exclusivement sur des épreuves de rappel ou de reconnaissance d'items isolés. Le peu d'indications dont nous disposons en ce qui concerne une autre épreuve traditionnelle de mémoire explicite — les tâches d'association par couples — suggère que l'attention portée aux stimulus durant la phase d'étude constitue là aussi une condition nécessaire à l'apprentissage (e.g. Bradley et Glenberg, 1983 ; Nairne, 1983).

B. Les formes de mémoire implicite

Les manifestations indirectes d'un apprentissage peuvent être prises en compte par un nombre d'épreuves virtuellement illimité.

Un premier groupe de tâches s'applique à mettre en évidence les effets d'événements singuliers. La phase d'étude consiste à prendre connaissance d'une liste d'items ne présentant pas de relations particulières, le plus souvent des mots, parfois des figures géométriques ou des visages. Après un intervalle variable, le sujet est soumis à une épreuve d'association verbale (Cofer, 1967), d'identification tachistoscopique (e.g. Jacoby et Dallas, 1981), de complétement de mots (e.g. Tulving, Schacter, et Stark, 1982), ou à toute autre épreuve de ce type. Le résultat général est que l'identification ou la production d'un item est facilitée par la perception initiale de cet item. Ainsi par exemple, on observe dans une épreuve d'identification tachistoscopique où les items, parmi lesquels figurent les mots de la liste initiale, sont présentés durant un temps très court, que, toutes conditions égales par ailleurs, le taux d'identification correcte est plus élevé pour les mots déjà présentés que pour les mots nouveaux. Les phénomènes de ce genre sont désignés comme effets de préactivation («priming») directe, d'identité, ou de répétition, ces derniers termes permettant de distinguer le phénomène de la préactivation sémantique dont il est question ailleurs (cf. ch. I, *intra*). Les situations permettant de mettre en évidence ces effets de préactivation directe ne peuvent être identifiées aux épreuves de mémoire conventionnelle, puisque le souvenir explicite de l'item initial n'est pas requis ; mais le phénomène observé témoigne d'une certaine forme de mémoire, dont il est important de souligner qu'elle se prolonge à long terme (e.g. Tulving *et al.*, 1982 ; pour revue, voir Schacter, 1987).

Or un certain nombre de travaux indiquent que cette forme de mémoire implicite s'exerce quelle que soit la nature du traitement réservé à la stimulation initiale. Elle s'exerce notamment pour des mots présentés à l'oreille «non attentive» dans les tâches de «poursuite en écho» précédemment décrites (Eich, 1984), ou pour des items présentés durant un temps très court. Ainsi Dark *et al.* (1985) observent que des mots présentés durant 200 msec., dans des conditions telles que les sujets sont incapables de les reconnaître ultérieurement, sont néanmoins identifiés plus rapidement lorsqu'ils sont à nouveau exposés.

Dans d'autres expériences, les effets indirects d'événements initiaux non consciemment perçus — il s'agit toujours de stimuli isolés — se manifestent au sein de tâches d'évaluation subjective. L'évaluation peut porter, soit sur l'événement initial lui-même, soit sur un autre événement. Ainsi, Kunst-Wilson et Zajonc (1980) montrent que des sujets à qui l'on a présenté des formes géométriques pendant 1 msec. expriment ultérieurement une préférence pour ces formes par rapport à des formes nouvelles, tout en étant incapables de les reconnaître. Ce résultat, qui persiste lorsque l'intervalle entre la première exposition et la tâche d'évaluation atteint une semaine (Seamon *et al.*, 1983), a été plusieurs fois répliqué, et étendu à des jugements de familiarité (e.g. Bonnano et Stilling, 1986). La nature de ces effets est parfois paradoxale ; ainsi dans l'expérience de Mandler *et al.* (1987), les sujets jugent des formes initialement présentées durant 2 msec. comme plus brillantes que des formes nouvelles s'il leur est demandé lesquelles sont les plus brillantes, et comme plus sombres s'il leur est demandé lesquelles sont les plus sombres, à nouveau sans être jamais capables de les reconnaître. Quelle que soit l'interprétation de ces résultats, l'important à cette étape de notre démarche est de noter qu'un événement non consciemment identifié est susceptible de modifier le comportement ultérieur vis-à-vis de cet événement, et d'ajouter que la modification induite est non seulement statistiquement significative, mais relativement importante : dans les études citées, la répartition des jugements, quelle qu'en soit la nature, s'établit selon un rapport d'environ 60/40 en faveur des formes initialement exposées, une évaluation aléatoire correspondant à un rapport de 50/50.

On a montré également que l'exposition subliminale à des mots dénotant un trait de personnalité quelconque affectait ultérieurement le jugement d'autrui. Par exemple, Bargh *et al.* (1986) présentent à leurs sujets, en vision parafovéale et durant un temps variable n'excédant jamais 77 msec., des termes renvoyant, soit à l'amabilité (amical, chaleureux, etc.), soit à la timidité (réservé, pudique, etc.). Les sujets ont ensuite à juger de la personnalité d'un individu fictif sur lequel il leur est donné un certain nombre d'informations ambiguës. Les sujets initialement exposés aux mots dénotant l'amabilité jugent l'individu significativement plus aimable que ne le font des sujets contrôles non soumis à la phase initiale, et un effet analogue apparaît pour les sujets exposés aux mots dénotant la timidité. L'inconscience de la stimulation initiale est confirmée par plusieurs indicateurs convergents, incluant notamment l'impossibilité pour les sujets, replacés en fin d'expérience dans la situation initiale de perception subliminale, de faire mieux que le hasard lorsqu'ils ont à effectuer une tâche d'identification forcée des mots critiques. Bargh et Pietromonaco (1982) avaient déjà montré un phénomène similaire avec des mots dénotant l'hostilité.

Il serait toutefois prématuré de déduire de cet ensemble de données qu'il suffit de considérer les conséquences indirectes d'un événement pour démontrer que n'importe quelle forme d'apprentissage peut s'opérer sur un mode inconscient.

Examinons les faits concernant une seconde catégorie de situations, dans laquelle l'apprentissage porte sur la formation de liaisons associatives[1]. De façon générale, des couples d'items sont présentés durant la phase d'étude. On peut aisément imaginer un analogue aux tests de mémoire habituellement utilisés dans ce cas — l'évocation de l'un des items à la présentation de l'autre — qui ne mette pas en jeu le rappel explicite de l'information. Ainsi, le premier item du couple (S1) peut être présenté immédiatement avant une tâche sensible aux effets de préactivation, telle qu'une tâche d'identification tachistoscopique ou de complètement, portant sur le second item du couple (S2). Un effet de facilitation devra être attribué à la mémoire implicite de l'association. Un tel effet existe (e.g. Ratcliff, Hockley, et McKoon, 1985). Mais, et ce point est capital, les travaux récents suggèrent que son occurrence requiert obligatoirement un traitement attentif de l'information pertinente durant la phase d'acquisition. Une expérience de Schacter et Graf (1986) illustre cet aspect. Des couples de mots sont présentés dans la phase initiale; les sujets d'un premier groupe ont pour tâche d'engendrer une courte phrase mettant en relation les mots au sein de chaque couple, alors que les sujets d'un second groupe ont à évaluer séparément chaque mot sur une échelle d'agrément. Lors d'une phase ultérieure de l'expérience, la présentation du 1er item de chaque couple facilite la performance sur un test de complètement concernant le 2e item pour les sujets du premier groupe, mais non pour les sujets du second groupe, indiquant que l'élaboration consciente d'une relation entre les deux items est nécessaire pour engendrer des effets de mémoire implicite d'associations nouvelles (cf. aussi Graf et Schacter, 1985).

Ces travaux récents confirment et étendent les conclusions précédemment atteintes dans un autre corps de recherche, relatif aux phénomènes de conditionnement. Ces phénomènes renvoient eux aussi à la mémoire implicite d'associations entre couple de stimulus. Or un large consensus s'est établi autour de l'idée selon laquelle un conditionnement ne peut s'opérer chez l'homme sans une prise de conscience des caractéristiques de la situation au cours de la phase d'acquisition. Considérons à titre d'exemple une étude de Baer et Fuhrer (1982) portant sur le conditionnement simultané des réactions électrodermales et palpébrales. Le S1 est constitué par le caractère grammatical ou non d'un syntagme nominal présenté visuellement. Un syntagme correct tel que « un arbre » ou « deux filles » est toujours suivi d'un jet d'air sur la cornée (S2), et un syntagme incorrect tel que « un chats »

---

[1] Les études précédentes portaient sur les effets de stimulus isolés, effets qui n'impliquent pas, en première analyse, la formation d'associations nouvelles. L'association de ces stimulus à leur contexte d'occurrence n'est toutefois pas à exclure, et pourrait rendre compte de certains résultats expérimentaux (Jacoby et Kelley, 1987).

ou «deux table» n'est jamais renforcé (ou inversement). Tous les 10 essais, les sujets rapportent leurs observations, et les hypothèses éventuelles qu'ils se forgent sur l'expérience. Ils sont de plus soumis à un questionnaire final en fin de séance, soit après 80 essais. Ces données sont analysées en aveugle par trois juges, qui classent les sujets en conscients et inconscients. Seuls les sujets conscients se conditionnent, et, pour chacun d'eux, les réactions conditionnelles n'apparaissent jamais avant la capacité de verbaliser les relations correctes entre stimulus; les réactions électrodermales sont simultanées, et les réactions palpébrales postérieures à la prise de conscience. Ces données s'ajoutent à une littérature abondante et plus ancienne sur laquelle j'ai publié ailleurs une revue détaillée (Perruchet, 1979, 1980). Qu'elles recourent à des stimulations intéroceptives ou subliminales, à une tâche de camouflage, ou à l'usage d'une tâche complexe pour masquer les traits pertinents de la situation, toutes les procédures utilisées concourent à démontrer que des conditions de présentation interdisant le traitement attentionnel des relations entre le S1 et le S2 ne permettent pas l'instauration de réponses conditionnelles. Des résultats de même nature ont été obtenus en conditionnement instrumental (revue in Brewer, 1974; George, 1983), en particulier à partir du paradigme de «conditionnement verbal opérant», sur lequel nous reviendrons plus loin.

On ne saurait trop insister sur l'importance de ces données. Les situations étudiées sont formellement simples, et le fait que les sujets ne peuvent s'y adapter sans prise de conscience ne peut manquer d'étonner, surtout si l'on se réfère à la connotation courante du terme de conditionnement. Sur ce point, il convient d'ajouter, en marge de notre sujet, que le phénomène auquel renvoie généralement le langage quotidien a plus à voir avec ce que nous avons appelé ici les effets de préactivation (priming) qu'avec les conditionnements classique ou instrumental des psychologues; en ce sens, la connotation de passivité et d'automaticité communément associée à l'idée de conditionnement n'a sans doute pas à être remise en cause, mais il importe de prendre acte de l'ambiguïté terminologique.

2. VERS UNE TENTATIVE D'INTEGRATION THEORIQUE ET DE GENERALISATION

Si l'on pense qu'il est fondé de séparer le traitement effectué à un moment donné, de ses conséquences à long terme sur les représentations mentales du sujet, les implications des résultats précédents apparaissent limitées au problème de la conservation des informations en mémoire. Une telle conception s'inscrit toutefois en retrait par rapport aux développements de la psychologie contemporaine. A la suite des réflexions de Craik et Lockhart (1972) notamment, il apparaît aujourd'hui justifié de considérer que la mémoire d'un événement est indissociable du traitement auquel cet événement a donné lieu : c'est la modification constitutive du traitement qui forme ce qu'il est convenu d'appeler la trace mnésique. Dans ces conditions, les implications théoriques des données précédentes prennent une extension considérable, puisqu'elles se rapportent directement à la nature du traitement opéré lors de la saisie des informations. Plus précisément, ces données devraient permettre de préciser quel type de traitement peut, et quel type de traitement ne peut pas être exécuté sur un mode automatique. Illustrons ce point à partir de l'impossibilité, dont nous avons fait état, de rappeler un événement non consciemment perçu. Ce fait peut signifier, par exemple, qu'il n'a pas été possible d'associer cet événement, lors de sa présentation, aux indices contextuels qui en auraient permis le rappel ultérieur ; c'est le traitement lui-même de l'événement qui s'est trouvé appauvri par l'absence concomitante de conscience, et non simplement une hypothétique opération de stockage en mémoire s'opérant en dérivation par rapport au traitement normal de l'événement, qui resterait non affecté.

Ces réflexions conduisent à rechercher dans un modèle général du fonctionnement cognitif les principes susceptibles de donner cohérence aux données empiriques.

A. De l'activation d'une représentation existante à la création d'une nouvelle représentation

Les lignes qui suivent sont inspirées par différents courants de pensée, mais plus directement par les écrits de Mandler (e.g. Mandler, 1979), auquel est emprunté, en particulier, la terminologie. En bref, Mandler postule une distinction entre deux processus susceptibles d'opérer sur les représentations mentales, l'intégration et l'élaboration. Une représentation, ou un schème, peut être défini comme un réseau d'interrelations entre un ensemble de composantes d'ordre perceptif, moteur, ou sémantique par exemple. Le simple traitement d'un événement induit l'activation mutuelle des différentes composantes de la représentation correspondante ; ceci renforce son organisation interne, et ce processus d'intégration a notamment pour effet de rendre la représentation mentale plus disponible pour un usage ultérieur, grâce à l'augmentation de la capacité que possède un trait isolé d'activer l'ensemble des autres composantes. L'élaboration est une opération d'une autre nature. Ce processus prend effet lorsque plusieurs représentations sont simultanément activées; il correspond à la mise en relation de différents contenus mentaux, et est directement responsable de la formation de nouvelles représentations. On peut noter incidemment que la distinction de Mandler entretient des relations évidentes, notées par l'auteur lui-même, avec les concepts piagétiens d'assimilation et d'accommodation.

L'intérêt d'introduire ici la distinction entre intégration et élaboration est que les données empiriques décrites en première section apparaissent compatibles avec l'hypothèse selon laquelle *l'activation d'une représentation déjà construite peut s'opérer sur un mode automatique, alors que l'élaboration de nouvelles représentations requiert la participation attentionnelle et consciente du sujet.* Les différents phénomènes regroupés sous le terme de préactivation, dont on a vu qu'ils pouvaient être observés alors que la stimulation initiale est restée hors de conscience du sujet, peuvent en effet s'interpréter (avec la réserve exprimée en note 1) en termes d'intégration d'une représentation existante. A l'opposé, tous les autres indicateurs de mémoire ou d'apprentissage, qui apparaissent intrinsèquement liés à la conscience, semblent effectivement impliquer la création de nouveaux contenus mentaux. Il s'agit là d'un lieu commun pour les apprentissages d'associations par paires, ou pour le conditionnement, qu'il est traditionnel de concevoir comme des situations génératrices de nouvelles associations. Mais pour moins répandue qu'elle soit, l'idée que les indices conventionnel de mémoire, rappel et reconnaissance, impliquent eux aussi la formation de nouvelles représentations n'est pas nouvelle. Ainsi la reconnaissance d'un mot présenté dans la phase antérieure d'une expérience est-elle censée témoigner de l'association de ce mot au contexte dans lequel il a été présenté, et donc de la création d'un nouveau contenu mental. Une remarque de même nature pourrait être faite à propos du rappel libre, qu'Underwood (1983) décrit comme une forme particulière d'apprentissage associatif.

B. Le champ d'application de l'hypothèse

Considérons tout d'abord le premier aspect des développements précédents : l'existence d'un processus d'activation automatique susceptible de prolonger ses effets à long terme. L'importance potentielle d'un tel phénomène dépasse sans doute de beaucoup ce que donnent à penser les exemples à l'aide desquels on le met expérimentalement en évidence — ainsi du gain de quelques centièmes de secondes sur le temps d'identification d'un mot. On peut supposer en effet que ce processus d'activation automatique joue un rôle important dans toute dynamique mentale. En rendant plus disponibles certains contenus mentaux, il est sans doute en mesure d'influencer la formation de nouvelles représentations, et de modeler ainsi indirectement les modalités adaptatives déployées par un sujet face à une situation nouvelle. Il y a là un champ de recherche encore largement inexploré, qui gagnerait sans doute à être mis en rapport avec les analyses poursuivies dans un autre contexte sur les processus d'habituation et de sensibilisation; le peu d'indications dont on dispose suggère d'ailleurs que l'habituation chez l'homme pourrait elle aussi procéder sur un mode inconscient (Gulbrandsen *et al.*, 1972).

Dans une certaine mesure, des phénomènes depuis longtemps rapportés dans d'autres champs de la psychologie, tels que l'influence de stimulations inconscientes sur les rêves ou les réponses à des épreuves projectives (voir revue en Dixon, ch. 5), peuvent s'inscrire dans ce cadre. Que d'éventuels images ou messages publicitaires subliminaux puissent affecter le comportement des individus trouve également là quelques gages de vraisemblance. Ces sources de stimulation risquent d'être d'autant plus effectives que leur influence s'exerce hors de tout jugement critique (Jacoby et Kelly, 1987; Kihlstrom, 1987, pp. 1448-1449). Encore faut-il pouvoir évaluer la nature, et même le sens de cette influence. Il convient en effet de ne pas accorder une extension illimitée aux possibilités d'activation automatique. Il serait faux de penser par exemple que tous les stimulus frappant les récepteurs sensoriels sont susceptibles de déclencher l'activation des représentations correspondantes. Ainsi, des travaux récents montrent qu'un stimulus visuel, même présenté en vision fovéale, ne peut susciter un effet de préactivation si l'attention spatiale n'est pas focalisée sur son point d'occurrence (Dark *et al.*, 1985). De plus, l'analyse sémantique des items verbaux inconsciemment perçus apparaît des plus limitée (Greenwald et Liu, cité par Kihlstrom, 1987, et la revue d'Holender, 1986). A la lumière de l'ensemble des données expérimentales, il apparaît peu probable qu'un message subliminal composé de plusieurs mots puisse être complètement analysé, et orienter le comportement en fonction de son contenu réel (Vokey et Read, 1985).

Le second aspect de l'hypothèse proposée est relatif à la nécessité d'un contrôle attentionnel conscient dans la création de nouvelles représentations. Sous des termes parfois différents, cette perspective est aujourd'hui partagée par de nombreux auteurs (e.g. Broadbent, 1980; Davidson, 1980; Graf et Mandler, 1984; Lewis, 1979). Elle fait également, toutefois, l'objet de réserves, voire d'une franche opposition, de la part d'autres auteurs dont il importe d'analyser longuement les arguments.

A l'évidence, l'échec à mettre en évidence la possibilité d'acquérir de nouvelles connaissances sans conscience ne constitue en aucune façon la démonstration d'une impossibilité. Ce point mérite d'autant plus d'être rappelé que l'éventail des situations expérimentales sur lequel cette position se fonde ne peut manquer d'apparaître comme étroit. Il reste possible que l'usage de situations d'apprentissage autres que celles dont il a été question conduise à des conclusions différentes.

On peut penser à des situations encore plus simples, plus primitives. Ainsi certaines réactions conditionnelles pavloviennes, difficiles à obtenir chez l'homme dans un contexte expérimental, pourraient avoir une indépendance vis-à-vis des activités cognitives plus marquées que les réactions conditionnelles conventionnellement étudiées (Perruchet, 1984). Certaines formes de conditionnement opérant de micro-potentiels musculaires pourraient également partager cette indépendance (Gallego et al., 1982). Mais il ne s'agit encore actuellement que d'ouvertures possibles, et en aucune façon de contre-exemples établis.

On peut également penser, à l'inverse, que les potentialités inconscientes s'expriment lorsque la situation est trop complexe pour faire l'objet d'un traitement attentionnel exhaustif. A.S. Reber a publié la série d'expérience la plus systématique visant à fournir confirmation de cette hypothèse. Il utilise une situation d'apprentissage de concept complexe connue sous le nom d'apprentissage de «grammaire artificielle». En bref, le sujet perçoit dans un premier temps une série de chaînes de 3 à 6 ou 8 caractères ne comportant que des consonnes. Ces chaînes sont engendrées à partir d'une «grammaire» composée de règles arbitraires définissant les séquences possibles de lettres. La figure 1 présente un diagramme typique de ce genre de grammaire. Dans un second temps, le sujet est invité à juger du caractère grammatical ou non de nouvelles chaînes, c'est-à-dire de leur conformité aux règles ayant engendré les séquences antérieurement perçues. Remarquons qu'il s'agit d'un mode d'expression implicite des connaissances, puisque la verbalisation des règles constitutives de la grammaire n'est pas requise. Or dès ses premiers travaux, Reber (1967) notait que les sujets apprenaient, en ce sens qu'ils devenaient capables de classer les nouvelles chaînes avec un taux de réussite supérieur au hasard, sans toutefois être en mesure d'exprimer les règles grammaticales censées sous-tendre ces performances. Il s'agirait donc là d'une forme d'acquisition sans conscience de nouvelles connaissances. Dans la suite de leurs travaux, Reber et ses collaborateurs devaient montrer que des instructions invitant le sujet à rechercher activement les règles grammaticales favorisent l'apprentissage uniquement lorsque ces règles sont simples. Si celles-ci sont trop complexes, des instructions enjoignant de rester passif, sans tentative d'analyse, sont plus favorables (e.g. Reber *et al.*, 1980). Ces résultats suggèrent que l'échec à mettre en évidence des formes simples d'apprentissage sans conscience pourrait être dû au fait que le sujet s'engage dans des activités analytiques qui proscrivent toutes autres formes d'acquisition. Une empreinte passive pourrait par contre s'exercer si la complexité de la situation décourage toute tentative de recherche explicite de règles. Selon Reber, cette forme d'apprentissage inconscient aurait une généralité considérable, puisqu'elle sous-tendrait la formation du langage, de la perception, et le développement de la socialisation. Lewicki et ses collaborateurs (1987, in press) ont récemment publié des travaux allant dans le même sens, à partir de situations expérimentales différentes.

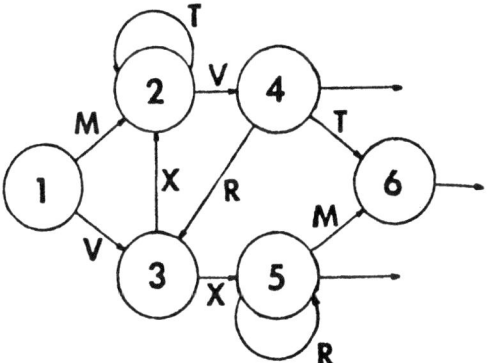

Fig. 1 : Diagramme de la grammaire artificielle utilisée, entre autres, par Dulany *et al.* (1984). La séquence 1-3-2-4-6, par exemple, engendre un «mot» grammatical (VXVT), car elle respecte le sens des flèches ; la séquence 1-2-2-2-3-5 engendre un «mot» non grammatical (MTTXX), car la transition 2-3 est non autorisée.

Pour intéressantes et suggestives qu'elles soient, ces recherches ne s'en heurtent pas moins à une difficulté majeure. Ce qu'elles démontrent est l'incapacité des sujets à verbaliser les règles utilisées par l'expérimentateur pour structurer le matériel présenté. Rien ne prouve toutefois que les sujets utilisent effectivement ces règles. Leur performance peut relever de modalités adaptatives différentes, dont rien n'assure qu'elles demeurent inconscientes. Placés face à de nouvelles chaînes de lettres, les sujets peuvent, par exemple, juger de leur grammaticalité en fonction de leur ressemblance globale à certaines des chaînes grammaticales antérieurement présentées. Brooks (1978) a été à l'origine d'une série de recherches montrant comment l'évaluation d'une analogie entre des items-test et certains items représentés en mémoire pouvait parfois se substituer à la mise en application d'une démarche analytique.

On peut également supposer qu'une analyse explicite de la situation est effectivement opérée, mais que le système de règles qui en est issu diffère de celui que l'expérimentateur a édicté.

Pour spécifier cette interprétation, reportons-nous quelque 25 ans en arrière, à un temps où l'un des problèmes était de savoir si le conditionnement verbal opérant pouvait se mettre en place inconsciemment. Chacun connaît le paradigme : l'expérimentateur renforce un segment de discours du sujet (par exemple le pronom «je») par une approbation (par exemple «c'est bien»). En règle générale, le taux d'émission du fragment de discours sélectionné augmente en cours de séance. Il est communément admis aujourd'hui que cette modification comportementale est consciemment médiatisée. Les premiers investigateurs, toutefois, proclamaient au contraire l'automaticité du phénomène (e.g. Greenspoon, 1955). Les raisons justifiant ce changement de position sont nombreuses. La seule qui nous intéresse ici dérive du constat selon lequel l'amélioration des performances peut être imputée, en certains cas au moins, à la formulation d'hypothèses formellement incorrectes, ou du moins incomplètes.

Considérons une étude célèbre de Dulany (1961). Les sujets ont pour tâche d'énoncer des mots, et les mots pluriels sont renforcés par l'onomatopée «hmm hmm». Les sujets sont évidemment de langue anglaise où la marque du pluriel est audible. En moyenne, la fréquence d'émission des mots pluriels augmente, bien qu'aucun sujet ne soit en mesure de formuler la relation de contingence correcte. Avant de conclure à l'inconscience de l'apprentissage, Dulany analyse en détail les verbalisations des sujets, et remarque que l'augmentation des réponses opérantes ne s'observe que dans un sous-groupe de sujets ayant formulé l'hypothèse que l'expérimentateur marquait son accord à la production de séries de mots appartenant à une même catégorie sémantique ; l'absence de «hmm hmm» était reçue comme une invitation à changer de catégorie sémantique. Cette hypothèse est-elle en mesure de rendre compte des performances ? Pour répondre à la question, Dulany réalise une nouvelle expérience où les sujets reçoivent pour instructions explicites l'hypothèse erronée que les sujets placés en situation de conditionnement s'étaient forgée. Or ces sujets émettent plus de noms pluriels que des sujets n'ayant pas reçu d'instructions particulières. Il apparaît donc hautement probable que les sujets apparemment conditionnés n'avaient en aucun cas appris inconsciemment la contingence correcte entre l'émission des noms pluriels et le renforcement, mais suivaient une hypothèse consciemment élaborée conduisant, en dépit de son caractère erroné, et pour des raisons d'ailleurs inconnues, à des performances corrélées avec les performances attendues (et appelée en conséquence «hypothèse corrélée»).

Ce genre de constat conduit à se demander si l'aprentissage de grammaire artificielle ne pourrait pas lui aussi être attribué à la mise en place d'hypothèses partielles, incomplètes, éventuellement provisoires et fugitives, mais néanmoins explicites, et non à l'application inconsciente des règles correctes postulée par Reber. Dulany (à nouveau) et ses collaborateurs ont récemment répondu par l'affirmative à cette interrogation, au terme d'expériences dans lesquelles les sujets étaient pourtant placés dans les conditions jugées par Reber comme étant les plus favorables au développement d'une acquisition inconsciente (Dulany, Carlson et Dewey, 1984). Evaluées sujet par sujet, les règles consciemment représentées apparaissent, en dépit de leur validité imparfaite et de leur portée limitée, suffisantes pour expliquer entièrement les performances. Carlson et Dulany (1985) observent des résultats de même nature à partir d'une situation expérimentale légèrement différente. Ces conclusions ont fait l'objet d'une polémique (Reber, Allen, et Reagan, 1985; Dulany, Carlson, et Dewey, 1985) et il serait prématuré d'y adhérer sans réserve. Il reste que la possibilité d'apprendre inconsciemment des concepts complexes ne peut en aucune façon être tenue pour démontrée.

C. L'acquisition des structures cognitives

Nous avons fait état, en introduisant ce chapitre, de l'intuition selon laquelle les structures qui orientent nos conduites les plus complexes n'ont jamais fait l'objet d'une prise de conscience explicite. Les données expérimentales dont nous avons rendu compte n'offrent pas directement les moyens de confirmer ou d'infirmer cette intuition. Les situations d'apprentissage évoquées, et les acquisitions fondamentales que l'homme opère dans le cours de son développement, sont sans commune mesure de complexité. Il reste que notre analyse ouvre sur une remarque générale.

L'un des principaux enseignements apportés par les travaux examinés est que le mode d'investigation et les conclusions relatives au rôle de la conscience dans l'apprentissage diffèrent selon la forme accordée à la représentation des connaissances sous-tendant les performances. Ainsi les recherches portant sur l'apprentissage des grammaires artificielles semblent conduire à des conclusions opposées, selon que l'on considère que les sujets doivent abstraire des chaînes de caractères les règles qui ont servi à les engendrer pour juger du caractère grammatical de nouvelles chaînes, ou que l'on accepte la possibilité que les sujets opèrent les jugements de grammaticalité corrects à partir de jugement de similarité globale, ou de l'extraction d'une multiplicité de principes incomplets, partiels, voire erronés. Les travaux empiriques confortent dans l'idée *a priori* vraisemblable selon laquelle la probabilité d'un accès conscient aux opérations correspondantes est bien plus élevée dans la seconde éventualité que dans la première.

Cette relation peut être généralisée à des niveaux de complexité supérieurs. Si les représentations qui sous-tendent les conduites apparemment intelligentes correspondent aux structures abstraites que les psychologues d'inspiration piagétienne ou les spécialistes de l'intelligence artificielle élaborent sur des bases rationnelles pour rendre compte de ces conduites, l'inconscience de leur acquisition est hautement probable, tant il semble peu vraisemblable que le sujet passe par une formalisation explicite de ces structures logiques. Mais il ne s'agit là que d'une interprétation théorique parmi plusieurs possibles (J.R. Anderson, 1985; Jacoby et Brooks, 1984; Stabler, 1983). On peut penser également que les soi-disant structures cognitives ne procèdent de rien d'autre que de l'accumulation de constats empiriques (e.g. McClelland et Rumelhart, 1985). Or ce genre de conceptions, qui peut trouver support dans certains modèles de fonctionnement neuronal (J.A. Anderson, 1977), apparaît compatible avec l'hypothèse selon laquelle rien ne s'opère comme construction cognitive qui ne soit un jour le foyer de l'attention. En bref, les fondements de l'appareil cognitif dériveraient en ce cas, non pas de l'abstraction inconsciente de règles logiques, formalisées, mais de la formation de résidus automatisés de règles informelles et de portée limitée que le sujet s'est à l'origine représenté explicitement.

Les évidences intuitives relatives à l'inconscience de la formation des éléments les plus fondamentaux de l'appareil cognitif pourraient en fait dériver d'une allégeance implicite à une conception dont l'actuelle prédominance ne doit pas faire oublier qu'elle ne constitue que l'une des options théoriques possibles.

Bibliographie

AARONS, L. (1976). Sleep-assisted instruction, *Psychological Bulletin*, **83**, 1-40.
ALLPORT, D.A., ANTONITIS, B. et REYNOLDS, P. (1972). On the division of attention : a disproff of the single channel hypothesis, *Quarterly Journal of Experimental Psychology*, **24**, 225-235.
ANDERSON, J.A. (1977). Neural models with cognitive implications. In D. Laberge et S.J. Samuels (Eds.), *Basic processes in reading : perception and comprehension*, Hillsdale, N.J. : Erlbaum.
ANDERSON, J.R. (1985). *Cognitive Psychology and its implications*, 2^e ed., New York, Freeman.
BAER, P.B. et FUHRER, M.J. (1982). Cognitive factors in the concurrent differential conditioning of eyelid and skin conductance responses. *Memory and Cognition*, **10**, 135-140.
BARGH, J.A., BOND, R.N., LOMBARDI, W.J. et TOTA, M.E. (1986). The additive nature of chronic and temporary sources of construct accessibility. *Journal of Personality and Social Psychology*, **50**, 869-878.
BARGH, J.A. et PIETROMONACO, P. (1982). Automatic information processing and social perception : The influence of trait information presented outside of conscious awareness on impression formation. *Journal of Personality and Social Psychology*, **43**, 437-449.
BONNANO, G.A. et STILLING, N.A. (1986). Preference, familiarity, and recognition after repeated brief exposures to random geometric shapes. *American Journal of Psychology*, **99**, 403-415.
BRADLEY, M.M. et GLENBERG, A.M. (1983). Stengthening associations : duration, attention, or relations? *Journal of Verbal Learning and Verbal Behavior*, **22**, 650-666.
BREWER, W.F. (1974). There is no convincing evidence for operant or classical conditioning in adult humans. In W.B. Weimer et D.S. Palermo (Eds.), *Cognition and the Symbolic Processes*, N.Y., Halsted Press.
BROADBENT, D.E. (1980). Association lecture · from the percept to the cognitive structure. In N. Nickerson (Ed.), *Attention and Performance*, Hillsdale, N.J. : Erlbaum.
BROOKS, D.N. (1978). Nonanalytic concept formation and memory for instances. In E. Rosch et B.B. Lloyd (Eds.), *Cognition and categorization*, Hillsdale, N.J. : Erlbaum.
CARLSON, R.A. et DULANY, D.E. (1985). Conscious attention and abstraction in concept learning, *Journal of Experimental Psychology : Learning, Memory and Cognition*, **11**, 45-58.
CARROLL, M., BYRNE, B. et KIRSNER, K. (1985). Autobiographical memory and perceptual learning : A developmental study using picture recognition, naming latency, and perceptual identification. *Memory and Cognition*, **13**, 273-279.
COFER, C.N. (1967). Conditions for the use of verbal associations. *Psychological Bulletin*, **68**, 1-12.
CRAIK, F.I.M. et LOCKHARD, R.S. (1972). Levels of processing : A framework for memory research. *Journal of Verbal Learning and Verbal Behavior*, **11**, 671-684.
DARK, V.J., JOHNSTON, W.A., MYLES-WORSLEY, M. et FARAH, M.J. (1985). Levels of selection and capacity limits, *Journal of Experimental Psychology : General*, **114**, 472-497.

DAVIDSON, R.J. (1980). Consciousness and information processing : a biocognitive perspective. In J.M. Davidson et R.J. Davidson (Eds.), *The Psychobiology of Consciousness*, New York, Plenum Press.
DIXON, N.F. (1981). *Preconcious Processing*, Chichester, Wiley.
DULANY, D.E. (1961). Hypotheses and habits in verbal «operant conditioning». *Journal of Abnormal and Social Psychology*, 63, 251-253.
DULANY, D.E., CARLSON, A. et DEWEY, G.I. (1984). A case of syntactical learning and judgment : How conscious and how abstract?, *Journal of Experimental Psychology : General*, 113, 541-555.
DULANY, D.E., CARLSON, A. et DEWEY, G.I. (1985). On consciousness in syntactic learning and judgment : A reply to Reber, Allen and Regan. *Journal of Experimental Psychology : General*, 114, 25-32.
EICH, E. (1984). Memory for unattended events : remembering with and without awareness, *Memory and Cognition*, 12, 105-111.
EYSENCK, M.W. (1982). Incidental learning and orienting tasks. In C.R. Puff (Ed.), *Handbook of Research Methods in Human Memory and Cognition*, New York, Academic Press.
FISK, A.D., SCHNEIDER, W. (1984). Memory as a fuction of attention, level of processing and automatization. *Journal of Experimental Psychology : Learning, Memory and Cognition*, 10, 181-197.
GALLEGO, J., LAURENTI-LIONS, L., CHAMBILLE, B., VARDON, G. et JACQUEMIN C. (1982). Conditionnement opérant myoélectrique chez des sujets humains ignorant le but de l'expérience. *Compte rendu de l'Académie des Sciences*, 295, 325-328.
GEORGE, C. (1983). *Apprendre par l'Action*, Paris, PUF.
GLUCKSBERG, S. et COWEN, G.N. (1970). Memory for nonattended auditory material. *Cognitive Psychology*, 1, 149-156.
GRAF, P. et MANDLER, G. (1984). Activation makes words more accessible, but not necessarily more retrievable. *Journal of Verbal Learning and Verbal Behavior*, 23, 553-568.
GRAF, P. et SCHACTER, D.L. (1985). Implicit and explicit memory for new associations in normal and amnesic subjects. *Journal of Experimental Psychology : Learning, Memory and Cognition*, 11, 501-518.
GREENSPOON, J. (1955). The reinforcing effect of two spoken sounds on the frequency of two responses. *American Journal of Psychology*, 68, 409-416.
GULBRANDSEN, G., KRISTIANSEN, K. et URSIN, H. (1972). Response habituation in unconscious patients, *Neuropsychologica*, 10, 313-320.
HOLENDER, D., (1986). Semantic activation without conscious identification in dichotic listening, parafoveal vision, and visual masking : A survey and appraisal. *The Behavioral and Brain Sciences*, 9, 1-66.
JACOBY, L.L. et BROOKS, L.R. (1984). Nonanalytic cognition : Memory, perception, and concept learning. In G. Bower (Ed.), *The psychology of learning and motivation*, Vol 18, New York, Academic Press.
JACOBY, L.L. et DALLAS, M. (1981). On the relationship between autobiographical memory and perceptual learning. *Journal of Experimental Psychology : General*, 110, 306-340.
JACOBY, L.L. et KELLEY, C.M. (1987). Unconscious influences of memory for a prior event. *Personality and Social Psychology Bulletin*, 13, 314-336.
KELLOG, R.T. (1980). Is conscious attention necessary for long-term storage? *Journal of Experimental psychology : Human Learning and Memory*, 6, 379-390.
KELLOG, R.T. (1982). When can introspect accurately about mental processes? *Memory and Cognition*, 10, 141-144.

KIHLSTROM, J.F. (1987). The cognitive unconscious. *Science*, **237**, 1445-1452.
KOLERS, P.A. (1975). Memorial consequences of automatized encoding. *Journal of Experimental Psychology : Human Learning and Memory*, **1**, 689-701.
KUNST-WILSON, W.R. et ZAJONC, R.B. (1980). Affective discrimination of stimuli that cannot be recognized. *Science*, **207**, 557-558.
LEWICKI, P., CZYZEWSKA, M. et HOFFMAN, H. (1987). Unconscious acquisition of complex procedural knowledge. *Journal of Experimental Psychology : Learning, Memory and Cognition*, **13**, 523-530.
LEWICKI, P., HILL, T. et BIZOT, E. (in press). Acquisition of procedural knowledge about a pattern of stimuli that cannot be articulated. *Cognitive Psychology*.
LEWIS, D.J. (1979). Psychology of active and inactive memory. *Psychological Bulletin*, **86**, 1054-1083.
LOFTUS, E.F., SCHOOLER, J.W., LOFTUS, G.R. et GLAUBER, D.T. (1985). Memory for events occuring under anestesia. *Acta Psychologica*, **59**, 123-128.
McCLELLAND, J.L. et RUMELHART, D.E. (1985). Distributed memory and the representation of general and specific information. *Journal of Experimental Psychology : General*, **114**, 159-188.
MANDLER, G. (1979). Organization and repetition : Organizational principles with special reference to rote learning. In L.G. Nilsson (Ed.), *Perspectives on memory research*. Hillsdale, N.J. : Erlbaum.
MANDLER, G., NAKAMURA, Y. et VAN ZANDT, B.J.S. (1987). Nonspecific effects of exposure on stimuli that cannot be recognized. *Journal of Experimental Psychology : Learning, Memory and Cognition*, **13**, 646-648.
MORAY, N. (1959). Attention in dichotic listening : Affective cues and the influence of instructions. *Quarterly Journal of Experimental Psychology*, **11**, 56-60.
NAIRNE, J.S. (1983). Association processing during rote rehearsal. *Journal of Experimental Psychology : Learning, Memory and Cognition*, **9**, 3-20.
NORMAN, D.A. (1969). Memory while shadowing. *Quarterly Journal of Experimental Psychology*, **21**, 85-93.
PERRUCHET, P. (1979). Conditionnement classique chez l'homme et facteurs cognitifs, *L'année psychologique*, **79**, 527-557 et 1980, **80**, 193-219.
PERRUCHET, P. (1984). Dual nature of anticipatory classically conditioned reactions. In S. Kornblum et J. Requin (Eds.), *Preparatory States and Processes*, Hillsdale, N.J. : Erlbaum.
POSNER, M.I. (1978). *Chronometric exploration of mind*, Hillsdale, N.J. : Erlbaum.
POTTER, M.C. (1976). Short-term conceptual memory for pictures, *Journal of Experimental Psychology : Human Learning and Memory*, **2**, 509-522.
RATCLIFF, R., HOCKLEY, W. et McKOON G. (1985). Components of activation : Repetition and priming effects in lexical decision and recognition. *Journal of Experimental Psychology : General*, **114**, 435-450.
REBER, A.S. (1967). Implicit learning of artificial grammars, *Journal of Verbal Learning and Verbal Behavior*, **6**, 855-863.
REBER, A.S., ALLEN, R. et REGAN, S. (1985). Syntactical learning and judgment, still unconscious and still abstract : comment on Dulany, Carlson and Dewey. *Journal of Experimental Psychology : General*, **114**, 17-24.
REBER, A.S., KASSIN, S.M., LEWIS, S. et CANTOR, G. (1980). On the relationship between implicit and explicit modes in the learning of a complex rule structure. *Journal of Experimental Psychology : Human Learning and Memory*, **6**, 492-502.
ROLLINS, H.A. et THIBADEAU, R. (1973). The effects of auditory shadowing on recognition of information received visually. *Memory and Cognition*, **1**, 164-168.
SCHACTER, D.L. (1987). Implicit memory : History and current status. *Journal of Experimental Psychology : Learning, Memory and Cognition*, **13**, 501-518.

SCHACTER, D.L. et GRAF, P. (1986). Effects of elaborative processing on implicit and explicit memory for new associations. *Journal of Experimental Psychology : Learning, Memory and Cognition,* 12, 432-444.
SEAMON, J.G., BRODY, N. et KAUF, D.M. (1983). Affective discrimination of stimuli that are not recognized : II. Effect of delay between study and test. *Bulletin of the Psychonomic Society,* 21, 187-189.
STABLER, E.P. (1983). How are grammars represented? *The Behavioral and Brain Sciences,* 6, 391-421.
TULVING, E. (1985a). Ebbinghaus Memory : What did he learn and remember? *Journal of Experimental Psychology : Learning, Memory and Cognition,* 11, 485-490.
TULVING, E. (1985b). Memory and consciousness. *Canadian Journal of Psychology,* 26, 1-12.
TULVING, E., SCHACTER, D. et STARK, H.A. (1982). Priming effects in word-fragment completion are independant of recognition memory. *Journal of Experimental Psychology : Learning, Memory and Cognition,* 8, 352-373.
UNDERWOOD, B.J. (1983). *Attributes of Memory.* Glenview, Ill. : Scott, Foresman and Company.
VOKEY, J.R. et READ, J.D. (1985). Subliminal messages. *American Psychologist,* 40, 1231-1239.

Chapitre V
Interactions entre les connaissances déclaratives et procédurales

Christian GEORGE
Unité de recherche associée au C.N.R.S.,
«Psychologie cognitive du traitement de l'information symbolique»,
Université de Paris VIII, 93526 Saint-Denis, France

Depuis une dizaine d'années la distinction entre connaissances déclaratives et procédurales est souvent utilisée en psychologie pour prendre en charge l'idée que certaines modalités de connaissances sont plus appropriées à l'activité que d'autres. Cette distinction est souvent assimilée à la distinction entre savoirs et savoir-faire. Cependant le succès de ces termes n'a pas toujours entraîné une clarification des interactions entre ces deux sortes de connaissances, d'une part à cause des fluctuations de la signification qui leur est attribuée, d'autre part parce que cette distinction ne peut se superposer à la distinction familière entre pensée et action puisque d'un point de vue cognitif la pensée est elle-même une activité. Les savoirs et savoir-faire concernent aussi l'exercice de la pensée. L'objectif de cet article est de mentionner quelques-uns des problèmes qui apparaissent lorsqu'on envisage les passages possibles entre ces deux types de connaissance. Signalons immédiatement qu'il existe en psychologie d'autres approches utilisant ces concepts sans introduire de dichotomie entre deux catégories de connaissances, comme l'approche des schémas, en considérant que toute connaissance comporte un nombre variable d'éléments déclaratifs et procéduraux.

1. GENEALOGIE DE LA DISTINCTION ET PROBLEMES CONNEXES DE TERMINOLOGIE

La distinction entre les connaissances déclaratives et procédurales a été largement popularisée en psychologie grâce à un article de Winograd (1975). Cette distinction correspond en intelligence artificielle à deux modes de *représentation*, c'est-à-dire ici de présence, des connaissances dans un système expert. Les connaissances déclaratives sont inscrites dans celui-ci sous forme de propositions indépendantes de leur utilisation éventuelle (on désigne parfois aussi les connaissances déclaratives par connaissances propositionnelles). Par contre les connaissances procédurales sont confondues avec les instructions du programme qui les utilise. Winograd déclare aussi : «C'est une incarnation en intelligence artificielle de la vieille distinction philosophique entre 'savoir que' et 'savoir comment' (p. 86). Ce propos a parfois accrédité l'idée que le premier critère de distinction, le mode de représentation, pourrait coincïder avec un autre critère fondé sur le *contenu* des connaissances, connaissances *sur* le monde et connaissances *sur* l'action. Ce flottement se manifeste dans la terminologie de quelques auteurs qui parlent indifféremment de connaissances «déclaratives», «factuelles» ou «propositionnelles pour désigner les connaissances autres que procédurales. Pitrat (1984) insiste sur l'idée qu'en intelligence artificielle les connaissances déclaratives sont celles qui ne comportent aucune prescription sur leur utilisation éventuelle, contrairement aux connaissances procédurales.

Cette distinction reprend l'idée familière d'un hiatus possible de la connaissance à l'action, ou encore celle que certains éléments de connaissance concernent plus la conceptualisation et d'autres plus l'action. Ces idées interviennent dans diverses dichotomies en psychologie, comme : représentation et traitement (Hoc, 1982), structures et procédures (Inhelder *et al.*, 1976), image cognitive et image opérative (Ochanine, Quaas et Zaltzman, 1972), formalisation et réalisation (Reuchlin, 1973). Dans ce contexte, la distinction entre déclaratif et procédural apparaît et se répand rapidement en psychologie (par ex., Anderson, 1976), non sans des ambiguïtés supplémentaires.

C'est qu'en psychologie, on ne peut identifier de façon sûre le mode de représentation des connaissances, faute d'avoir un accès direct à celui-ci. On envisage leur mode de *manifestation*. Les connaissances déclaratives sont celles qui s'actualisent ou s'expriment dans le langage naturel ou un autre langage symbolique, et les connaissances procédurales dans l'activité finalisée. De nombreux auteurs (par exemple,

Anderson, 1982, 1983, 1985), considèrent comme acquis que ces deux modes de manifestation correspondent à des modes de représentation distincts. Tout en admettant que le mode de manifestation des connaissances n'est vraisemblablement pas indépendant de leur mode de représentation, nous préférons être plus circonspect sur ce point. *En l'absence de spécification contraire, l'opposition entre déclaratif et procédural concernera ici le mode de manifestation de connaissances.* En effet, le critère du mode de manifestation est plus opérationnel que celui de mode de représentation. Cependant pour avoir une valeur heuristique cette distinction doit conserver l'idée que les connaissances déclaratives ont une existence indépendante de leur utilisation possible, alors que les connaissances procédurales sont intégrées dans une utilisation particulière. Les premières sont autonomes et mobiles, alors que les secondes sont en quelque sorte prisonnières, encapsulées dans une conduite spécifique.

Cette distinction fondée sur le mode de manifestation des connaissances ne doit pas être confondue avec d'autres distinctions fondées sur leur contenu. Ainsi les connaissances déclaratives traduisent sous forme d'énoncés verbaux aussi bien des faits, des propriétés des objets, que des règles d'action. Et les connaissances procédurales qui se manifestent dans nos comportements intègrent bien évidemment les propriétés des objets sur lesquels s'exercent l'action. Citons deux exemples de ce dernier cas. Chez de très jeunes enfants il existe une conduite, dite parfois illusion poids-volume, qui consiste à mobiliser d'autant plus d'énergie pour soulever un objet qu'il est plus volumineux ; cette conduite intègre cette caractéristique usuelle des objets constitués d'un même matériau, qui est d'avoir un poids proportionnel à leur volume. Chez les adultes, certains peuvent taper sur le clavier de leur machine à écrire ou de leur ordinateur sans contrôle visuel alors qu'ils sont incapables d'indiquer la disposition spatiale des caractères (ou alors, elle doit être reconstituée en simulant attentivement la frappe de quelques mots). *Les connaissances déclaratives peuvent concerner des actions, et les connaissances procédurales des propriétés de notre environnement.* Pour bien dissocier mode de manifestation et contenu, nous parlerons dans le second cas de connaissances *sur* quelque chose, et notamment de connaissances *sur* les faits et de connaissances *sur* les procédures.

L'intérêt d'une séparation nette entre manifestation et contenu est de souligner que si certaines connaissances sur quelque chose n'ont qu'un seul mode de manifestation possible, d'autres peuvent se manifester différemment selon les individus ou chez un même individu selon les étapes de son développement ou de son apprentissage. Ainsi, on ne voit guère comment le savoir «Jules César est mort en 44 avant Jésus-Christ» pourrait aujourd'hui être incorporé à une manifestation comportementale. Par contre, il est possible d'utiliser correctement les règles d'une langue sans être capable de les énoncer (comme le fait le jeune enfant avec sa langue maternelle), ou à l'inverse d'être capable de les réciter par cœur sans être en mesure de les utiliser efficacement (comme de nombreux élèves avec certaines méthodes traditionnelles d'enseignement d'une langue seconde). Certaines connaissances se prêtent mieux que d'autres à avoir soit l'un soit l'autre de ces deux modes possibles de manifestation, ce qui soulève la question de déterminer lequel est le plus avantageux compte tenu des objectifs poursuivis. Il existe bien sûr des connaissances, que l'on pourrait appeler des connaissances duelles, qui comportent simultanément les deux modes de manifestation chez un même individu.

2. AVANTAGES RESPECTIFS DES DEUX SORTES DE CONNAISSANCE

Un des problèmes rencontrés par l'intelligence artificielle au cours des années 70 a été de déterminer s'il valait mieux privilégier les connaissances déclaratives ou les connaissances procédurales lors de la construction d'un système expert. Un parti «déclarativiste» et un parti «procéduraliste» se sont affronté au cours de divers débats. Dans l'option procéduraliste toutes les connaissances sont insérées dans les programmes qui les utilisent, et une même connaissance associée à plusieurs opérations différentes devra être réécrite plusieurs fois. Dans l'option déclarativiste les connaissances ont une existence autonome par rapport à leur utilisation éventuelle, et sont inscrites une seule fois dans la base de connaissances; des règles supplémentaires, et notamment des règles d'inférence, spécifient comment on peut utiliser ces connaissances en fonction de la question posée au système. Winograd (1975) analyse les avantages des deux sortes de connaissances sans juger opportun d'envisager séparément les systèmes artificiels et le système humain (rappelons qu'en intelligence artificielle la distinction repose sur le mode de représentation). Il mentionne trois avantages pour les connaissances déclaratives :

– elles assurent une grande économie pour la mémoire du système puisque chacune d'elles peut être utilisée pour répondre à des demandes très variées;

— elles permettent un apprentissage rapide, chacune d'elles pouvant être modifiée sans qu'on ait besoin de toucher aux autres ;
— elles sont facilement accessibles et communicables.

Winograd attribue également trois avantages aux connaissances procédurales :

— elles sont d'emblée utilisables ;
— elles permettent d'intégrer des connaissances d'ordre 2 ou métaconnaissances, c'est-à-dire des connaissances mises en jeu pour sélectionner d'autres connaissances, notamment dans la résolution de problème ;
— elles permettent une utilisation immédiate des heuristiques.

Beaucoup de psychologues ont accepté ce diagnostic, bien qu'en psychologie la distinction repose plus sur le mode de manifestation des connaissances, faute d'avoir accès à leur mode de représentation. Il est cependant possible de faire deux réserves à ce point de vue. Tout d'abord, il conduit à surestimer l'indépendance des connaissances déclaratives humaines; or en de nombreux domaines, notamment les mathématiques et la physique, elles se constituent en systèmes fortement structurés, qui font obstacle à des modifications isolées. Par ailleurs, les connaissances déclaratives humaines sont certainement moins autonomes par rapport aux traitements qui permettent de les utiliser ou de les acquérir.

Rappelons enfin que c'est pour tenter de capturer les avantages respectifs de ces deux sortes de connaissances que les chercheurs en intelligence artificielle ont créé des structures mixtes, comme les «cadres» (Winograd, 1975) ou les «schémas» (Bobrow et Norman, 1975). Le chercheur en psychologie n'a pas pareille liberté, et doit tenter de découvrir les formes de connaissances effectivement utilisables par l'homme. Il n'est pas assuré que la distinction entre le déclaratif et le procédural soit la plus appropriée, mais elle s'avère utile au moins momentanément en permettant de circonscrire différents problèmes liés à l'utilisation et à l'acquisition des connaissances.

3. LA DIFFICULTE DES PASSAGES ENTRE LE DECLARATIF ET LE PROCEDURAL

On ne convertit pas aisément des conaissances déclaratives en savoir-faire, ni des connaissances procédurales en recommandations verbales. Cette difficulté se manifeste par deux aspects duaux :

– La description précise et apparemment exhaustive d'une procédure sous forme verbale ne garantit pas son exécution correcte. Ce phénomène bien connu des enseignants apparaît également dans la vie quotidienne lorsqu'on se réfère au mode d'emploi du constructeur pour utiliser un appareil nouveau. Cette difficulté est encore plus marquée lorsqu'il faut construire une procédure et pas seulement «appliquer» certaines instructions. Les connaissances déclaratives comportent des lacunes sur leur utilisation, même lorsque leur contenu concerne une procédure dont chaque action est sous contrôle volontaire.

– Toute tentative de description verbale d'un savoir-faire ne parvient pas à épuiser les éléments constitutifs de celui-ci. Un expert, même hautement qualifié, ne parvient jamais à décrire de façon exhaustive et explicite toutes les règles d'action qu'il utilise. Ce phénomène a été bien mis en évidence par des chercheurs en intelligence artificielle. Ceux-ci, en interrogeant des spécialistes d'un domaine afin d'élaborer des systèmes experts, ont constaté que ce qui est verbalisé ne constitue qu'une fraction du savoir-faire. Il existe un résidu dans les connaissances procédurales qui échappe à la verbalisation (des faits de ce type autorisent certains auteurs à parler de «l'art» du médecin, de l'ingénieur, du grand maître aux échecs).

Il y a ainsi *un décalage entre l'expression déclarative d'une procédure et le savoir-faire correspondant*. S'agit-il de difficultés conjoncturelles qu'il devrait être possible de surmonter, ou bien s'agit-il d'une hétérogénéité plus fondamentale entre deux sortes de connaissances? Dans le premier cas on devrait toujours pouvoir passer, au moins en droit, d'une forme de connaissance à l'autre, mais non dans le second. Nous pouvons envisager immédiatement trois raisons possibles de ce décalage :

– Il y a tout d'abord un problème de déficience du lexique usuel, qui est évident lorsqu'on considère l'activité sensori-motrice. Dans certains cas celle-ci est aisément segmentée en actions discrètes, lesquelles constituent des unités qui sont facilement repérées et dénommées. Dans ces cas la «sémantique de l'action» (Richard, 1986) autorise, mais ne garantit pas, la communication interindividuelle et donc le passage du déclaratif au procédural. Dans d'autres cas l'activité requiert des mouvements et des indices qui ne font pas l'objet d'une dénomination univoque dans le lexique usuel, ce qui interdit sa traduction exacte sous forme déclarative et donc la communication. Un problème analogue existe lorsque les habiletés considérées, au lieu d'être sensori-motrices, sont plus proprement cognitives, c'est-à-dire concernent des traitements réalisés sur des représentations symboliques, la difficulté résidant dans l'organisation de ces traitements et non dans leur « sortie » sensori-motrice (par exemple, le calcul mental).

– Une seconde raison provient de ce que certains savoir-faire constituent des habiletés bien maîtrisées, et sont automatisées (voir Leplat, ce volume). Or l'automatisation est l'effet d'un long exercice, et entraîne des modifications de l'organisation interne de l'activité qui ne peuvent être transcrites sous forme d'instructions verbales. Ainsi les règles syntaxiques d'une langue peuvent être décrites verbalement, et on pourra se référer consciemment à celles-ci pour engendrer des énoncés ; mais ce qui caractérise l'habileté de celui qui utilise ces règles sans délai et sans effort, et surtout « sans y penser », ne peut être explicité sous forme de règles d'un autre ordre transmissibles verbalement à un tiers.

– Une troisième raison, qui intervient déjà dans la seconde parce qu'elle concerne une grande partie de l'activité cognitive, est que des processus multiples sont réalisés en dehors de tout contrôle conscient, ne sont pas affectés par l'activité cognitive consciente, et échappent par surcroît à toute tentative de prise de conscience par introspection. On a parlé à ce propos d'« impénétrabilité cognitive » (Pylyshyn, 1984 ; voir aussi Segui et Beauvillain, ce volume).

Ainsi il existe des restrictions préalables aux passages entre le déclaratif et le procédural, qui concernent la communication de l'information, la prise de conscience, ou l'impossibilité de soumettre à un contrôle cognitif certains processus. On peut peut-être avoir une idée plus précise de ces restrictions si on s'interroge sur ce qui fait la spécificité des connaissances procédurales. Deux hypothèses peuvent être envisagées :

– Elles sont constituées uniquement par des commandes avec le contrôle approprié afin qu'elles soient adressées aux sous-systèmes concernés et exécutées par ceux-ci.

– Elles sont constituées par des commandes comme ci-dessus, ou un « plan » permettant d'engendrer ces commandes (cf. Schmidt, 1975), plus des représentations « muettes » spécifiques à cette activité qui feraient intervenir un autre système de représentation que le langage (représentation est entendu ici au sens fort du terme, c'est-à-dire avec une dissociation entre les entités signifiées et des entités signifiantes, qui sont mises en correspondance au sein d'un système).

Dans la première hypothèse la difficulté des passages entre le déclaratif et le procédural résulterait fondamentalement de l'impossibilité pour le psychisme de prendre conscience intégralement de son activité. Dans la seconde hypothèse la difficulté résulterait de la même cause, plus une cause supplémentaire due à l'impossibilité ou aux obstacles de la traduction d'un système de représentation dans un autre. Différents auteurs admettent en effet qu'il existe plusieurs systèmes de représentation, trois par exemple pour Bruner (1966), et qu'on ne passe pas facilement d'un système à l'autre.

4. L'ANALYSE DES CONNAISSANCES PROCEDURALES

L'extrême diversité des connaissances procédurales contraste avec la parcimonie des propositions avancées pour les analyser. Cette diversité comporte deux classes fondamentales, les connaissances relatives aux procédures en jeu dans l'*exécution* d'une tâche, et celles utilisées dans l'*élaboration* d'une nouvelle procédure, en particulier dans la résolution de problème. Les algorithmes concernent la première classe, les heuristiques la seconde. *Nous envisagerons tout d'abord les procédures d'exécution.*

Une procédure peut être définie, conformément à l'usage courant, comme la suite organisée des actions permettant d'atteindre le but poursuivi. Cependant, deux précautions doivent être prises dans l'emploi de ce terme. Il importe tout d'abord de ne pas confondre la procédure effectivement *utilisée* avec la procédure *préconisée* par l'enseignant ou le constructeur d'un dispositif. La première peut n'avoir que des rapports lointains avec la seconde, comme en témoignent certains résultats relatés au paragraphe 7. Une deuxième précaution terminologique est de ne pas confondre la procédure utilisée avec le comportement observable engendré par celle-ci. La procédure a le statut de variable intermédiaire, et peut en règle générale être instanciée par des conduites multiples. Ainsi, en posant sur le papier deux nombres de deux chiffres pour les additionner, un adulte utilise généralement la même procédure que pour additionner trois nombres ou plus de trois chiffres ou plus. La tâche du psychologue est précisément, à partir de la performance observée lors de la réalisation d'une tâche, d'inférer la procédure utilisée par le sujet. Ceci n'est pas toujours aisé car il est fréquent qu'on puisse concevoir plusieurs procédures permettant formellement d'engendrer la «sortie» observée. Un exemple est constitué par l'article classique de Simon (1975) décrivant quatre procédures (appelées «stratégies» dans l'article) permettant de produire la solution dans la version canonique du problème de la tour de Hanoï avec trois disques.

Les procédures sont habituellement assimilées à une suite hypothétique de règles d'action. Relevons immédiatement que le terme de règle comporte une ambiguïté fondamentale en dehors de certains contextes spécifiques. Il peut désigner soit une autoprescription, un principe auquel l'individu se réfère spontanément dans l'élaboration de son activité, soit une régularité imposée par quelque mécanisme déterministe interne ou externe au système. Ce n'est pas la même sorte de règle, ou de loi, qui détermine l'orbite de Jupiter et la promenade quotidienne de Kant, quoique dans les deux cas on ait affaire à des régularités bien marquées. Il serait opportun de pouvoir marquer cette différence lorsqu'on analyse par des règles les activités automatiques et les activités contrôlées (voir Camus, ce volume). Par ailleurs deux problèmes immédiats sont à envisager pour conduire cette analyse, l'un relatif à la taille des actions désignées par les règles, et l'autre aux conditions de déclenchement de ces règles.

Il est souvent difficile de discerner le niveau de segmentation de l'activité qui correspond à ce qu'on pourrait appeler le vocabulaire procédural des sujets. Ainsi, on a pu constater lors de la réalisation d'une tarte aux pommes par des jeunes gens sans expérience de la cuisine que leur activité est atomisée en actions de taille inférieure à celle des actions énoncées dans la recette; ce résultat est d'autant plus frappant que la recette avait été rédigée de façon à être adaptée aux sujets (Vermersch, 1985). L'expérience acquise au cours de l'exécution d'une même tâche peut entraîner une modification de la segmentation de l'activité. Ainsi, l'utilisation du langage de commande d'un dispositif favorise la constitution de «macro-actions» résultant de la concaténation de plusieurs commandes élémentaires toujours associées à un même sous-but (Hoc, 1982). A l'inverse, réaliser la même tâche de sériation dans une situation nouvelle comportant des contraintes différentes peut contraindre les sujets à segmenter ce qui auparavant constituait une action élémentaire (Nguyen Xuan et Hoc, 1987).

Les conditions de déclenchement des règles sont en relation avec leur mode d'agencement. Deux démarches principales sont utilisées pour analyser celui-ci. L'une consiste à décrire les procédures d'une façon semblable aux organigrammes utilisés dans la programmation informatique. L'autre consiste à les décrire par des systèmes de production. Un système de production est constitué par une liste de règles du type : «si..., alors...», dans lesquelles la première partie stipule les conditions qui doivent être satisfaites pour déclencher l'exécution de l'action mentionnée dans la deuxième partie (une action désigne ici aussi bien une opération qui demeure interne au système, qu'une opération engendrant une trace externe à celui-ci ; et la deuxième partie d'une règle peut éventuellement comporter plusieurs actions consécutives). Un exemple de ces deux types de description est présenté dans la figure 1 à propos de l'addition de plusieurs nombres de plusieurs chiffres. Leur comparaison permet de relever plusieurs différences :

– L'organigramme explicite une organisation séquentielle des actions, non le système de production car l'ordre des règles dans la liste est généralement non pertinent. Dans l'organigramme le déclenchement d'une action dépend soit exclusivement de sa position dans la suite, soit de sa position et du résultat d'un test. Dans le système de production le déclenchement dépend seulement de la réalisation des conditions explicitées, quel que soit le moment de leur réalisation.

– L'organigramme ne comporte aucune référence au but et aux sous-buts poursuivis, contrairement au système de production.

– L'organigramme explicite les points à partir desquels pourra intervenir une réitération d'une action ou suite d'actions, non le système de production.

Cette comparaison montre que les deux descriptions ne sont pas ipso facto équivalentes, et que chacune d'elles paraît plus appropriée à certaines procédures qu'à d'autres. L'organigramme avec le rôle dévolu aux enchaînements d'action paraît mieux convenir aux activités automatiques. Le système de production paraît mieux convenir aux activités intentionnelles consciemment gérées en fonction du but poursuivi. On pourrait être tenté d'identifier des règles de nature différente dans ces deux descriptions, et éventuellement de faire correspondre celles-ci aux deux acceptions du mot règle évoquées précédemment.

Pour saisir ces différences on peut invoquer la notion de *structure de contrôle*, qui se réfère aux modalités de sélection et de déclenchement des règles. Ce qui caractérise les connaissances procédurales déjà constituées, par opposition à la première réalisation d'une procédure nouvelle, c'est qu'elles intègrent nécessairement une structure de contrôle, et une structure de contrôle ayant des caractéristiques particulières (des processus de contrôle de l'activité interviennent bien sûr lors de la première réalisation d'une procédure nouvelle, mais leurs modalités sont très différentes comme nous le verrons ultérieurement). Cette notion est habituellement associée à l'idée d'une hiérarchie dans l'architecture fonctionnelle du système. En invoquant au moins deux niveaux, on peut concevoir qu'au niveau supérieur l'individu se réfère à des règles explicites stockées en mémoire à long terme, règles utili-

CONNAISSANCES DECLARATIVES ET PROCEDURALES 113

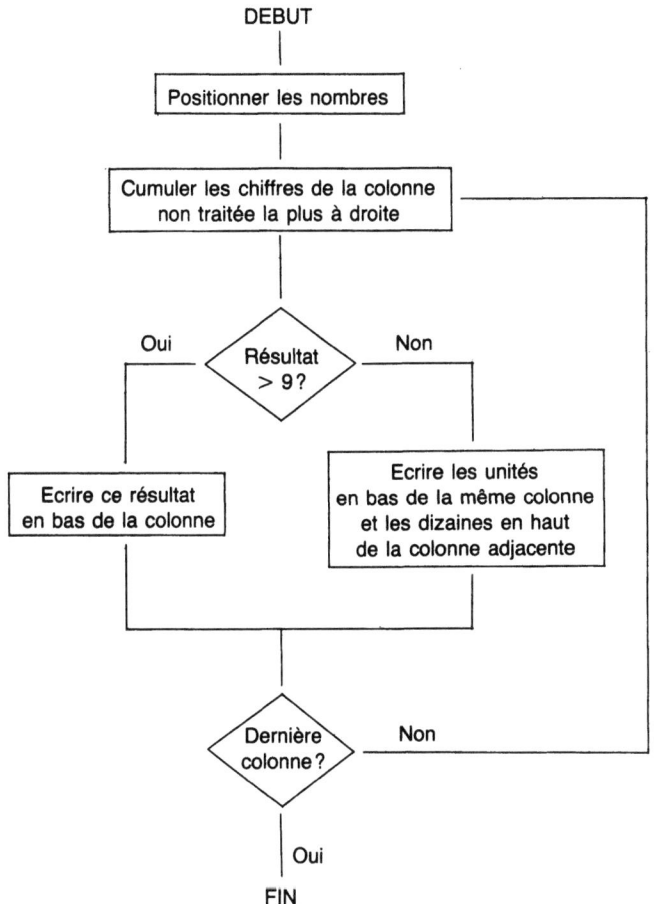

- Si le but est d'additionner plusieurs nombres, alors positionner ces nombres.
- Si le but est d'additionner plusieurs nombres, et si ces nombres sont positionnés, alors cumuler les chiffres de la colonne non traitée la plus à droite.
- Si le but est d'additionner plusieurs nombres et si le résultat du cumul des chiffres de la colonne en cours de traitement est inférieur ou égal à 9, alors écrire ce résultat en bas de cette colonne.
- Si le but est d'additionner plusieurs nombres et si le résultat du cumul des chiffres de la colonne en cours de traitement est supérieur à 9, alors écrire le chiffre des unités de ce résultat en bas de la colonne, et le chiffre des dizaines en haut de la colonne adjacente à gauche.

Fig. 1. Deux façons de représenter une procédure permettant d'additionner plusieurs nombres de plusieurs chiffres. En haut, par un organigramme ; en bas dans la partie encadrée, par un système de production.

sées alors comme des autoprescriptions en relation avec les buts poursuivis ; par contre au niveau inférieur interviendraient des actions élémentaires déclenchées automatiquement lorsque certaines conditions sont réalisées, actions élémentaires qui peuvent s'intégrer dans des « routines ». Cette idée d'un système hiérarchisé s'accorde très bien avec l'opposition devenue classique entre des processus « contrôlés » et des processus « automatiques » (Schiffrin et Schneider, 1977 ; voir Camus, ce volume). Rappelons que cette distinction, sous sa forme originelle, concerne des processus élémentaires. Cette distinction est souvent transposée aux procédures elles-mêmes. Or en considérant les règles qui les constituent, on peut avoir affaire à des procédures qui ne sont pas intégralement automatiques ou contrôlées. En particulier, une activité peut avoir un *déclenchement* contrôlé et un *déroulement* automatique (par exemple, faire une addition ou extraire une racine carrée), ce qui implique que la première règle de la procédure ne soit pas déclenchée automatiquement. On peut envisager des procédures ayant un déclenchement automatique et un déroulement contrôlé (par exemple, éviter un obstacle imprévu en conduite automobile). Une procédure peut ainsi être homogène ou non quant au mode de contrôle des règles qui la constitue.

Dans l'analyse de la structure de contrôle d'une procédure ou d'une règle, il faut tenir compte non seulement du *niveau du contrôle*, mais aussi des éléments qui entrent en jeu dans le déclenchement. Ces éléments déterminent ce qu'on pourrait appeler *l'origine du contrôle*. Six cas fondamentaux peuvent être distingués, les cas réels étant souvent une combinaison de plusieurs d'entre eux :

1. Une règle est déclenchée, ou « activée », lorsque certaines modalités de l'environnement externe sont perçues.

2. Une règle y est déclenchée après la fin de l'exécution d'une règle x.

3. Une règle est déclenchée lorsqu'elle occupe une position ordinale définie dans une séquence (par exemple, dans l'addition par écrit, la première action consiste à positionner les chiffres les uns au-dessous des autres).

4. Une règle est déclenchée en fonction d'une propriété du résultat obtenu lors de l'application de la règle antérieure.

5. Une règle est déclenchée en fonction de propriétés du résultat anticipé ou du but poursuivi compte tenu de l'état présent.

6. Une règle est déclenchée en fonction de considérations stratégiques ou heuristiques.

Le contrôle peut ainsi avoir son origine dans l'environnement externe du sujet (cas 1), dans la procédure ou ses résultats intermédiaires (cas 2, 3, 4), à l'extérieur de la procédure mais cependant dans l'activité cognitive du sujet (cas 5 et 6). Les cas 5 et 6 interviennent habituellement lors de l'élaboration d'une procédure. Ils sont étroitement associés à la *structure de but*, c'est-à-dire à l'organisation hiérarchique des buts et des sous-buts envisagés par le sujet pour exécuter ou élaborer son activité (la structure de but utilisée par le sujet peut constituer une fraction ou une déviation de la structure des buts réelle de la tâche). La structure de but du sujet est plus ou moins explicite et différenciée selon les activités et leur degré de planification. Elle peut être représentée graphiquement par un arbre hiérarchique, ce qui présente l'avantage de faire apparaître immédiatement le niveau d'affinement des différents sous-buts et les sous-buts terminaux.

Le non-usage d'une structure de but n'interdit pas la réussite, et n'exclut pas la présence de régularités dans la conduite. De nombreux algorithmes sont souvent utilisés en ignorant la structure de but sous-jacente, comme extraire une racine carrée, faire la preuve par neuf... Par ailleurs la présence d'une structure de but appropriée peut être suffisante pour exécuter et élaborer une procédure si pour chacun des sous-buts envisagés l'individu connaît le moyen de le réaliser. La structure de but remplit alors les fonctions d'un plan préétabli guidant l'exécution de la tâche, sous condition que des processus d'interprétation appropriés permettent d'identifier les actions correspondant aux différents sous-buts terminaux et leurs prérequis. En d'autres termes, la structure de but détermine en pareil cas une modalité particulière de contrôle. Ces remarques suggèrent l'existence d'une *relation de compensation mutuelle* entre la structure de contrôle et la structure des buts, une structure de contrôle très différenciée pouvant s'accommoder d'une structure des buts fruste ou inexistante, et vice versa. On peut faire l'hypothèse que l'acquisition et l'automatisation d'une habileté correspondent à des modifications réciproques de la structure de contrôle et de la structure de but. On peut en particulier envisager les trois types suivants de modification de la structure interne d'une habileté avec l'exercice :

– changement du niveau de contrôle, les processus contrôlés (au sens de Shiffrin et Schneider, 1977) étant remplacés par des processus automatiques ;

– changement de l'origine du contrôle, celui-ci devenant de plus en plus interne à la procédure ;

– progrès dans l'explicitation de la structure des buts, puis effacement de celle-ci lorsque la structure de contrôle devient interne à la procédure.

L'analyse des connaissances procédurales en jeu dans l'élaboration d'une procédure nouvelle, ce qui constitue une activité de résolution de problème, s'avère plus complexe puisque, mis à part le cas d'une démarche exclusivement par essais et erreurs, il faut envisager deux niveaux de connaissances. Outre les connaissances déjà évoquées qui interviennent dans l'exécution d'une tâche, il faut mettre en jeu des connaissances d'ordre supérieur, parfois appelées des métaconnaissances, qui permettent d'évaluer quels sont les éléments de connaissances qui seront vraisemblablement utiles parmi ceux qui sont disponibles, et comment il faut les intégrer pour constituer une nouvelle procédure. Ces connaissances procédurales pour élaborer des procédures constituent des *stratégies*. Les stratégies les plus générales et les plus systématiques constituent les *heuristiques*. Souvent la situation, ou les instruments d'analyse du sujet, se prêtent mal à l'identification et à l'application d'une heuristique, ce qui le conduit à utiliser une stratégie composite consistant à transposer les procédures utilisées dans des situations jugées analogues et à rechercher les prérequis à la réalisation des buts et sous-buts. Ces démarches peuvent être fort sophistiquées sans que le sujet soit en mesure de les expliciter.

5. LE PASSAGE DU DECLARATIF AU PROCEDURAL SELON J.R. ANDERSON

L'exécution d'une habileté déjà bien maîtrisée ne fait pas intervenir habituellement d'interactions avec les connaissances déclaratives. Par contre, dans de nombreuses modalités d'acquisition, la conduite des sujets est régulée par *des processus d'analyse et de conceptualisation de la situation qui mettent en jeu des connaissances déclaratives*. Les exceptions possibles concernent les cas, rares chez l'adulte mais plus fréquents chez le jeune enfant, dans lesquels une procédure serait apprise exclusivement par des corrections rétroactives d'une activité procédant par essais et erreurs. Les processus mettant en jeu des connaissances déclaratives ne concernent pas seulement les habiletés plus proprement cognitives, mais aussi les habiletés motrices.

John R. Anderson est l'un des rares auteurs contemporains à avoir proposé une théorie vraiment générale de l'acquisition des habiletés cognitives après le déclin des théories behavioristes. Cette théorie,

ACT, comporte plusieurs versions dont la dernière en date (1983, 1985) est ACT* (lire : ACT étoile). Elle fait jouer un très grand rôle à la dichotomie entre les connaissances déclaratives et procédurales. Elle postule l'unicité du système cognitif à travers ses diverses manifestations, ce qui l'oppose aux théories modulaires. Elle postule trois types d'unités cognitives déclaratives, correspondant à trois modes distincts de représentation (séquences temporelles, images spatialisées, propositions abstraites), et un seul type d'unités procédures, les règles de production (celles-ci sont donc plus qu'un instrument de description que se donne le chercheur). Elle fait intervenir différents paramètres quantitatifs afin de rendre compte des variations continues de certaines caractéristiques de la performance, et en particulier des degrés d'activation pour les connaissances déclaratives, et des degrés de force pour les connaissances déclaratives et procédurales. Elle est testée par la réalisation de modèles de simulation informatique.

La théorie ACT* accorde une grande attention à l'acquisition des connaissances procédurales. Elle considère que les connaissances, y compris les connaissances *sur* les procédures, sont généralement d'abord stockées sous une forme déclarative à cause de l'importance de la transmission des savoirs sous forme verbale. Les connaissances déclaratives seraient converties en connaissances procédurales selon les principales étapes suivantes :

– L'élaboration d'une procédure nouvelle survient dans les situations de résolution de problème grâce à des processus d'*interprétation* des connaissances déclaratives ; l'interprétation est constituée par la sélection et la coordination de celles-ci par des «méthodes faibles» peu dépendantes de domaines particuliers, comme la stratégie moyen-but ou l'analogie ; ces méthodes faibles sont bien sûr des connaissances procédurales.

– L'interprétation laisse une trace en mémoire de travail, qui permettra de constituer de nouvelles règles de production ; la répétition entraîne la transformation de celles-ci en une connaissance procédurale grâce au mécanisme de *compilation*, lui-même subdivisible en deux sous-mécanismes, la *procéduralisation* et la *composition*. La compilation entraîne l'automatisation de l'habileté. La procéduralisation consiste à remplacer, dans les règles de productions utilisées lors de l'interprétation, les variables relatives aux conditions ou aux actions par leur particularisation (leur «instantiation») obtenue en allant chercher en mémoire à long terme les informations appropriées ; elle entraîne une spécification des règles générales à un domaine et à un but particuliers en incluant dans les règles elles-mêmes les informations nécessaires à leur réalisation effective. La composition consiste à fusionner en une seule production plusieurs productions qui ont été activées de façon répétée dans le même ordre de succession.

– La répétition de l'utilisation avec succès d'une règle de production augmente sa force, ce qui affecte la vitesse avec laquelle elle sera sélectionnée à nouveau.

L'intérêt des propositions d'Anderson est de vouloir rendre compte à l'intérieur d'un même cadre théorique de processus aussi différents que la compréhension d'un problème ou l'automatisation d'une habileté. Leur «effectivité», c'est-à-dire leur propriété d'être suffisantes pour engendrer les phénomènes considérés, a été testée par des modèles informatiques. Peut-être pourrait-on faire remarquer, mais cela ne concerne pas seulement Anderson, qu'une multiplicité de modèles chacun satisfaisant dans une tâche très spécifique ne peut constituer qu'une simulation limitée d'un individu unique accomplissant toutes ces tâches. En effet on évite ou on réduit considérablement les problèmes d'évaluation de la pertinence des connaissances à la tâche et les problèmes de gestion de celles-ci. Le point important est que certaines propositions paraissent peu compatibles avec notre intuition ou nos présupposés théoriques, ou avec la diversité des résultats. Ainsi pour Anderson, le transfert est déterminé uniquement par le nombre de productions communes à deux procédures; en conséquence, si deux procédures procèdent du même ensemble de connaissances déclaratives, cela n'engendre aucun transfert entre elles en l'absence de productions communes; et le transfert ne peut être que négatif ou nul. Ces options imposent des frontières marquées entre le procédural et le déclaratif, ainsi qu'entre les procédures ou les règles elles-mêmes; ainsi les règles de production pour la compréhension du langage sont supposées être tout à fait distinctes des règles pour sa production (Skinner, 1957, affirmait déjà qu'il s'agissait d'«opérants» différents). En ce qui concerne la performance, les seules erreurs possibles proviennent de la limitation de la mémoire de travail ou de la constitution de règles de production erronées, ce qui ne rend compte que partiellement de la diversité des causes d'erreurs (Leplat, 1985).

6. DES INSTRUCTIONS VERBALES A L'ACQUISITION D'UNE PROCEDURE PARTICULARISEE

Le recours à des connaissances déclaratives, et l'intervention de processus que l'on pourrait qualifier d'«interprétation» pour reprendre la terminologie d'Anderson, se manifestent même lorsque la nature de la situation d'apprentissage permettrait de supposer qu'ils sont superflus. Tel est le cas par exemple lorsqu'il faut apprendre une procédure spécifique d'utilisation d'un dispositif qui est explicitée par une suite d'instructions verbales enseignées au sujet. Il s'agit là d'une des deux principales modalités d'acquisition d'une procédure, l'autre étant l'apprentissage par l'action (apprentissage réalisé en faisant des essais, en expérimentant avec les objets ou les dispositifs de la situation).

Kieras et Bovair (1986) demandent à leurs sujets d'apprendre 10 procédures entièrement spécifiées pour utiliser le tableau de commande d'un dispositif artificiel, l'objectif étant chaque fois d'obtenir l'allumage de l'un des voyants. Chaque procédure comporte une dizaine d'instructions pas à pas. Après une phase de familiarisation avec le dispositif, la méthode d'apprentissage de chaque procédure comporte des cycles successifs constitués chacun par une lecture autocadencée des instructions puis par un essai d'exécution de la procédure correspondante. L'apprentissage d'une procédure prend fin après trois cycles consécutifs avec exécution correcte de la procédure enseignée. Compte tenu des instructions antérieures dans la même procédure ou dans les procédures déjà apprises, chaque instruction est nouvelle, ancienne, ou permet d'engendrer une règle plus générale. La durée de l'apprentissage d'une procédure est fonction du nombre d'instructions qu'elle comporte, et plus particulièrement du nombre d'instructions nouvelles.

L'intérêt principal de cette étude réside dans l'analyse des temps de lecture. On constate tout d'abord que ces temps sont nettement plus longs pour les instructions nouvelles, et qu'ils sont équivalents pour les instructions anciennes et généralisables. Cette différence se manifeste dès la première lecture d'une instruction, ce qui suggère que des processus de compréhension mettant en jeu la connaissance des informations déjà présentées précèdent les tentatives d'exécution. On constate également que les temps de lecture des instructions nouvelles chutent de façon marquée à partir de l'essai qui amorce la suite des exécutions sans erreur. Ceci suggère que la maîtrise procédurale d'une instruction est subordonnée, dans le cas d'un apprentissage par un enseignement par le texte, à la constitution préalable d'une connaissance déclarative de celle-ci. Enfin pour les auteurs, et contrairement à Anderson (1982, 1983, 1985), les mécanismes de généralisation et de transfert pourraient opérer aussi à partir des connaissances déclaratives, et pas seulement des connaissances procédurales, et dépendraient plus alors des processus de compréhension que des processus d'automatisation.

La difficulté d'exécuter une procédure en se conformant aux instructions verbales se manifeste également à propos de l'emploi d'un appareil ou du montage des pièces d'un appareil. Même lorsque l'auteur des instructions prend beaucoup de précautions, il lui est difficile de prévoir et de prévenir toutes les incompréhensions possibles d'un lecteur inexpérimenté sans augmenter un autre risque qui est de le submerger sous des informations inutiles.

7. DES INSTRUCTIONS VERBALES A L'ACQUISITION D'UNE PROCEDURE GENERALE

Nous dirons qu'une procédure est générale, par opposition à particularisée, si les règles qui la décrivent comportent une ou plusieurs variables (dans le sens informatique de ce terme), qui doivent être spécifiées, particularisées (on dit aussi «instanciées») en fonction des éléments de la situation, afin d'être exécutées. Tel est le cas des procédures enseignées en mathématiques et en informatique.

Plusieurs travaux montrent que la conversion des règles verbales enseignées en procédures correctes et efficaces n'est pas immédiate. Tous les enseignants ont d'ailleurs pu constater que des exercices simples d'«application» des règles enseignées comportent de nombreuses erreurs. Citons une étude très fine de Chaiklin (1984). Cet auteur assimile les règles verbales à des plans de niveau élevé, et donc très schématiques, avec une description des actions ou opérations à exécuter qui est relativement résumée et abstraite. En conséquence l'énoncé de la règle ne spécifie habituellement pas certains détails, comme les conditions d'application, comment elle doit être particularisée dans chaque situation pour être appliquée... La conversion de la règle verbale en procédure nécessite une interprétation sémantique qui fait appel aux processus habituels de compréhension du discours. Cette conversion requiert trois sortes de connaissances additionnelles :

– des connaissances permettant d'analyser et de segmenter convenablement la situation afin de détecter les objets mentionnés dans les règles possibles ; par exemple, s'il s'agit de règles pour additionner ou soustraire des nombres algébriques, il faut identifier l'opérateur + ou −, les opérandes et leur signe ;

– des connaissances pour sélectionner la règle appropriée en vérifiant que ses conditions d'application sont compatibles avec les caractéristiques de la situation ;
– des connaissances relatives au contrôle de l'exécution.

Ces connaissances additionnelles ne sont pas explicitées dans l'énoncé de la règle. Elles permettent de répertorier en trois catégories les erreurs constatées dans l'application des règles apprises. Chaiklin procède à cette analyse pour l'enseignement de l'algèbre à des collégiens. Il identifie des erreurs de segmentation et d'analyse [par exemple, considérer que $2x^2$ équivaut à $(2x)^2$], des erreurs de sélection d'une règle [par exemple, réécrire a(bc) en ab × ac], et des erreurs d'exécution. Les difficultés d'utilisation conduisent certains élèves à remplacer l'ensemble des règles enseignées par un ensemble de règles plus simples, plus nombreuses, et... inexactes. L'enseignement réalisé sur l'addition ou la soustraction de nombres algébriques comporte trois règles qui peuvent être reformulées ainsi :

– Addition de deux nombres de même signe : si condition 1 (l'opérateur est +) et condition 2 (deux nombres de même signe) alors faire l'action 1 (additionner les deux nombres) et l'action 2 (mettre le signe commun).

– Addition de deux signes de signe différent : si condition 1 (l'opérateur est +) et condition 2 (deux nombres de signe différent) alors faire l'action 1 (soustraire les deux nombres) et l'action 2 (mettre le signe du plus grand).

– Soustraction : si condition 1 (l'opérateur est −) alors action 1 (changer l'opérateur) et action 2 (changer le signe du second nombre) et action 3 (utiliser les règles de l'addition).

Or l'analyse des erreurs de l'élève S2 conduit à penser qu'il utilise non pas les trois règles ci-dessus, mais un ensemble différent de cinq règles ne comportant chacune qu'une seule condition et qu'une seule action. Les trois premières règles affectent un signe à la réponse en fonction du signe des deux opérandes [par exemple : si condition 1 (les deux nombres sont positifs) alors action 1 (mettre le signe + au résultat)]. Les deux dernières règles concernent le choix d'une addition ou d'une soustraction en fonction également du signe des opérandes [par exemple : si condition 1 (deux nombres de même signe) alors action 1 (additionner les deux nombres)].

8. INFERER UNE PROCEDURE NOUVELLE A PARTIR DE CONNAISSANCES DECLARATIVES

En l'absence d'instructions verbales «interprétables» en une procédure, il faut élaborer celle-ci. Il existe deux grands modes d'élaboration, avec bien sûr de nombreux cas mixtes. L'un consiste à adapter à la situation présente une procédure déjà connue valable dans une situation jugée similaire à la situation présente (Hoc, 1982; Nguyen Xuan et Hoc, 1986). L'autre consiste à inférer une procédure nouvelle à partir des connaissances déclaratives disponibles. Cette activité constitue une entreprise pleine de difficultés. Celles-ci sont attestées par la faible efficacité de la performance dans des situations dans lesquelles, à défaut d'entraînement, on dispose néanmoins des connaissances déclaratives à première vue suffisantes pour élaborer les procédures requises. Ainsi, un quart seulement des étudiants parvient à une solution acceptable en deux heures lorsqu'on leur demande de calculer à l'aide d'une calculette la variance d'une suite de nombres avec la contrainte de n'entrer les données qu'une seule fois; ces étudiants connaissaient les différentes fonctions de cette calculette, et savaient par ailleurs calculer la variance «à la main» (Friemel, Nguyen Xuan, Silvart et Weil-Barais, 1982). La solution consiste à effectuer en parallèle deux calculs, celui de la somme des données dans le registre mémoire, et celui des carrés et de leur somme dans le registre d'affichage. Un autre indicateur de ces difficultés réside dans le constat fréquent qu'en situation de commande directe (par opposition à une commande différée comme dans la réalisation d'un programme testé ultérieurement), beaucoup de sujets élaborent leur procédure par une expérimentation constante entrecoupée de corrections en fonction des feedback reçus; cette démarche est souvent préférée à celle consistant à planifier à l'avance la procédure et à la tester ensuite. Pourquoi rencontre-t-on autant de difficultés dans des situations, certes de résolution de problème, mais relativement simples puisqu'il s'agit d'utiliser des connaissances déjà acquises dans des séquences très courtes?

A. Du simultané au successif

Un attribut inhérent à toutes les connaissances procédurales, mais absent des connaissances déclaratives, est la dimension temporelle. Celle-ci intervient au minimum par la succession temporelle entre les éléments de l'activité, et parfois aussi par la nécessité de faire intervenir une durée ou une synchronisation avec un événement. Les connaissances déclaratives laissent échapper de nombreuses contraintes d'ordre en utilisant les connecteurs de la logique des propositions; or ceux-ci ne comportent pas d'avant ou d'après. L'emploi de la conjonction $a \wedge b$, de la conditionnelle $a \supset b$, n'impose aucune restriction sur l'ordre de succession temporelle de a et b, à tel point qu'on introduit souvent des marques temporelles dans les énoncés du discours lorsqu'on veut souligner que l'ordre entre a et b est pertinent.

La succession lève l'interdit fondamental de la logique, en autorisant a et non− a à des moments différents sans violer le principe de non-contradiction. Mais elle peut susciter des pseudo-contradictions si on considère simultanément des contraintes qui relèvent d'étapes différentes de l'exécution. Le problème familier de la tour de Hanoï est exemplaire à cet égard. Sa version standard consiste à déplacer trois disques I, II, III, numérotés par ordre de grandeur croissante, de la tige A à la tige C, en utilisant la tige intermédiaire B comme relai. Une erreur fréquente chez les enfants de 7 ans consiste à commencer en amenant le petit disque I en B et non en C. Cette erreur ne résulte pas d'un choix au hasard car elle est motivée par l'inférence que pour reconstruire la pyramide en C, il faudra d'abord placer le grand disque III, et donc laisser la tige C libre (Richard, 1982). Or s'il est vrai que C doit être libre pour réaliser ce sous-but, il suffit qu'il le soit *juste au moment* du déplacement de III de A vers C. Rien ne s'oppose alors à ce que C serve de relais temporaire *avant* cette action.

B. Conflit avec l'ordonnancement prototypique

Si envisager simultanément les prérequis de différents sous-buts, au lieu de les déplier dans le temps, peut conduire à des impasses, par contre l'évocation d'un ordonnancement particulier inadéquat peut souvent bloquer la découverte de la solution. Tel est le cas dans une expérience d'Ackermann-Valladao (1977), dans laquelle l'ordre dans le choix des éléments pour construire une tour va à l'encontre des règles usuelles d'action sur les objets qui imposent qu'on empile les objets de la base vers le haut. La tâche proposée aux enfants consiste à construire des «tours» toutes de même hauteur en utilisant deux éléments seulement, un élément sommital et un autre pour la base. La longueur de l'élément sommital est fixée et vaut 3, 4, 5 ou 6 unités, tandis que celle de l'élément de base est variable et peut être réglée librement. Une procédure satisfaisante consiste, après la construction de la première tour (ce qui constitue un autre aspect du problème), à construire les suivantes en choisissant d'abord un élément sommital, et à régler ensuite la longueur de l'élément de base variable de façon à obtenir la hauteur voulue. Les réussites n'apparaissent pas avant 8 ans. Un autre exemple de difficulté pour le petit enfant consiste à concevoir des ordres inverses pour des activités complémentaires, par exemple empiler dans un petit camion des objets dans l'ordre inverse de celui de la livraison.

C. Logique du fonctionnement et logique de l'utilisation

On a souvent constaté que malgré toutes les indications données sur le fonctionnement d'un dispositif, les utilisateurs non professionnels rencontrent de sérieuses difficultés pour élaborer les procédures appropriées. Généralement ils n'exploitent pas complètement toutes les possibilités du dispositif, se limitant rapidement à quelques procédures déjà ou devenues familières, sans chercher à optimiser leur exécution et sans chercher à étendre leur répertoire. S'ils sont contraints d'innover, leur démarche fait apparaître de nombreuses incertitudes ou erreurs. Pour Richard (1983), ces difficultés proviennent de ce que l'enseignement et les manuels mettent l'accent sur le fonctionnement de l'appareil, et non sur son utilisation. Or le fonctionnement met en jeu une «logique» différente de celle de l'utilisation, et il faut un travail déductif important pour passer de l'une à l'autre. Les règles de fonctionnement sont du type :

1. «Si on fait la commande C1 alors on a les effets E1 et E2» alors que les règles d'utilisation sont d'un type différent :

2. «Pour avoir E1 il faut faire C1».

Les règles de fonctionnement correspondent en quelque sorte à une perspective causale, et les règles d'utilisation à une perspective téléologique. Dans ces conditions, déduire la règle d'utilisation à partir d'une règle de fonctionnement équivaut à chercher à inférer l'antécédent p, q étant donné, à partir de la connaissance de l'énoncé conditionnel $p \supset q$. En droit, q ne permet pas d'inférer p, puisque la conditionnelle autorise pq et $\bar{p}$q. De la connaissance 1 on peut validement inférer :

3. «Pour avoir E1 on *peut* faire C1» (car il ne faut pas exclure la possibilité d'obtenir E1 par une autre commande). Mais comme il existe une forte propension à interpréter les énoncés conditionnels comme des énoncés biconditionnels, beaucoup d'individus seront conduits à affirmer à tort :

4. «Pour avoir E1 on *doit* faire C1». Cela a deux conséquences fâcheuses. Tout d'abord, lorsque la commande C1 est réalisable, elle sera utilisée sans tenir compte de ce qu'elle a un deuxième effet, l'effet E2, qui peut être indésirable. Par ailleurs, lorsque C1 n'est par réali-

sable, on peut se trouver dans une fausse impasse parce que la formulation « on *doit* faire C1 » conduit à ne pas tenir compte des autres moyens d'obtenir E1.

D. La propagation des contraintes

Dans l'élaboration d'une procédure les choix successifs sont rarement indépendants entre eux. Une difficulté supplémentaire est que les contraintes dues aux prérequis et aux conséquences de chaque choix ne jouent pas seulement de proche en proche entre actions successives, mais qu'elles peuvent se répercuter à des distances plus grandes et concerner des étapes très précoces ou très lointaines. Fréquemment les choix à un moment donné doivent obéir à une double détermination : tenir compte des contraintes imposées par les choix déjà effectués ou *contraintes antérieures*, et anticiper les conditions nécessaires à la réalisation des choix futurs, ou *contraintes ultérieures* (George, 1961). Les contraintes antérieures ne jouent pas dans les situations où les états successifs sont matérialisés par une configuration particulière d'éléments, et où chaque état résume tout le passé, comme aux échecs. Elles peuvent être cruciales lorsque ce n'est pas le cas, comme dans la gestion d'un budget (il faut tenir compte de tous les engagements pris) ou la programmation informatique (il faut tenir compte de l'état présent des différentes variables). La planification peut négliger certaines contraintes si elle n'envisage que la structure des buts et les routines permettant de réaliser chacun d'eux (par exemple, dans la programmation, oublier les symboles déjà affectés, les paramètres déjà fixés).

L'obligation de tenir compte des contraintes antérieures conduit à négliger les contraintes ultérieures (George, 1961). Une forme élémentaire d'anticipation des contraintes ultérieures consiste à mettre de côté les moyens indispensables pour les étapes futures de l'activité. Dans une tâche où cette conduite est nécessaire, on constate qu'elle est très minoritaire au CM2, mais qu'elle devient majoritaire en 6e. L'échec à un premier essai suscite fréquemment son apparition au suivant. Il faut souligner que cette conduite se manifeste généralement sous une forme rudimentaire, voire de simples réajustements et tâtonnements. La règle d'or heuristique consistant à aller des choix les plus contraints vers les choix les moins contraints apparaît chez 5 % des élèves de CM2, et chez 12 % des élèves de 6e (George, 1964). Or cette heuristique permet souvent de se tirer d'affaire dans des situations où il n'est pas facile de dégager la structure des buts.

E. Règles d'action, règles d'opération sur les signifiants et contraintes d'utilisation d'un dispositif

Un système de représentation, grâce aux relations qu'il établit entre les objets représentés et des substituts de ceux-ci, permet soit de simuler après coup sur les substituts les actions déjà effectuées sur les objets, soit d'anticiper le résultat de ces actions avant qu'elles soient réalisées. Ainsi un progrès qui apparaît à 5 ans chez l'enfant consiste, pour déterminer le cardinal de la réunion de deux ensembles d'objets, non pas à les réunir effectivement et à dénombrer combien il y a d'objets dans le tout, mais à additionner le cardinal des deux ensembles sans les regrouper. L'intérêt est évidemment très marqué lorsque ces actions sont irréalisables, ou le sont à un coût très élevé. Cela est évidemment possible parce que la presque totalité des contraintes des actions sur des objets matériels n'interviennent pas dans les opérations réalisées sur leurs substituts. Cette disparition de certaines contraintes de l'action garantit des propriétés nouvelles des opérations comme leur réversabilité. Cependant on ne peut opérer validement sur les substituts sans respecter un certain nombre de règles spécifiques qui garantissent le bon fonctionnement du système de représentation. Lorsqu'on élabore une procédure à l'intérieur d'un système de représentation, une partie des erreurs sont dues à un transfert aux opérations sur les substituts des contraintes de l'action sur les objets représentés, et une autre partie au non-respect des contraintes internes au système relatives aux opérations sur les substituts. Le premier type d'erreurs se manifeste fréquemment dans l'acquisition des mathématiques. Ainsi, lorsque l'opération «diviser» est un représentant de l'action «partager», le calcul 0,5:2 a un sens, non le calcul 2:0,5. L'élève qui doit concevoir une suite d'opérations arithmétiques pour résoudre un problème sera alors conduit à ignorer celles qui entraîneraient ce type de calcul. Les choses se compliquent rapidement car dans l'enseignement des mathématiques ce qui était un premier système de représentation devient l'étage intermédiaire dans l'acquisition d'un second système, les opérations et les entités du premier devenant à leur tour représentées, avec disparition de certaines contraintes, et apparition de contraintes nouvelles.

Par rapport à cet étagement des niveaux de représentation, l'utilisation de certains dispositifs comme la calculette ou l'ordinateur pour faire des calculs introduit des difficultés spécifiques. En effet puisqu'il s'agit d'un calcul sur des symboles numériques, il n'y a pas lieu de tenir compte des contraintes de l'action sur des objets matériels ; *mais le dispositif utilisé pour faire le calcul est un dispositif matériel qui comporte ses propres contraintes d'utilisation.* Pour comprendre les propriétés des fonctions nouvelles du dispositif, le novice est amené à se référer à ses actions sur des objets matériels, ce qu'il ne faisait plus dans ses calculs «à la main». Par exemple, les commandes relatives à la mémoire d'une calculette, comme «mise en mémoire» ou «rappel», seront assimilées à des déplacements d'un objet d'un lieu à un autre. Or dans notre univers d'action l'objet déplacé demeure unique, et disparaît du lieu initial. Dans les commandes relatives à la mémoire, l'information transférée est dupliquée; ainsi, le rappel d'une information stockée en mémoire ne vide pas la mémoire, contrairement à ce que supposent souvent les novices (Jovanovicz, 1987). La «sémantique de l'action», en renvoyant à des actions prototypiques, peut favoriser de telles erreurs (Richard, 1986).

Un dispositif comme la calculette ou l'ordinateur offre des possibilités nouvelles par rapport au calcul «à la main», mais il comporte aussi des contraintes spécifiques. L'utilisation des possibilités nouvelles oblige généralement à élaborer des procédures comportant une structure de but tout à fait différente de celle qui est en jeu dans les procédures familières. Cela constitue un coût très fort, et qui peut expliquer pourquoi beaucoup de dispositifs sont sous-employés par les non-professionnels. Ainsi dans diverses études sur l'emploi de la calculette, on constate que les erreurs se manifestent moins lorsque les élèves sont libres d'utiliser celle-ci comme ils l'entendent, que lorsque les expérimentateurs imposent des contraintes qui interdisent d'avoir la même structure de but que dans les calculs à la main (Friemel *et al.*, 1982; Friemel, Nguyen Xuan, Richard, Weil-Barrais, 1984). Il peut y avoir un conflit entre la nécessité de modifier une structure de but familière et la nécessité d'utiliser des commandes non familières. Ainsi dans certains exercices les sujets préfèrent utiliser des commandes nouvelles pour sauvegarder une structure de but connue, plutôt que d'utiliser uniquement les commandes usuelles en étant obligé de modifier la structure de but. Par ailleurs certaines procédures peuvent contraindre à utiliser des propriétés des nombres encore peu familières. Tel est le cas avec le problème suivant, dont les calculs doivent être effectué à la calculette en introduisant les données une seule fois :

« Lundi André reçoit 10 francs et en dépense 6 pour son goûter; mardi il reçoit 8 francs et en dépense 4; quelle somme lui reste-t-il mardi soir ? ». De nombreux élèves de 6e et de 5e adoptent la procédure consistant à calculer $10-6$, à mettre en mémoire le résultat partiel, à calculer $8-4$, et à ajouter à ce résultat le premier résultat partiel

rappelé de la mémoire. La procédure $10 + 8 - 6 - 4 =$ est souvent ignorée. Elle est d'une grande simplicité par sa structure de but et les commandes mises en jeu, mais elle oblige à restructurer complètement les données en exploitant les propriétés d'associativité et de commutativité des nombres. Ces élèves n'étaient peut-être pas assez familiarisés avec ces propriétés pour envisager de résoudre un problème de programmation par le détour d'un problème arithmétique.

F. Les difficultés de recouvrement des connaissances.

Des connaissances disponibles peuvent néanmoins ne pas être activées au moment opportun, et de ce fait entraver la constitution de la procédure. Ainsi, pour les problèmes de physique, on sait que les novices utilisent la stratégie moyen-but avec chaînage arrière. Un exemple de ce type de problème consiste à calculer la valeur de la variable G, les valeurs des variables A, B, D et F étant données. L'élève connaît différents théorèmes, dont les trois suivants : $C = f(A, B)$, $E = f(C, D)$, $G = f(E, F)$. La stratégie moyen-but consiste à rechercher un théorème permettant de calculer G, et puisque la valeur de E n'est pas donnée, un théorème pour calculer E, et enfin un théorème pour calculer C qui est nécessaire pour calculer E. Le chaînage arrière peut se trouver bloqué si l'information cherchée est difficilement accessible, par exemple si elle est emboîtée dans une formule au lieu de constituer un index de celle-ci. Ce cas survient si dans le problème ci-dessus, le théorème $E = F(C, D)$, nécessaire pour calculer E, est remplacé par $C = f(D, E)$.

9. DU PROCEDURAL AU DECLARATIF

A. Procédures issues de l'enseignement

Deux modes de constitution de connaissances déclaratives ont fait l'objet de nombreuses études, la transmission orale ou écrite et l'apprentissage par l'action. La première porte non seulement sur les propriétés des objets et des entités d'un domaine, mais aussi sur des procédures pour les manipuler. Cela est particulièrement manifeste dans l'enseignement des mathématiques. Or quatre observations doivent être mentionnés dont l'importance n'a pas été suffisamment soulignée :

– la constitution de connaissances procédurales précède souvent les connaissances déclaratives dans l'enseignement d'un domaine au lieu

d'en dériver, comme s'il était plus facile d'apprendre des algorithmes que la structure relationnelle constitutive des concepts ;
– les connaissances procédurales comportent souvent une grande autonomie par rapport à la compréhension des concepts du domaine, au moins dans la période où elles sont encore insuffisamment coordonnées et subordonnées à celles-ci ;
– l'éxécution répétée de ces procédures favorise la compréhension des concepts en jeu dans les connaissances déclaratives ;
– la réorganisation des procédures d'un domaine comporte une certaine inertie par rapport aux réorganisations conceptuelles.

La première remarque peut être illustrée par les exemples de solution correcte en l'absence de véritable compréhension qui apparaissent fréquemment dans l'enseignement. Une autre indication réside dans le fait que pour l'apprentissage d'un dispositif de commande, un enseignement privilégiant les procédures d'utilisation s'avère souvent plus efficace qu'un enseignement privilégiant la compréhension d'un modèle du fonctionnement ; il y a bien sûr des résultats équivalents (Friemel *et al.*, 1983), ou opposés (Kieras et Bovair, 1984).

Un exemple de la deuxième remarque est fourni par une étude de M.C. Escarabajal. On présente à des enfants deux «problèmes-cibles» dont la solution comporte seulement une addition, mais ayant une structure relationnelle complexe puisqu'il s'agit d'une combinaison de deux transformations. Après la présentation de chaque problème, l'enfant doit d'abord imaginer un problème semblable dont il communique l'énoncé à l'expérimentateur, puis il doit résoudre le problème présenté. On constate que plus la structure relationnelle du problème inventé est conforme à celle du problème cible, moins la solution proposée est compatible avec cette structure. En d'autres termes, les élèves ayant le mieux compris la structure du problème proposent moins souvent que les autres une solution appropriée (à ce stade particulier de l'acquisition). Ce résultat suggère que le choix d'une procédure peut être déterminé par d'autres critères que la connaissance de la structure du problème, et que ces critères ont une certaine validité.

Un exemple de la quatrième remarque est fourni par Fischbein (1983). Il présente à des élèves de 12 à 15 ans des petits problèmes comportant une seule opération, une multiplication ou une division comme le suivant : «*Avec 1 kilo de détergent on fabrique 15 kilos de savon ; quelle quantité de savon peut-on produire avec 0,75 kilo de détergent ?*». Un point important ici est qu'on demande aux élèves seulement d'indiquer l'opération requise sans effectuer le calcul (ces opérations étant réalisables sans erreur à cet âge, le résultat permettrait de détecter et de corriger immédiatement un choix erroné). Même à 15 ans certains problèmes, tel celui mentionné ci-dessus, suscitent une majorité de choix erronés. Pour l'auteur le choix de l'opération est lié à des modèles primitifs inconscients, construits lors de l'apprentissage du calcul. Selon ces modèles, le résultat d'une multiplication est supérieur à la valeur du premier opérande, et celui d'une division inférieur. En prenant comme critère de choix l'attente d'une valeur inférieure pour le résultat dans le problème cité, ce type de modèle conduit à choisir à tort la division. Comme les connaissances en mathématiques de ces élèves ont dû s'accroître considérablement depuis l'apprentissage des quatre opérations, il faut admettre que les procédures comportent des éléments qui n'ont pas été réactualisés.

La troisième remarque soulève la question de savoir par quels mécanismes l'exécution répétée de procédures peut avoir un effet bénéfique sur l'appropriation des concepts en jeu dans les connaissances déclaratives connexes. En l'absence d'études portant explicitement sur ce problème, on doit se borner à envisager quelques hypothèses :

– l'exécution des procédures permet de rendre manifestes certaines propriétés cruciales des concepts (par exemple en mathématiques, qu'on peut calculer en ignorant ce que représentent les nombres manipulés, ou qu'il existe des invariants opératoires) ;

– connaître une procédure de construction d'une entité constitue un moyen supplémentaire de se la représenter, qui pourra être coordonné avec d'autres modes de représentation (par exemple, lorsqu'on a affaire à des définitions pas très explicites pour un novice, comme celle d'ensemble des parties d'un ensemble) ;

– la confrontation de procédures différentes qui entraînent un retour à l'état antérieur, ou qui conduisent au même résultat, favorise la structuration d'un domaine conceptuel en introduisant plusieurs sens de parcours de la représentation (par exemple, $y = ax$ comparé à $x = y : a$, ou $y = ax$ comparé à $y = x : 1/a$ dans la compréhension de la proportionnalité).

– il existe différents niveaux de compréhension qui sont fonction des questions envisagées et des buts poursuivis, et qui ne nécessitent pas tous que soient explicités toutes les variables en jeu. Par contre l'action nécessite certaines spécifications et peut ainsi conduire à chercher des informations complémentaires pour combler les lacunes de la compréhension.

B. Procédures issues de l'apprentissage par l'action

Un savoir-faire peut être acquis au cours d'un apprentissage par l'action grâce à des corrections rétroactives des essais sans que cet apprentissage soit guidé par une compréhension des relations en jeu ; Piaget (1974a, 1974b) en présente plusieurs exemples chez l'enfant. Cependant ce mode d'apprentissage comporte habituellement, en particulier chez l'adulte, des allers et retours incessants entre d'une part l'action et son résultat, d'autre part les connaissances déclaratives susceptibles d'intervenir dans la représentation de la situation et l'interprétation des constats ; bien plus, il peut comporter simultanément une élaboration des règles d'action et une conceptualisation de la situation communicale par des énoncés langagiers (par exemple, Shrager et Klahr, 1983). Quels sont les mécanismes qui permettent la transformation des connaissances procédurales en connaissances déclaratives ?

Piaget, compte tenu du rôle qu'il attribue aux schèmes sensorimoteurs et à la coordination des actions dans la constitution des structures de connaissance, s'est intéressé à ce problème surtout à la fin de sa carrière. Le premier mécanisme invoqué est la prise de conscience (Piaget, 1974a). Elle consisterait « en un passage de l'assimilation pratique (assimilation de l'objet à un schème d'action) à une assimilation par concept » (p. 226) ; la condition préalable est constituée par l'apparition de nouvelles possibilités de conceptualiser la situation. Son déroulement procéderait « de la périphérie vers le centre », c'est-à-dire des caractéristiques les plus observables comme le résultat obtenu, vers les propriétés plus fondamentales mais moins manifestes de l'action et de l'objet. La première idée peut être acceptée sans difficulté ou non selon ce qu'on entend par conceptualisation. S'il s'agit de l'intervention de prédicats permettant d'analyser et de communiquer les observations, nul ne saurait faire preuve de réticence puisque, le critère usuel de la prise de conscience étant son expression dans des énoncés verbaux, il faut bien que les prérequis de cette expression soient satisfaits. On peut être plus réticent si on entend plus par conceptualisation, notamment si on se réfère comme Piaget à la disponibilité des connaissances permettant de comprendre la situation en coordonnant les relations en jeu. Cette façon de voir peut engendrer d'apparentes contradictions, puisque les connaissances que la prise de conscience permet d'acquérir devraient préexister à celle-ci afin qu'elle soit possible. Ces contradictions peuvent être levées si on considère que la prise de conscience n'est pas un processus comportant deux états seulement, conscient et inconscient, mais comporte comme l'envisage Piaget de nombreux degrés, en sorte que tout progrès dans un domaine entraîne un progrès corrélatif dans l'autre. Par surcroît si la prise de conscience aboutit à une «thématisation», c'est-à-dire à une explication verbale selon Piaget, les instruments nécessaires à la prise de conscience peuvent n'être point encore thématisés.

Le deuxième mécanisme invoqué par Piaget (1977) est l'abstraction. Elle prolonge la prise de conscience et permet la généralisation. Elle comporte deux modalités, l'abstraction empirique et l'abstraction réfléchissante. La première porte sur les propriétés des objets et les propriétés observables de l'action et intervient dans l'induction. La seconde porte sur des propriétés inférées de l'action, ou comme dit Piaget sur les coordinations internes aux actions ou opérations. La seconde est privilégiée au détriment de la première car elle est censée engendrer toutes les grandes structures logico-mathématiques. Elle constitue dans la théorie piagetienne un «invariant fonctionnel» présent à tous les stades du développement, comme l'accommodation et l'assimilation. Elle comporte deux composantes duales, l'une de transfert d'un plan inférieur de conceptualisation à un plan supérieur (il peut s'agir ici d'une prise de conscience), et l'autre de réorganisation des structures de connaissances à ce plan supérieur afin d'intégrer les éléments nouveaux. Contrairement à la prise de conscience, il est plus difficile de concevoir le fonctionnement de l'abstraction réfléchissante en dehors d'une théorie structurale. Par ailleurs on peut dans certains cas se demander si l'abstraction empirique ne suffit pas à rendre compte des progrès attribués à l'abstraction réfléchissante. On peut illustrer cette interrogation par un modèle de Klahr (1984), qui repose sur l'hypothèse que l'acquisition de la conservation du nombre serait liée à un mécanisme d'élimination de la redondance. L'enfant est supposé évaluer le cardinal d'une petite collection d'objets, puis observer la transformation effectuée sur la collection (étalement...), puis évaluer le cardinal à nouveau pour constater qu'il n'a pas varié. La répétition de cette séquence procédurale le convaincrait que ce genre de transformation n'affecte pas le cardinal.

Bien que ces concepts soient souvent mentionnés, les travaux spécifiques sur le rôle et les modalités de la prise de conscience et de l'abstraction dans l'acquisition des connaissances sont peu nombreux. Il existe certes de nombreuses recherches sur la possibilité d'un apprentissage inconscient, mais elles répondent à une question différente (voir Perruchet, ce volume). Citons deux résultats qui apportent des indications complémentaires par rapport aux observations de Piaget. Dans une tâche aussi simple que la découverte d'une causalité instrumentale (une sonnerie est déclenchée par diverses classes d'actions anodines), on peut discerner deux modalités de prise de conscience de la relation causale par des sujets sans information préalable sur celle-ci (George, 1980). La première intervient lorsqu'une information perceptive a des caractéristiques telles, par exemple une stricte concomitance spatio-temporelle entre le point d'impact d'un geste et l'origine d'un effet inattendu, que le sujet est immédiatement convaincu par un seul constat. La seconde intervient lorsqu'un constat perceptif suscite l'évocation d'événements semblables stockés en mémoire, ce qui permet l'identification d'un élément commun qui sert de base à la formulation d'une hypothèse testée ensuite. Dans ces deux cas il s'agit d'une prise de conscience involontaire, qu'il serait opportun de confronter aux cas où elle résulte d'une recherche délibérée : a-t-elle les mêmes effets selon qu'elle est accidentelle ou non? La prise de conscience des caractéristiques de sa propre activité cognitive paraît peu fréquente, mais des sujets adultes invités à réfléchir sur leur propre démarche dans une situation de résolution de problème s'avèrent supérieurs aux sujets témoins (Dorner, 1978). Quant à l'abstraction, qui conditionne l'intervention de la généralisation, elle est très dépendante du codage des observations que fait le sujet, mais un codage approprié est insuffisant à la déclencher (George, 1986).

10. CONCLUSIONS

La distinction entre connaissances déclaratives et procédurales ne doit pas seulement son succès au prestige de l'intelligence artificielle dont elle est originaire. Même si elle apparaît plus fréquemment usitée par les chercheurs qui testent leurs hypothèses par une simulation informatique, elle n'est pas absente des autres secteurs de la psychologie cognitive. Le premier intérêt de cette distinction a été de fournir un support représentationnel à une idée qui avait cours depuis longtemps sous des formes diverses en psychologie, et partant d'accroître son crédit. Cette idée c'est que les connaissances pourraient avoir deux modes d'existence, et que les éléments de l'un pourrait être les précurseurs des éléments de l'autre. Cette idée est présente tout au long de l'œuvre de Piaget par exemple. Mais on peut relever au passage une autre raison du succès de la distinction entre le déclaratif et le procédural, à savoir qu'elle est peu contraignante d'un point de vue théorique puisqu'elle peut s'accommoder aussi d'un cadre de pensée non cognitiviste distinguant diverses sortes de conduites (verbales et non verbales par exemple) sans mettre l'accent sur la représentation.

Son intérêt principal est de permettre de regrouper des observations et des idées dispersées sous des rubriques diverses relatives aux transmutations d'une forme de connaissances en une autre dans l'étude des rapports entre la pensée et l'action. Elle permet aussi d'analyser des problèmes dont la formulation est plus récente, comme celui de la mise en œuvre des connaissances ou celui des rapports entre les « habiletés cognitives » et les métaconnaissances. Mais des concepts supplémentaires sont nécessaires pour permettre de comprendre certaines difficulté de ces transformations. Nous savons encore peu de choses sur les processus en jeu dans celles-ci, et sur les facteurs qui les interdisent ou les autorisent. Des questions qui initialement apparaissent bien circonscrites se prolongent rapidement en questions fondamentales sur l'architecture du système cognitif ou sur la structure des connaissances.

On discerne immédiatement les trois limitations fondamentales de cette opposition conceptuelle. La première, la plus facile aussi à surmonter, c'est que la catégorie des connaissances procédurales est trop vaste et doit être subdivisée en sous-catégories ; en particulier il nous paraît opportun de dissocier ce qui relève de la sensori-motricité, ce qui concerne la syntaxe opératoire des actions et opérations, et ce qui concerne les contraintes de fonctionnement du système humain de traitement qui doivent être maîtrisées lors de la constitution des habiletés cognitives (par exemple, contraintes dues à la limitation de capacité de la mémoire de travail). La seconde limitation, c'est que ne s'insérant pas dans un cadre théorique très contraignant, elle doit sans cesse être complétée par des concepts additionnels pour donner une expression précise aux problèmes qu'elle fait apparaître ; on en a rencontré un exemple en évoquant deux façons de rendre compte de la spécificité du procédural, l'une en termes de structure de contrôle, l'autre en termes de plan et de représentations « muettes ». La troisième limitation, c'est qu'elle introduit une dichotomie, ce qui entraîne une rigidité qui paraît fâcheuse en certaines circonstances.

Pour éviter cette dichotomie, certains auteurs préfèrent envisager une sorte de gradient avec deux pôles, toute connaissance étant plus ou moins proche d'un pôle que de l'autre. Cette idée ne se prêtant pas facilement à une incorporation dans les modèles informatiques, d'autres auteurs considèrent que toute connaissance comporte des attributs déclaratifs et procéduraux en nombre et en proportion variables. Cette conception a engendré un nouveau type de modèles informatiques grâce au formalisme récent des « langages orientés objets » (Darcel et Escarabajal, 1987). D'autres auteurs enfin envisagent un type mixte de connaissances, qui pourrait immédiatement se différencier sous forme déclarative dans l'explication et sous forme procédurale dans la poursuite d'un but ; certains principes mathématiques une fois maîtrisés, par exemple le principe en jeu dans le comptage du nombre d'objets d'une collection, seraient de ce type (Greeno, Riley et Gelman, 1984) ; la différence par rapport aux composantes procédurales fixes introduites par différents auteurs dans la notion de schéma afin d'éviter cette dichotomie est de permettre une utilisation très flexible, voire nouvelle, et pas seulement une utilisation selon les lignes préétablies. Nul doute que la distinction entre les déclaratif et le procédural se manifestera encore sous des formes diverses en de nombreux lieux.

Bibliographie

ACKERMANN-VALLADAOE. Analyse des procédures de résolution d'un problème de composition de hauteurs, *Archives de Psychologie*, 1977, **45**, 101-125.
ANDERSON, J.R. *Language, memory and thought*. Hillsdale, Erlbaum, 1976.
ANDERSON, J.R. Acquisition of cognitive skill. *Psychological Review*, 1982, **89**, 369-406.
ANDERSON, J.R. *The architecture of cognition*. Cambridge (Ma) et Londres, Harward University Press, 1983.
ANDERSON, J.R. *Skill acquisition : compilation of weak-method problem solution*. Technical Report No. ONR - 85 - 1, Carnegie-Mellon University, 1985.
BOBROW, D.G. et NORMAN D.A. Some principles of memory schemata. In : D.G. Bobrow et A. Collins (Eds), *Representation and understanding*, N.Y., Academic Press, 1975.
BRUNER, J.S. On cognitive growth, *in* J.S. Bruner, R.R. Olver et P.M. Greenfield (Eds), *Studies in congitive growth*. New York, Wiley, 1966.
CAMUS, J.F. La distinction entre les processus contrôlés et les processus automatiques chez Schneider et Shiffrin, *ce volume*.
CHAIKLIN, S. On the nature of verbal rules and their role in problem solving. *Cognitive Science*, 1984, **8**, 131-155.
DARCEL, N., ESCARABAJAL, M.C. *OBAD : une utilisation des langages orientés objets en modélisation cognitive*. Communication au colloque «Cognitiva», Paris, 1987.

DORNER, D. Self reflexion and problem solving, *in* F. Klix, *Human and artificial intelligence*, Berlin, VEB Deutscher Verlag der Wissenschaffen, 1978.
ESCARABAJAL, M.C. *Compréhension : quel problème l'enfant résout-il ?* Communication au colloque organisé pour le centenaire de l'Ecole Normale de Caen, oct. 1985, à paraître dans «Les problèmes de l'élève à l'école».
FISHBEIN, E. *Role of implicit models in solving elementary arithmetical problems.* Proceedings of the seventh International Conference on Psychology of mathematics education, Jerusalem, 1983.
FRIEMEL, E. et WEIL-BARAIS, A. Résolution de problèmes à l'aide de calculettes. *Psychologie Française*, 1984, **29**, 253-256.
FRIEMEL, E., NGUYEN XUAN, A., RICHARD, J.F., WEIL-BARAIS, A., TREMEZAYGUES, A. *Apprendre à utiliser une calculette à mémoire par des élèves de 11 à 13 ans.* Rapport de fin de contrat INRP, Université de Paris 8, 1983.
FRIEMEL, E., RICHARD, J.F., SILVART, L. et WEIL-BARAIS, A. *Elaboration d'une procédure de résolution compatible avec les contraintes d'un dispositif.* In : Rapport de fin de contrat INRIA, ADI n° 37-39, Université de Paris 8, 1982.
GEORGE, C. L'anticipation : contraintes antérieures et contraintes ultérieures. *BINOP*, 1961, **17**, 86-103.
GEORGE, C. L'anticipation dans la résolution d'une tâche complexe. *L'Année Psychologique*, 1964, **64**, 83-100.
GEORGE, C. Attention et traitement de l'information dans l'apprentissage instrumental humain. *L'Année Psychologique*, 1980, **80**, 481-500.
GEORGE, C. Généralisation inductive et déductive dans un apprentissage par l'action. *L'Année Psychologique*, 1986, **86**, 183-200.
GREENO, J.G., RILEY, M.S., GELMAN, R. Conceptual competence and children's counting. *Cognitive Psychology*, 1984, **16**, 94-103.
HOC, J.M. Représentation des données et structure de contrôle d'un processus de traitement. *Cahiers de Psychologie Cognitive*, 1982, **2**, 389-420.
INHELDER, B., ACKERMANN-VALLADAO, E., BLANCHET, A., KARMILOFF-SMITH, A., KILCHER-HAGEDORN, H., MONTANGERO, J. et ROBERT M. Des structures cognitives aux procédures de découverte. *Archives de Psychologie*, 1976, **44**, 57-72.
JOVANOVICZ, M. Communication au séminaire de l'unité «Recherches cognitives sur le traitement de l'information symbolique», Université de Paris VIII, 1987.
KIERAS, D.E., BOVAIR, S. The role of a mental model in learning to operate a device. *Cognitive Science*, 1984, **8**, 255-273.
KIERAS, D.E., BOVAIR, S. The acquisition of procedures from text : a production-system analysis of transfer of training. *Journal of Memory and Language*, 1986, **25**, 507-524.
KLAHR, D. Transition processes in quantitative development. In : R.J. Sternberg (Ed.), *Mechanisms of cognitive development*, N.Y., Freeman, 1984, 101-139.
LEPLAT, J. *Erreur humaine, fiabilité humaine dans le travail.* Paris Armand Colin, 1985.
LEPLAT, J. Les habiletés cognitives dans le travail, *ce volume*.
NGUYEN XUAN, A., HOC, J.M. Learning to use a command device. *Cahiers de Psychologie Cognitive*, à paraître, 1987.
OCHANINE, D., QUAAS, W. et ZALTZMAN, A. Déformation fonctionnelle des charges opératives. *Questions de Psychologie*, 1972, n° 3.
PERRUCHET, P. L'apprentissage sans conscience : données empiriques et implications théoriques, *ce volume*.
PIAGET, J. *La prise de conscience.* Paris, P.U.F., 1974(a).
PIAGET, J. *Réussir et comprendre.* Paris, P.U.F., 1974(b).
PIAGET, J. *Recherches sur l'abstraction réfléchissante.* Paris, P.U.F., 1977 (2 vol.).

PITRAT, J. Connaissances et métaconnaissances déclaratives. Communication au colloque de l'Association pour la Recherche Cognitive et actes du colloque *Les modes de raisonnement*, Orsay, 1984.

PYLYSHYN, Z.W. *Computation and cognition*. Cambridge (Ma), Bradford Books/MIT Press, 1984.

REUCHLIN, M. Formalisation et réalisation dans la pensée naturelle : une hypothèse. *Journal de Psychologie Normale et Pathologique*, 1973, **70**, 389-408.

RICHARD, J.F. Planification et organisation des actions dans la résolution du problème de la tour de Hanoï par des enfants de 7 ans. *L'Année Psychologique*, 1982, **82**, 307-336.

RICHARD, J.F. *Logique du fonctionnement et logique de l'utilisation*. Paris, INRIA, Rapport de recherche n° 202, 1983.

RICHARD, J.F. *The semantics of action : its processing as a function of the task*. Rocquencourt, rapport de recherche de l'INRIA, 1986.

SCHMIDT, R.A. A schema theory of discrete motor skill learning. *Psychological Review*, 1975, **82**, 225-260.

SEGUI, J., BEAUVILLAIN, C. Modularité et automaticité dans le traitement du langage, *ce volume*.

SHIFFRIN, R.M., SCHNEIDER, W. Controlled and automatic human information processing : II. Perceptual learning, automatic attending, and a general theory. *Psychological Review*, 1977, **84**, 127-190.

SHRAGER, J. et KLAHR D. Learning in a instructionless environment : observation and analysis. *Proceeding of the conference on human factors in computing systems*, Boston, 1983.

SIMON, H.A. The functional equivalence of problem solving skills. *Cognitive Psychology*, 1975, **7**, 268-288.

SKINNER, B.F. *Verbal behavior*, N.Y., Appleton-Century-Crofts, 1957.

VERMERSCH, P. Données d'observation sur l'utilisation d'une consigne écrite : l'atomisation de l'action. *Le Travail Humain*, 1985, **48**, 161-172.

WINOGRAD, T. Frame representation and the declaration-procedural controversy. In : D.G. Bobrow et A. Collins (Eds), *Representation and understanding*, N.Y., Academic Press, 1975.

Chapitre VI
Les habiletés cognitives
dans le travail

Jacques LEPLAT
Laboratoire de Psychologie du Travail
de l'Ecole Pratique des Hautes Etudes,
Associé au C.N.R.S.,
41 rue Gay-Lussac - 75005 Paris

RESUME

Les situations de travail donnent lieu très souvent à des pratiques prolongées de tâches requérant de plus en plus des activités cognitives : elles constituent donc un terrain particulièrement propre à l'étude des habiletés cognitives. La nature et les propriétés de ces habiletés ont d'abord été précisées. On a indiqué ensuite quelques perspectives de recherche dans lesquelles sont étudiés les mécanismes de l'acquisition; ceux-ci permettent également de mieux comprendre les phénomènes de dégradation. Une dernière partie a abordé le problème des habiletés complexes : comment elles se constituent et quels principes peuvent aider à leur analyse. La conclusion reprend quelques points importants (rapports entre habiletés et automatismes, habileté et organisation de l'activité, habileté et tâche, méthodologie de l'étude des habiletés) et propose quelques questions pour de futures recherches.

Mots clés : habileté cognitive, automatisme, expertise, travail, tâche, activité, acquisition, formation, procédure, charge cognitive.

Key words : cognitive skill, automatisation, expertise, work, task, activity, acquisition, training, procedure, cognitive load.

Il n'est pas étonnant de se tourner vers les situations de travail quand on étudie les habiletés cognitives, si on considère que l'acquisition de celles-ci requiert un long exercice. Au début d'un article consacré à ce thème, Anderson (1982) écrivait qu'«il faut au moins 100 heures d'apprentissage et de pratique pour acquérir une habileté cognitive significative à un degré raisonnable de compétence (proficiency)». Par exemple, après 100 heures, un étudiant apprenant à programmer un ordinateur n'a atteint qu'un niveau modeste d'habileté (p. 369). Dans les situations de travail, on trouvera justement des habiletés qui résultent de pratiques de durées diverses, souvent très longues dépassant de beaucoup celles qu'on peut rencontrer dans les plus longues expériences de laboratoire. Les situations de compétition sportive et de jeu offrent le même type d'exemples. On remarquera aussi que la première étude systématique rapportée sur «l'acquisition de l'habileté à la vitesse» (speed as skill) et souvent citée par la suite est relative à un travail pratiqué dans une fabrique de cigares où Crossman (1959) releva les temps de cycle d'une activité à cycle court, jusqu'à 40.000 répétitions : les temps d'exécution continuaient à diminuer au terme de cette période. Les spécialistes de l'organisation du travail soucieux de prévoir la décroissance des temps de fabrication avec des longues pratiques avaient étudié ce phénomène et en avaient même proposé des modèles (Eugène, 1961).

La dimension accordée à ce texte obligera à n'envisager que quelques-uns des multiples aspects du thème général de ce chapitre. On abordera d'abord quelques problèmes de définition, puis on soulignera quelques caractéristiques des habiletés cognitives. On examinera ensuite des traits importants de l'acquisition et de la dégradation des habiletés cognitives. Enfin, on traitera du problème de l'analyse et de l'identification des habiletés.

1. QUELQUES PROBLEMES DE DEFINITION

Le sens que nous donnerons à «habileté» correspond à celui du terme anglais «skill». La notion de «skill» a une longue histoire dans la psychologie anglo-saxonne, on ne saurait l'évoquer sans faire référence à Bartlett (par exemple, 1943) qui en a montré tout l'intérêt dans les années 40 ; puis à Welford qui a commencé à en analyser la nature. On trouvera des textes essentiels de ces auteurs et quelques autres dans un ouvrage collectif dirigé par Legge (1970).

On peut prendre pour point de départ cette définition très générale : une habileté est la possibilité acquise par un individu d'exécuter une classe de tâches à un niveau d'efficacité élevé. Landa (1983) définit l'habileté (skill) comme l'aptitude (ability) à *appliquer* des connaissances, aptitude qui se manifeste dans des *actions* sur des connaissances et/ou des objets. L'éditeur de l'ouvrage où figure ce texte a rédigé ici la note suivante : « la distinction entre connaissances et habileté est semblable à la distinction de Gagne entre *« information verbale* et *habileté intellectuelle »* et à la distinction de Merril entre niveau de mémoire (remember level) et niveau d'usage (Reigeluth, 1983). Les premières recherches sur l'habileté ont concerné le domaine sensori-moteur et l'expression de « sensori-motor skill » était devenue si commune qu'elle semblait même indissociable. Cependant, dès 1958, Welford notait que « toute activité exprimant une habileté (« skilled performance ») est mentale au sens qu'elle exige connaissance et jugement, et que toutes les habiletés impliquent une activité manifeste de coordination, par les mains, les organes de la parole ou d'autres effecteurs » (p. 22). Welford définissait aussi des traits distinctifs des deux types d'habiletés, « dans les habiletés manuelles, les actions manifestes constituent clairement une partie essentielle de l'activité ; dans les habiletés mentales [nous dirions maintenant cognitives], les activités manifestes jouent un rôle plus incident, servant plutôt à donner une expression à l'habileté qu'à en constituer une partie essentielle. Elles peuvent ainsi varier à l'intérieur d'assez larges limites sans que soit détruite la nature de l'habileté sous-jacente » (p. 22). Cette dernière remarque suggère que le passage d'une activité observée à l'habileté sous-jacente n'est jamais simple et constitue en lui-même un problème. Elle souligne aussi le caractère hypothétique de l'habileté : on n'observe pas une habileté, mais ses manifestations ; ceci est encore plus vrai pour les habiletés cognitives.

Le concept d'habileté est à rapprocher des concepts voisins, plus ou moins synonymes, de capacité, compétence, expertise (de Montmollin, 1986). Il est bien rare qu'un auteur faisant appel à l'un de ces concepts n'évoque pas au moins l'un des autres. Ces concepts ont fait tomber en désuétude un concept qui leur est aussi parent, celui d'habitude que les anciens auteurs (Ravaisson, 1838 ; Guillaume, 1947) définissaient comme « manière d'être qui est acquise ». Nous appellerions maintenant « acquisition des habiletés » l'essentiel du contenu du beau livre de Guillaume sur la « formation des habitudes ».

La notion d'expertise est souvent avancée pour désigner les habiletés cognitives complexes. Elle a vu son utilisation s'étendre avec le développement des systèmes experts dont il est souvent essentiel de connaître les rapports avec l'expertise humaine.

Les rapports entre habileté et automatisme sont d'un autre type. L'automatisme se réfère à un mode de fonctionnement cognitif, distingué du mode de fonctionnement contrôlé. L'habileté se définit par la capacité d'exécuter une classe de tâches et elle peut inclure aux moments successifs de son acquisition les deux modes de fonctionnement en proportion variable. On peut dire que l'habileté se construit grâce à l'automatisation de composantes de l'activité. Ce point de vue est défendu par Shiffrin et Dumais (1981) qui écrivent : «le traitement automatique se développe en même temps que progresse l'acquisition de l'habileté (...). Nous pensons que l'automatisation est une composante majeure de l'acquisition de l'habileté à la fois dans les domaines cognitifs et moteurs (...). Séparer l'habileté (skilled performance) en composantes automatiques et contrôlées est sûrement un sujet difficile et délicat» (p. 139).

Les rapports entre habiletés et automatismes (et même la différenciation de types d'automatismes) est un objet d'étude actuel dans le domaine sensori-moteur. Pailhous (1987) qui parle de modulations cognitives des activités sensori-motrices écrit «que s'il est vrai que l'homme a la possibilité de piloter cognitivement ses activités sensori-motrices, très fréquemment, il se contente d'influencer des synergies automatiques — ou automatisées — sans en modifier les propriétés fondamentales (invariants structuraux)» (p. 3). Il reste à examiner dans quelle mesure peuvent être rapprochés automatismes cognitifs et automatismes sensori-moteurs et peuvent être exploitées d'éventuelles analogies.

A. Traits caractéristiques des habiletés

On indiquera ici quelques traits marquants des habiletés dont certains seront précisés par la suite.

– Les habiletés sont *apprises* : elles sont acquises par l'exercice et leur processus d'acquisition devra être analysé pour comprendre leur nature. Les textes sur les habiletés cognitives soulignent de façon insistante le rôle de la pratique. Newell et Rosenbloom (1981) commencent le premier chapitre d'un ouvrage sur les habiletés cognitives en déclarant que «presque toujours, la pratique apporte des améliorations et davantage de pratique, davantage d'amélioration» et ils rappellent que même les expériences de laboratoire exigent une certaine pratique et doivent tenir compte de l'effet de pratique. Les mêmes auteurs rappellent que la première édition du manuel de Woodworth comportait un chapitre intitulé «pratique et habileté» dans lequel il était dit qu'il n'y a pas de différence essentielle entre pratique et apprentissage sinon que la pratique prend plus de temps» (p. 156). Si la pratique ou l'apprentissage prolongé suscite un grand intérêt pour la psychologie cognitive, c'est qu'il apparaît que des acquisitions se poursuivent même après de très nombreuses répétitions d'un même tâche. Ceci ne vaut pas seulement pour les activités sensori-motrices mais aussi pour les activités à prédominance cognitive, ce qui fait parler à ces auteurs de loi universelle («ubiquitous») de la pratique.

– Les habiletés sont constituées *d'unités coordonnées* en vue de l'atteinte d'un but. Le caractère hiérarchisé des habiletés a été souvent souligné : «les habiletés sont des briques de construction qui sont mises ensemble pour engendrer des habiletés plus complexes» (Singleton, 1978, p. 10). Bruner (1970) a beaucoup insisté sur le caractère «modulaire» des habiletés, Fischer (1980) donnant au concept d'habiletés un sens voisin de celui de schème a proposé une théorie du développement cognitif appelée «skill theory» dans laquelle il définit «le contrôle et la construction de hiérarchies d'habiletés».

Le caractère hiérarchique des habiletés ne signifie pas que les unités composantes restent inchangées en s'intégrant à l'habileté d'ordre supérieur. Quand l'habileté a été acquise à un niveau élevé, il sera parfois difficile d'en extraire des composantes initiales pour en faire les éléments d'une autre habileté. Ces composantes initiales se sont transformés par leur intégration et ont perdu en quelque sorte leur individualité.

– Les habiletés sont *finalisées* : elles sont organisées en vue d'une fin et sont donc intimement liées à la notion de procédure. Les habiletés définissent ce qu'on a appelé aussi parfois le savoir-faire, c'est-à-dire la mise en œuvre de connaissances en vue de la réalisation d'un but ou, ce qui est équivalent, de l'exécution d'une tâche.

Les habiletés sont relatives justement à une tâche : on est «habile à...» ou pour quelque chose, et toute habileté se définit aussi par la classe de tâches qu'elle permet d'accomplir. Dans sa théorie, Fischer (1980) insiste beaucoup sur ce point. La littérature de psychologie du travail est riche en qualification des habiletés en fonction de la tâche, habiletés au diagnostic, à la recherche de panne, au contrôle de tel ou tel processus, etc...

– Les habiletés sont *adaptatives*. Ce caractère adaptatif a été souvent noté pour les habiletés sensori-motrices. Ainsi Saltzman et Kelso (1987) considèrent comme un des traits essentiels de l'habileté dans ce domaine «le fait que les mouvements habiles montrent une flexibilité spécifique à la tâche dans la réalisation du but de la tâche» (p. 85). S'il se produit une perturbation dans l'exécution, notent ces mêmes auteurs, et à condition qu'elle ne soit pas trop importante, le sujet peut la compenser en organisant son activité de façon que le but continue d'être atteint. Dans le domaine plus cognitif, le caractère adaptatif apparaît souvent dans les descriptions de l'expertise. Un sujet expert sait traiter des situations qu'il n'a pas encore rencontré, il sait mettre en jeu de façon originale ses connaissances, il sait aussi trouver les activités vicariantes qui permettront d'atteindre le but fixé par des voies originales quand les moyens habituels ne sont pas accessibles. En ce sens, l'habileté ne se définit pas seulement par des opérations qu'elle mettrait en œuvre, mais aussi par la classe de tâches qu'elle permet de résoudre et qui n'est pas toujours facile à préciser.

B. Effets de la pratique et propriétés des habiletés

Repérer les effets de la pratique c'est en même temps identifier des propriétés des habiletés et définir les critères par lesquels on pourra reconnaître les transformations qu'elles introduisent de l'activité.

1. Augmentation de la vitesse de l'exécution

De l'examen détaillé des effets de pratique prolongée (plusieurs centaines et même milliers d'essais) sur 12 tâches de types très divers, Newell et Rosenbloom (1981) concluent que :

a) le temps d'exécution T à l'essai n est une fonction puissance du nombre N d'essais : $T = T_o + BN^{-\alpha}$ qu'on écrit souvent sous forme logarithmique, car la relation devient alors linéaire : $\log (T - T_o) = \log B - \alpha \log N$. T_o est le temps d'exécution asymptotique, $T_o + B$, le temps d'exécution au premier essai. α, représente le taux d'apprentissage et la pente de la droite sur le diagramme «log – log». «La valeur α est presque toujours dans l'intervalle $(0-1)$» (Anderson, p. 398) dans les études connues.

b) «La même loi est générale pour tous les types de comportements mentaux...» (p. 34).

La vitesse a toujours été considérée comme une marque privilégiée de l'habileté. Dans le contexte industriel des tâches répétitives, on a même parlé de la vitesse comme habileté : «speed as skill».

2. Accroissement de la stabilité

Cette stabilité est une conséquence de la «loi de la pratique» précédente qui montre que le gain dû à l'apprentissage devient de plus en plus faible avec la pratique, c'est-à-dire que les variations des temps en valeur absolue sont de plus en plus faibles. Cette stabilité accrue des temps d'exécution vaut pour le champ de tâches relatif à l'activité exercée dans les conditions habituelles. L'apparition d'une variabilité excessive sera alors le signe que les conditions externes ou internes (propre au sujet) de l'exécution ont changé. Abruzzi (1952) avait proposé des procédés statistiques dérivés de ceux utilisé dans le contrôle de qualité, pour repérer ces écarts et en avait fourni des interprétations pour les tâches industrielles.

3. Accroissement de la disponibilité

Lorsqu'une habileté est acquise l'activité correspondante peut être mise en œuvre beaucoup plus rapidement. Tout se passe comme si l'essentiel de la procédure étant bien intériorisé, les conditions d'exécution sont bien connues, vite identifiées et les actions à accomplir déterminées sans hésitation.

4. Réduction du coût

Ravaisson (1838) notait déjà que «par l'exercice répété ou prolongé, nous apprenons à proportionner la quantité d'effort et à en choisir le point d'application conformément à la fin que nous voulons atteindre ; et en même temps s'efface la conscience de l'effort» (p. 35). En psychologie du travail, la notion de charge mentale est souvent évoquée pour caractériser les activités à forte composante cognitive. En psychologie cognitive, on parle aussi de coût cognitif, d'effort mental, de ressources humaines (Navon et Gopher, 1980; Wickens, 1984). Il est utile d'introduire ici la notion d'efficience à distinguer de celle d'efficacité. Une activité sera dite d'autant plus efficiente qu'elle permettra d'atteindre à moindre coût le même niveau d'efficacité. L'habileté se traduit à la fois par une efficacité et une efficience accrues.

L'évaluation de ce coût reste un problème complexe qui a été abordé par diverses méthodes (indicateurs psychophysiologiques, double tâche, sentiment de charge, etc...). Il semble bien que l'habileté acquise réduise le coût, à conditions d'exécution identique. Nous aurons à examiner plus loin les mécanismes de cette réduction qui se traduit notamment par la possibilité de plus en plus grande laissée pour l'exécution d'une seconde tâche et par la résistance accrue au stress.

5. Effets négatifs

Les critères précédents, qui ne sont pas exhaustifs, constituent en général des qualités recherchées : elles sont autant de marques de l'efficacité des habiletés obtenues par la pratique. Cependant ces qualités ont un envers qui peut entraîner des effets pervers, en particulier lorsque la tâche que l'opérateur doit affronter sort du champ des tâches pour lequel l'habileté a été acquise. Ainsi, si les conditions changent au cours de l'exécution, la vitesse de l'exécution engagée peut empêcher de l'arrêter à temps. La rançon de la stabilité peut être une certaine rigidité du monde d'exécution. La disponibilité accrue peut de son côté entraîner le déclenchement prématuré de l'action sur des indices sommaires, sans relation avec les conditions modifiées qui exigeraient un autre type de réponse. Reason (1987) a bien décrit les effets négatifs de la disponibilité dans le raisonnement qui s'appuie sur les règles : « l'effet le plus probable de l'heuristique de disponibilité dans l'application d'une règle est d'induire en erreur le sujet en favorisant les règles qui viennent rapidement à l'esprit, même si elles ne sont ni pertinentes, ni applicables. En bref, on aura le biais « au premier venu, la préférence » (p. 75). L'économie résultant de l'habileté peut elle-même entraîner des inconvénients; le sujet étant peu mobilisé devient plus sensible à des distractions (Berlyne, 1960) et sa vigilance amoindrie le rend moins apte à répondre correctement et dans les délais acceptables aux conditions d'urgences imprévues.

On aura reconnu dans certains de ces effets négatifs des sources du type d'erreur désigné par Norman (1981) et Reason et Mycielska (1982) sous le nom de « slip » que nous avons traduit par raté (Leplat, 1985). Ce sont les erreurs issues du fait que l'opérateur donne un but correct à son action, mais ne prend pas en compte les conditions de la réalisation de celle-ci — qui ne sont pas les conditions habituelles — : il vise le bon but, mais ne fait pas ce qu'il faut pour l'atteindre. Une catégorie typique de ces ratés est celle des « ratés par capture » qui surviennent du fait qu'une activité habituelle se substitue à une activité nouvelle ayant une certaine parenté avec elle (se retrouver sur le chemin du bureau alors qu'on devait se rendre à un rendez-vous à un autre endroit). De nombreuses catégories de ratés décrites par Norman (1981) illustrent bien les aspects négatifs des habiletés.

2. ACQUISITION ET DEGRADATION DES HABILETES

Le rôle de la répétition est important dans l'acquisition de l'habileté, mais Guillaume (1947) notait déjà le « caractère équivoque » de cette notion de répétition. « Il y a contradiction entre l'idée de *répétition*, au sens rigoureux de répétition d'un même acte, et l'idée d'*acquisition* d'une façon d'agir nouvelle. Si on répétait toujours le *même* acte, il n'y aurait pas de changement ; on n'apprendrait jamais rien » (pp. 18, 19). En fait, ce qui reste identique, c'est la tâche à exécuter, alors que l'activité mise en œuvre pour cette exécution peut varier considérablement. Il est donc essentiel de mettre en rapport ces transformations de l'activité avec les propriétés décrites dans les pages précédentes. Ce sera l'objet de la présente partie.

A. Les mécanismes d'acquisition des habiletés

L'étude de ces mécanismes a toujours constitué un thème important pour la psychologie (cf. par exemple, Bilodeau, 1946). Elle a été abordée à des niveaux et dans des cadres théoriques variés, mais dans une première période surtout pour les habiletés sensori-motrices. Il en ressort que les habiletés se constituent progressivement et que les caractéristiques des habiletés varient au cours de cette progression comme en témoignent les corrélations entre un critère d'exécution de la tâche étudiée et les critères d'exécution de tâches externes, représentatives d'habiletés différentes. Etudiant «les effets différentiels de l'entraînement et leurs implications», Perruchet (1985) présente comme un phénomène général le fait que «les corrélations entre deux épreuves peuvent, selon les cas diminuer ou augmenter de façon progressive et systématique lors de l'exécution répétitive de l'une d'elles» (p. 136). Tout en notant l'intérêt des méthodes corrélationnelles comme «outils de choix pour développer notre connaissance des transformations intervenant au cours d'un apprentissage donné» (p. 142), il note aussi que l'existence d'activités vicariantes «induit des ambiguïtés difficiles à lever dans l'interprétation des données» (*id.*) et il conclut que «compte tenu de ces difficultés toute inférence issue de données corrélationnelles et formulées en terme de processus ne peut que participer à une démarche hypothético-déductive *guidée par les développements théoriques de la psychologie générale*» (*id.*).

C'est à ces développements que s'attachent les travaux expérimentaux récents consacrés à l'acquisition des habiletés cognitives qui visent à définir le fonctionnement cognitif propre à rendre compte de l'évolution des performances observables en cours d'apprentissage. On en trouvera un examen critique détaillé dans le chapitre IV écrit par George dans le présent ouvrage. On ne fera ici qu'en rappeler quelques traits essentiels. Les travaux d'Anderson (1982, 1983) et de son groupe sont parmi les plus systématiques et les plus ambitieux : ils s'inscrivent dans la perspective des recherches sur le traitement de l'information et sont étayés par de multiples expériences. Ils ont aussi le mérite de tenter de s'articuler avec des études plus anciennes et de proposer un cadre interprétatif susceptible de rendre compte d'un grand nombre de travaux. Le système cognitif est vu par Anderson comme un ensemble de règles de production (du type «si... alors...») «qui utilisent les fait contenus dans une base de données déclaratives. Le processus d'acquisition comporte deux phases essentielles : «une *phase déclarative* dans laquelle les faits concernant le domaine de l'habileté sont réinterprétés et une *phase procédurale* dans laquelle les connaissances du domaine sont directement incorporées dans des procédures pour l'exécution de l'habileté» (Anderson, 1982, p. 369).

Au cours de la *phase déclarative* les connaissances sont traduites en règles qui permettent de contrôler les premières exécutions et la tâche à réaliser. Cette phase est en général un passage obligé car les instructions précisent rarement une procédure compatible avec l'habileté actuelle du sujet, «Une des raisons pour laquelle l'instruction est si souvent inadaptée est que l'enseignant a vraisemblablement une conception insuffisante de la structure de contrôle de l'étudiant» (p. 380), Anderson décrit le mécanisme de cette «interprétation» qui fait passer des connaissances initiales à des règles d'exécution.

Le processus graduel de transition de la phase déclarative à la phase procédurale est dit de *compilation* de la connaissance; Anderson distingue deux sous-processus important dans cette compilation :

– Le premier dit de *composition* consiste à condenser des règles, des étapes. Exemple :

Si la pression dépasse la limite de tolérance, alors le processus entre dans une zone critique non prise en compte par l'automatisme.

Si on entre dans une telle zone, alors se mettre en contrôle manuel.

Avec la pratique, ces deux règles se composeront en une seule :

Si la pression dépasse la limite de tolérance, alors se mettre en contrôle manuel.

Ce processus n'est pas sans un rapport avec celui de regroupement (chunking).

– Le second processus est dit de «*procéduralisation*», il consiste à spécifier les instructions. Par exemple, la dernière instruction précédente deviendra, dans un contexte particulier :

Si la pression dépasse 4 bars, alors appuyer sur la touche «manuel».

« Une importante conséquence de cette procéduralisation est de réduire la charge de la mémoire de travail, l'information à long terme n'ayant plus besoin d'être gardée dans la mémoire de travail » (p. 383). Anderson montre aussi comment une phase de compilation trop rapide peut entraîner des erreurs qui ne sont plus perçues par le sujet (erreurs de type « raté » ou slip) (Norman, 1981).

– *La phase procédurale.* Quand les règles de production ont été transformées par le processus de compilation d'autres progrès peuvent encore survenir. On sait notamment qu'avec l'expérience les méthodes d'exécution changent, les règles peuvent êtres utilisées autrement. L'exploration de l'espace de la tâche se faisant de façon plus organisée, plus sélective, conduit à un succès plus rapide. Trois mécanismes sont invoqués pour ce processus d'ajustement (tuning) de l'habileté.

– « Un processus de généralisation par lequel les règles de production élargissent leur champ d'applicabilité, un processus de discrimination par lequel les règles se restreignent (au champ pertinent) et un processus de renforcement grâce auquel les meilleures règles sont renforcées et les plus pauvres affaiblies » (p. 390). L'auteur montre comment les mécanismes de ces différentes phases peuvent être formalisées dans un modèle qui aboutit à la loi de la pratique dont il a montré qu'elle s'appliquait à une très large gamme d'habiletés (cf. *supra*).

Cette présentation des phases en termes de connaissance ne doit pas faire oublier que l'évolution ainsi décrite est corrélative d'une intériorisation des procédures. C'est par cette intériorisation progressive que cette évolution est rendue possible. Inversement, George souligne (ch. IV) que la conversion de connaissances procédurales en « procédures effectives » n'est pas directe, et peut poser des difficultés, comme le montre l'exécution d'instructions : « ces difficultés illustrent là aussi la nécessité de faire appel à des connaissances non explicites dans les instructions pour se conformer à celles-ci ».

Une autre voie de recherche concernant l'acquisition de l'habileté est celle ouverte et développée par Shiffrin, Schneider et leur groupe. Leur travail initial (1977) mettait en évidence l'existence de deux processus de traitement de l'information : « le *traitement automatique* et *le traitement contrôlé* ». Camus ayant présenté avec plus de détail ce travail dans le chapitre III de cet ouvrage, on se contentera ici de rappeler les traits essentiels de ces deux modes de traitement dont la place va varier au cours de l'acquisition d'une habileté. On empruntera aux auteurs (Shiffrin et Schneider, 1984) une présentation résumée :

«... *le traitement automatique* est généralement un traitement rapide, en parallèle, requérant assez peu d'effort qui n'est pas limité par la capacité de la mémoire à court terme, n'est pas sous le contrôle direct du sujet et réalise des comportements d'une habileté bien développée. Il se développe typiquement quand des sujets traitent des stimuli d'une manière uniforme durant beaucoup d'essais, il est difficile à supprimer, modifier ou ignorer une fois appris. *Le traitement contrôlé* est souvent lent, généralement en série, requiert de l'effort, limite la capacité, est régulé par le sujet et employé pour traiter une information nouvelle ou originale. Il est exigé dans des situations où les réponses requises aux stimuli varient d'un essai ou d'une situation à l'autre ; il est facilement modifié supprimé ou ignoré selon le désir du sujet» (p. 269). Les auteurs ajoutent, ce qui est particulièrement important pour comprendre la nature des habiletés complexes, que «finalement, toutes les tâches sont exécutées par des mélanges complexes de traitements contrôlés et automatiques, utilisés en combinaison» (p. 269). Shiffrin et Dumais (1981) avaient déjà insisté sur cette idée que «plusieurs traitements ont des composantes automatiques très nettes en même temps que des composantes contrôlées» (p. 117) et ils citaient en particulier le cas des traitements déclenchés par un traitement contrôlé et qui se poursuivaient ensuite automatiquement. On peut remonter chez soi pour prendre un objet oublié (traitement contrôlé) et mettre en œuvre alors une série de traitements automatisés (monter l'escalier, ouvrir la serrure, etc...) mais comme le remarquent ces auteurs, il est quelquefois difficile de distinguer les deux types de traitements dans une même action. Les auteurs qui énumèrent ces caractéristiques et quelques autres soulignent souvent qu'elles sont à prendre comme des tendances et que des recherches restent à faire pour les préciser.

Les deux courants de recherche qui viennent d'être mentionnés proposent ainsi plusieurs mécanismes susceptibles de rendre compte de l'acquisition de l'habileté, dont il n'est pas toujours facile de discerner les effets respectifs comme le montre une récente controverse entre Schneider et Shiffrin (1985) et Cheng (1985). Celle-ci, critiquant les conclusions que les premiers tirent de leurs expériences, déclare que «l'amélioration de la performance peut être expliquée d'autres manières. En particulier elle peut être due à une restructuration des composantes de la tâche qui coordonne ces dernières, les intègre, les réorganise en nouvelles unités perceptives, cognitives, motrices» (Cheng, p. 414). Il ressort de cette controverse qui ne peut être qu'évoquée ici, que le processus d'acquisition met en jeu plusieurs mécanismes qui ne s'excluent pas, et qu'il est difficile d'isoler : il est ainsi dangereux de vouloir attribuer tous les effets constatés à un seul d'entre eux. « L'automatisation et la restructuration ne sont pas mutuellement exclusives (les mêmes processus peuvent être à la fois restructurés et automatisés) » (Cheng, p. 415). Si des expériences montrent que l'hypothèse de catégorisation (ou de restructuration) est correcte, elles montrent aussi qu'«elle et plusieurs hypothèses voisines sont insuffisantes pour expliquer un certain nombre de résultats cruciaux » (Schneider et Shiffrin, 1985, p. 424).

B. Retour sur la nature de l'habileté

A la lumière des travaux théoriques précédents, qui portent sur des tâches simples et bien contrôlées, on peut essayer de mieux préciser la nature des habiletés cognitives correspondant aux tâches plus complexes rencontrées dans le travail. On peut d'abord noter qu'une habileté a des degrés, correspondant à des stades dans l'acquisition, et que cette acquisition se poursuit sur des durées très longues. Les changements qui sous-tendent cette acquisition se situent à plusieurs niveaux comme le notent bien Shiffrin et Dumais (1981). Ils peuvent concerner les connaissances ou la base de données : celles-ci peuvent s'enrichir et se structurer. Les changements peuvent aussi regarder le traitement contrôlé et la théorie d'Anderson nous donne plusieurs mécanismes qui interviennent ici, composition, procéduralisation, développement de stratégies ou heuristiques pour élaborer plus efficacement des chemins dans l'espace des problèmes. Enfin des changements importants peuvent être imputables à l'automatisation de certaines parties de l'activité. Cette automatisation réduisant la charge de travail — ou si l'on préfère le coût cognitif — libère les capacités de traitement et peut favoriser les acquisitions sur d'autres parties de l'activité. « Nous pensons que l'automatisation est une composante majeure de l'acquisition de l'habileté à la fois dans les domaines cognitifs et moteurs et nous suggérons qu'il soit accordé une importance particulière à ce facteur dans ce domaine » (Shiffrin et Dumais, 1981, p. 138).

L'habileté acquise dans une tâche complexe est ainsi une organisation où interviennent divers mécanismes dont l'analyse essaiera de démêler le rôle et les interactions. On peut penser que les automatismes permettent d'accroître le champ de contrôle, qu'inversement cet accroissement peut faciliter l'automatisation. Les caractéristiques des conditions extérieures, en particulier la stabilité, constituent aussi sans doute, un élément capital dans l'organisation de l'habileté aux différents moments.

B. La dégradation des habiletés

Une caractéristique de nombreuses habiletés acquises en situation de travail est que celles-ci peuvent s'exercer un temps très long dans des conditions relativement stables. Il peut en résulter des inconvénients qui sont à la fois liés aux dégradations proprement dites des habiletés au sens où celles-ci deviennent moins aptes à répondre à certaines exigences des tâches, et aussi liés à l'obstacle que peut constituer cette habileté à l'acquisition d'autres habiletés.

1. Rétrécissement du champ de l'habileté

Lorsque la classe de tâches à résoudre est restreinte, le sujet peut devenir extrêmement habile à exécuter des tâches courantes mais demeurer peu habile à traiter des tâches exceptionnelles. Corrélativement, ceci amène le sujet à étendre indûment à toute tâche de la classe l'habileté acquise pour une sous-classe. On a ici une caractéristique de la routine (au sens classique du mot) et un trait parfois signalé chez les personnes âgées (Welford, 1964; Belbin, 1969), qui consiste à appliquer des procédures connues à une tâche nouvelle qui requerrait éventuellement une procédure originale.

Ce rétrécissement du champ de l'habileté peut être conçu comme la contre-partie de mécanismes, nécessaires à la constitution de celle-ci. Ce qu'on a désigné parfois sous le nom de perte de motivation cognitive de l'habileté — le sujet ne sait plus justifier sa procédure — pourrait résulter de la perte de la représentation déclarative rendue non nécessaire par la procéduralisation (Anderson, 1981, p. 383). Par exemple, le sujet a les bonnes procédures pour traiter des pannes classiques, mais il a oublié les propriétés de l'appareil qui lui permettraient de traiter d'autres pannes.

Ce cas sera fréquent quand l'habileté se ferme sur elle-même, c'est-à-dire lorsqu'elle n'est pas le moyen d'acquisition d'habiletés, d'ordre supérieur. Dans ces conditions l'habileté devient automatisme, elle tend à se rigidifier et à perdre son caractère adaptatif. Elle peut aussi conduire à des effets perturbateurs comme le déclenchement intempestif de l'action automatisée dans des circonstances où elle n'est pas pertinente, sur simple apparition d'un signal ayant une lointaine parenté avec le signal ordinaire (Teiger, 1980).

Teiger *et al.*, 1977 ont donné des exemples typiques de cette «persistance des automatismes acquis dans la tâche» (p. 65) d'opératrices des renseignements téléphoniques. «Certaines situations de la vie quotidienne, dès lors qu'elles ont quelque similitude avec la situation de travail, déclenchent automatiquement les comportements stéréotypés imposés par l'activité professionnelle (...). C'est ainsi que les opératrices se surprennent souvent à répondre « allo » au lieu de « comment » et ceci dans les situations les plus diverses, aux repas, chez l'épicier ou chez le coiffeur (...) (pp. 65-66). Un autre exemple, « le plus courant est celui de la sonnerie de fermeture des portes du métro qui entraîne chez certaines opératrices la réponse acquise à la sonnerie annonçant l'appel d'un demandeur, c'est-à-dire la récitation à voix haute de la formule d'accueil 'X, n° du poste de travail, que désirez-vous ?' ce qui ne manque pas de soulever la surprise des autres voyageurs » (p. 66). Les auteurs notent que « ces manifestations sont d'autant plus fréquentes que la dernière période de repos est plus lointaine » (p. 67).

C'est pour éviter ce rétrécissement et ses conséquences négatives dans des situations où la sécurité est en jeu, que les opérateurs soumis aux mêmes tâches de manière répétée, sont réentraînés périodiquement à traiter des incidents sur simulateur. On cherche ainsi à maintenir facilement accessibles les connaissances déclaratives ou les procédures d'urgence susceptibles de les amener à traiter correctement et rapidement les incidents exceptionnels qui peuvent survenir dans leur travail.

2. *Réduction des possibilités d'acquisition*

Cette forme de dégradation est liée à la précédente : le sujet qui a acquis et longtemps mis en œuvre une habileté pour une classe de tâches est plus porté à assimiler une nouvelle tâche à cette classe connue en lui appliquant la procédure correspondante, qu'à chercher une procédure nouvelle, plus adéquate. Belbin (1969), à l'issue de recherches sur les travailleurs vieillissants, notait qu'« une longue expérience continue dans un champ étroit peut entraîner une rigidité d'esprit qui rend difficile l'élimination non seulement des habitudes, mais aussi des attitudes qui ont été acquises dans des travaux antérieurs » (p. 69).

A ne plus recourir à la base de données déclaratives à partir de laquelle s'est élaborée l'habileté longuement pratiquée, celle-ci devient moins accessible, s'appauvrit : il est alors de plus en plus difficile et coûteux de s'y référer pour élargir le champ de l'habileté ou en acquérir une nouvelle.

Une « surhabileté » acquise dans un domaine étroit et unique constituera ainsi un handicap à des acquisitions nouvelles. Un sociologue a justement remarqué que « le non-fonctionnement des structures cognitives pour un travailleur manuel est aussi mutilant qu'une dépense énergétique excessive» (Mothe, 1976, p. 27). Pour combattre cette rigidification des habiletés qui constitue un frein à l'acquisition d'habiletés nouvelles, il est donc important d'éviter les sur-spécialisations des opérateurs et de placer ceux-ci dans des conditions variées qui les amènent à mettre en œuvre leurs connaissances dans un champ étendu et diversifié, et a constituer une habileté élargie et plus adaptative.

3. L'ANALYSE DES HABILETES COGNITIVES COMPLEXES

On qualifiera de complexes les habiletés qui requièrent un apprentissage prolongé et des habiletés préalables déjà acquises : les situations de travail en offrent de multiples exemples. L'analyse de l'habileté pour des tâches plus spécifiquement cognitives a fait l'objet de nombreux travaux dont plusieurs ont été rassemblés par Singleton (1978-1979). Ces analyses qui s'inspirent de cadres de références théoriques divers ont mis en œuvre des méthodes également très diverses : observation in situ, entretien, questionnaire, enquête, simulation, expérimentation, etc...

L'intérêt pratique de telles analyses a été souvent un moteur de leur développement : elles constituent en effet le préalable nécessaire à la conception des actions de formation et d'ergonomie. Les travaux anglo-saxons regroupés sous le titre de «skill analysis» correspondent en général tout à fait à ceux qui sont classés en France sous le titre d'analyse psychologique du travail : ils traitent tous de l'analyse des activités mises en œuvre pour répondre aux exigences des tâches en situation de travail (Leplat et Cuny, 1984). Depuis quelques années, avec le développement des systèmes-experts et pour contribuer à l'élaboration de ceux-ci, on a vu se développer des analyses pour des tâches plus spécifiquement cognitives, sous le nom d'extraction des connaissances de l'expert ou d'extraction de l'expertise (Leplat, 1985). Ces analyses sont parfois confiées à des spécialistes «cogniticiens» qui auraient souvent avantage à s'inspirer des méthodes d'analyse de l'activité.

On examinera dans cette dernière partie comment s'élaborent les habiletés complexes et comment peut être guidée cette élaboration. On indiquera des cadres proposés pour cette analyse et enfin, on abordera les rapports de l'habileté cognitive avec quelques notions pouvant en faciliter l'analyse.

A. L'élaboration des habiletés complexes

Nous avons déjà signalé le caractère hiérarchique des habiletés et Bruner (1970), parmi d'autres a beaucoup insisté sur ce caractère dans ses études sur les habiletés sensori-motrices : ce qu'il en dit vaut aussi pour les habiletés cognitives. Il souligne le caractère modulaire de l'habileté et il décrit l'élaboration de l'habileté comme l'incorporation d'unités préalablement acquises dans une unité plus large qui deviendrait elle-même ultérieurement l'unité élémentaire d'une unité supérieure.

Cette incorporation exige que l'unité élémentaire soit devenue une habileté. «Je crois que c'est une question de capacité attentionnelle» (p. 71), écrit-il voulant dire par là que c'est lorsque la charge cognitive représentée par l'unité sera devenue suffisamment faible que cette intégration à l'habileté d'ordre supérieure pourra se faire. «Une fois l'attention libérée, alors un nouveau pattern émerge» (p. 71). Les habiletés, composantes seront «contrôlées et évaluées en fonction de leur ajustement au but de l'habileté d'ordre supérieur. Ainsi, une action plus large, avec un but plus éloigné prend le contrôle des actes constituant le nouveau module» (Bruner, p. 66).

Leontiev (1972) a décrit ce même processus comme «la métamorphose des actions, à savoir leur transformation en opérations» (p. 95). Il appelle *action* «un processus soumis à la représentation du résultat qui doit être atteint, c'est-à-dire un processus soumis à un but conscient» (Leontiev, 1975, p. 113) et opération «les moyens d'accomplissement de l'action» (Leontiev, p. 118). L'opération constitue le contenu de l'action sans s'identifier à elle. «Une seule et même action peut se réaliser au moyen d'opérations différentes...» (1972, p. 295), opérations qui éventuellement peuvent être confiées à un mécanisme automatique. Le processus de transformation de l'action en opération éclaire beaucoup sur l'élaboration de l'habileté. «Toute opération résulte d'une transformation de l'action, provenant de son incorporation dans une autre action et de sa 'technicisation' consécutive» (1975, p. 119). On peut donner ici l'exemple proposé par Leontiev pour la conduite automobile qui illustre bien cette transformation. «Au départ, chaque opération — par exemple, celle d'embrayer — se forme comme une action soumise précisément à ce but et ayant son 'fondement orientateur' (Galperine) conscient. Par la suite, cette action s'insère dans une autre action à composition opérationnelle complexe — par exemple dans l'action de changer le régime de l'automobile. Désormais l'action d'embrayer devient l'un des moyens d'exécuter l'action de changer de régime — une opération qui la réalise et elle cesse d'être effectuée comme un processus orienté vers un but particulier. Son but n'est plus distinct. (...) l'action d'embrayer semble n'être plus du tout consciente. Il (le conducteur) fait autre chose : il met le moteur en marche, monte des côtés (...) arrête la voiture, etc.» (1975, p. 119). C'est dans le cadre de cette théorie que Galperine (1966) et son école ont décrit la «formation par étapes des actions et des concepts» et défini des lois de cette formation. Une large place a été faite à la notion de base d'orientation ou système ramifié de représentations de l'action et de ses conditions d'exécution (cf. aussi Leplat et Pailhous, 1976; Savoyant, 1979).

Rasmussen (1986) a proposé un schéma d'analyse permettant de déterminer les modes ou niveau de contrôle mis en œuvre dans l'exercice d'une habileté (au sens que nous avons donné à ce mot et non à celui qu'il adopte lui-même pour «skill»). Ce schéma définit un certain nombre d'étapes dans le traitement de l'information : activation, observation, identification, interprétation, évaluation, définition de la tâche, définition de la procédure, exécution. Dans le contrôle par la connaissance, la situation doit être interprétée, le but évalué, ce qui exigera souvent que toutes les étapes soient mises en jeu. Dans le contrôle de l'activité par des règles, il ne s'agit plus que d'identifier la situation, l'exécution découlant directement de cette identification («si tel état, alors telle action»). Dans le contrôle par un automatisme, la simple observation déclenche la réponse d'exécution. A chacun de ces niveaux de contrôle sont associables des types d'erreurs qui inversement peuvent aider à les identifier. Pour ne citer que de brefs exemples, les erreurs sur le but renvoient généralement à un défaut de contrôle du premier niveau, les erreurs par omission, de la prise en compte d'une caractéristique connue, à un fonctionnement de second niveau, les erreurs de type raté («slips») à un fonctionnement du troisième niveau (Reason, 1987).

La conception hiérarchique des habiletés proposée par Gagne (1970) repose sur un principe différent, à savoir qu'il existe des relations hiérarchiques entre huit types d'apprentissages mis en jeu dans l'acquisition des habiletés : apprentissage du signal, de la liaison stimulus — réponse, des enchaînements, de l'association verbale, de la discrimination, du concept, des règles et de la résolution de problème. L'apprentissage d'un type exige qu'ait été réalisé antérieurement l'apprentissage d'un autre type (pp. 65 s.q.). Par exemple, l'apprentissage d'une règle nécessite antérieurement celle des concepts qu'elle met en œuvre. Il existe ainsi une hiérarchie d'apprentissage («learning hierarchy») qu'il faut essayer de définir quand on doit faire apprendre une tâche. «Une hiérarchie d'apprentissage identifie un ensemble d'habiletés intellectuelles qui sont ordonnées de façon à indiquer les quantités substantielles de transfert positif des habiletés de position inférieure à celles de position plus élevée à laquelle elles sont connectées» (p. 239). Dans une telle hiérarchie, «l'unité fonctionnelle de base consiste en une *paire* d'habiletés intellectuelles, l'une étant subordonnée à l'autre». L'habileté subordonnée constitue le prérequis de l'autre et son apprentissage améliore le transfert. Gagne a donné des exemples de ces structures hiérarchique d'habileté dans plusieurs domaines et en a testé la validité. Cette notion de hiérarchisation appliquée à l'apprentissage fait l'objet de critiques. L'intégration progressive des unités subordonnées n'est pas aussi simple. Lewis et Pask (1965) avaient souligné que l'apprentissage de l'élément superordonné devait commencer avant l'apprentissage à un haut niveau de l'élément subordonné. Bisseret et Enard (1970) de leur côté montrent que le sujet doit pouvoir accéder de façon simple aux différents niveaux de hiérarchie. Ils proposent qu'aux différents moments de l'acquisition d'une habileté complexe (contrôle du trafic aérien) soient facilitées ces interactions entre niveaux. Leur méthode était justement dite «de formation par interaction constante des unités programmées».

Voici un exemple donné par les auteurs : «Le processus de 'rédaction des fiches' a pour processus associé 'la détection et la résolution de conflits'. Dans le programme consacré à l'apprentissage de la 'rédaction des fiches', on trouvera donc des «tâches-réponses» comprenant des opérations de détection et résolution de conflits bien que l'élève ne les ait pas apprises; il sera donc entièrement guidé pour les effectuer, les réponses de 'rédaction' proprement dites étant, elles, de moins en moins guidées» (p. 643). De cette façon, le sujet est aussi motivé par la signification qu'il peut donner aux apprentissages des unites élémentaires.

Une conception hiérarchique de l'habileté en terme de niveau d'abstraction présentée par Rasmussen (1986) est particulièrement pertinente pour l'étude des activités de contrôle de processus industriels. Elle est fondée sur l'idée que les propriétés fonctionnelles d'un système peuvent être représentées par le sujet à différents niveaux ordonnables sur une échelle abstrait/concret avec des échelons tels que «but fonctionnel» (exemple : objectif du système), «fonctions physiques» (exemple : processus électriques, mécaniques, physique des composantes du système), «forme physique» (exemple : apparence physique, localisation). «Un changement de niveau d'abstraction implique, pour la représentation, un changement dans les concepts et la structure en même temps qu'un changement dans l'information propre à caractériser l'état de la fonction ou de l'opération aux divers niveaux d'abstraction » (Rasmussen, 1986, p. 121). Ainsi le même auteur fait remarquer que les questions qu'on posera sur la tâche et son environnement dépendront du niveau d'abstraction auquel la représentation mentale se situe. Il note que les modèles des bas niveaux d'abstraction, correspondant aux réalisations physiques, peuvent répondre à plusieurs buts tandis qu'inversement, un but défini aux niveaux d'abstractions plus élevés peut être mis en œuvre par plusieurs types de réalisations physiques.

L'habileté cognitive (dans un sens qui n'est pas celui que Rasmussen donne à « skill » — lequel correspond davantage à automatisme) consistera dans la possibilité d'être capable de régler son activité à plusieurs niveaux. Quand les tâches sont peu variées, elles finiront par se traiter à un niveau très concret, les caractéristiques physiques suffisant à déclencher et contrôler l'activité. Quand la tâche est très variée et présente à chaque fois un certain caractère de nouveauté, elle pourra être traitée à un niveau plus abstrait, par le recours à des représentations symboliques : Rasmussen voit là la forme du raisonnement analogique. A chaque niveau d'abstraction correspondent des types de modèles et de traitement. Donc, le changement de modèle peut être très efficace dans une situation-problème parce que le traitement à un autre niveau peut être plus commode, les règles de traitement plus simples ou mieux connues, ou les résultats peuvent être disponibles à partir de cas antérieurs. Un exemple particulier de cette stratégie est la solution d'un problème par analogie qui repose sur le fait que différents systèmes physiques peuvent avoir la même représentation à des niveaux d'abstraction plus élevés.

B. L'analyse des habiletés cognitives complexes

Si cette analyse reste en beaucoup de cas nécessaire, c'est d'abord que l'habileté acquise par la pratique déborde de beaucoup le contenu des instructions données au départ par la formation ou dans des documents écrits. L'agent d'entretien, le contrôleur de processus, par exemple, et bien d'autres, sont amenés à exécuter des tâches dont ils ont dû élaborer les procédures, ou adapter, préciser, élargir, parfois, les procédures apprises. Les sociologues anglo-saxons (Jones et Wood, 1984 ; Wood, 1986) ont proposé la notion d'habileté tacite (« tacit skill ») pour désigner cette partie de l'habileté qui n'a pas été apprise, qui n'est pas explicitée dans des documents et qu'ignore la définition de la tâche (Leplat, 1987). Cette habileté tacite est celle qui doit s'acquérir au terme de pratiques souvent de longue durée (le «temps d'adaptation»). Les pédagogues ou formateurs se sont avisés très tôt, et plus récemment les concepteurs de systèmes d'aide au travail ou de système expert, qu'il était important d'expliciter cette habileté tacite pour pouvoir l'exploiter à l'amélioration de la formation ou à la conception des systèmes experts. Dans ce dernier cas, on parle parfois d'extraction des connaissances («knowledge elicitation») pour désigner cette analyse des habiletés (Leplat, 1985). L'analyse des habiletés («skill analysis») a fait l'objet sous ce titre de multiples travaux anglo-saxons dont Singleton (1978, 1979) a donné des exemples et rassemblé de nombreux cas. En France, cette analyse est plus connue sous le nom d'analyse (sous-entendu, pyschologique) du travail (Ombredane et Faverge, 1955; Leplat et Cuny, 1984; de Montmollin, 1986). L'analyse des habiletés comme celle du travail s'est d'abord intéressée à des activités à prédominance motrice et il existe toute une histoire de ce type d'analyse, histoire qui ne relève pas seulement des psychologues. On peut l'illustrer notamment par les méthodes des temps et mouvements (Barnes, 1949).

La multiplication des tâches faisant appel plus largement aux habiletés cognitives a suscité aux analystes des difficultés nouvelles puisque l'activité cognitive n'est pas directement observable, mais doit être inférée à partir d'indicateurs issus de l'activité. Un intérêt accru pour l'élaboration des méthodes d'analyse est né de cette difficulté et les efforts entrepris pour la surmonter ont largement profité des perspectives théoriques qui s'enrichissaient parallèlement. De nombreux textes de synthèse ont présenté ces méthodes (par exemple, Singleton, 1978; Fleishman et Quaintance, 1984; Leplat et Cuny, 1984). On se contentera ici de rappeler quelques caractéristiques importantes de cette analyse des habiletés cognitives complexes.

1. Le recueil des données observables

Ce sera nécessairement à partir de ces données que pourront se faire les inférences sur les caractéristiques des habiletés cognitives. Ces données relèvent de deux grandes catégories. La première a trait aux données et indicateurs issus de l'activité spontanée, c'est-à-dire de l'activité exercée dans les conditions habituelles (outils utilisés, commandes manipulées, ordres, données, enregistrements de comportement du sujet ou du système qu'il dirige). La seconde catégorie a trait aux données recueillies à partir d'activités provoquées, dont la plus typique est l'activité de verbalisation (Leplat et Hoc, 1981; Ericsson et Simon, 1984).

Le problème méthodologique fondamental est de remonter des données observées aux mécanismes qui les a produites. Les hypothèses suggérées par un type d'indicateur devraient être vérifiées par d'autres indicateurs pour acquérir une crédibilité accrue.

2. *Les variations des caractéristiques des sujets*

Par le contrôle des caractéristiques des sujets, on pourra aider à l'élaboration et au contrôle des hypothèses sur la nature de l'habileté. On a pu utiliser à cette fin les apprentissages et pratiques antérieures du sujet, les instructions qu'on lui donne avant la tâche, son état de fatigue (Bartlett, 1970), le moment de cycle nyctéméral, (Gadbois et Queinnec, 1984), des traits de personnalité (Huteau, 1987). Une variation privilégiée est liée à l'exercice même de la tâche à étudier : elle amène à comparer les activités des sujets à différents niveaux de l'acquisition — ce qui se réduit parfois à comparer des sujets débutants et expérimentés. Cette méthode comparative pourra donner des indications utiles sur la manière dont se constituent les modules ou unités composantes de l'habileté aux différentes étapes de sa constitution.

3. *Les variations de la tâche*

Pour élaborer et éprouver des hypothèses sur les habiletés cognitives on pourra ainsi définir la classe de tâches que le sujet peut exécuter, ce qu'on peut désigner comme le champ de son habileté. A cette fin, on modifiera systématiquement la tâche de référence afin de vérifier le rôle des modifications. On pourra aussi, ce qui n'est finalement qu'une variante du cas précédent, faire exécuter la tâche dans une gamme de conditions plus ou moins large. Ainsi dans l'étude de l'activité du contrôleur de la navigation aérienne (Leplat et Bisseret, 1965), nous avions proposé aux sujets un ensemble de situations de vols afin de vérifier des hypothèses sur la procédure qu'ils mettaient en œuvre. Si la procédure supposée était correcte, alors les temps de recherche des conflits (que le contrôleur avait à détecter) devaient s'ordonner d'un certaine manière : il s'agissait alors de tester si les résultats effectifs correspondaient à cet ordre.

4. *Les composantes de l'habileté*

L'analyse des habiletés complexes sera souvent orientée vers l'identification des unités composant cette habileté. Ce sera notamment le cas lorsque l'analyste est intéressé par l'utilisation de ses résultats à des fins d'enseignement. Dans ce cas, le modèle de l'habileté peut devenir la base même du modèle d'enseignement et la valeur de ce modèle est éprouvée par le succès de ce dernier. La théorie algorithmo-heuristique/ou algo-heuristique de Landa illustre assez bien cette démarche par quelques-uns de ses aspects. Pour «construire et tester des modèles de processus cognitifs inobservables», Landa (1983) pose d'abord le problème de la décomposition des processus cognitifs complexes en opérations relativement élémentaires. Il appelle élémentaire pour un opérateur une opération exécutable par lui d'une manière uniforme, normalisée, régulière (p. 173). De ce point de vue, «un bloc d'opérations constituant une entité peut être vu comme une opération élémentaire» (id.). L'ensemble des opérations mis en œuvre pour résoudre un problème constitue un processus, qui sera algorithmique ou heuristique selon qu'il peut ou non, dans des conditions données, résoudre tous les problèmes d'une certaine classe (p. 175). L'analyse du processus qui représente l'habileté peut se faire en identifiant les règles d'enchaînement des opérations. Ces règles définissent les conditions de mise en œuvre d'une opération (si telle condition, alors telle opération).

On retrouvera certaines de ces notions dans le cadre d'analyse proposé par Hoc (1977, 1978, 1987). Celui-ci distingue la notion de représentation — qui désigne les connaissances déclaratives, concernant les faits ou états — et celle de traitement — opérations qui seront exécutées sur ces faits ou états, et qui relèvent des connaissances procédurales. Ces représentations et ces traitements sont organisés en systèmes (de représentation et de traitement, SRT). Ces systèmes peuvent être hiérarchisés de plusieurs manières, notamment en terme de finesse, les unités de représentation et de traitement pouvant être plus ou moins détaillées. L'habileté se caractérisera parfois par la possibilité acquise de passer aisément d'un SRT à un autre et/ou par la possibilité de passer d'un niveau de la hiérarchie à un autre (pour la planification de l'action en particulier).

5. Les possibilités de transfert

Lorsque le champ de la tâche est fixé, on pourra sinon définir très précisément l'habileté, du moins vérifier son existence et son niveau, ne serait-ce qu'à travers des critères de réussite. Un autre problème sera de déterminer quelle est l'habileté que le sujet a acquise par la pratique d'une tâche. Cette habileté déborde toujours le champ de la tâche qu'il a appris à exécuter. Le sujet qui a appris à dépanner un appareil «A», sera capable de dépanner des appareils «A» d'autres types. Il aura acquis aussi des compétences lui permettant d'apprendre plus facilement à dépanner d'autres appareils. L'étude des transferts d'une classe de tâches à l'autre constitue une autre voie pour l'analyse des habiletés. Sur le plan pédagogique, elle peut aboutir à déterminer les habiletés qu'il faut avoir préalablement acquises pour en acquérir une nouvelle : on parle souvent de prérequis pour désigner ces habiletés.

Certaines acquisitions peuvent avoir ainsi une valeur exemplaire et servir de pivot à un ensemble d'acquisitions. Ce problème est souvent évoqué par les spécialistes de la formation, mais difficile à étudier systématiquement. On pourrait y relier le problème, plus systématiquement abordé du raisonnement par analogie : comme on l'a vu plus haut, la transposition d'un problème dans un autre système de représentation plus familier au sujet que celui dans lequel il a été présenté, peut accroître l'habileté à la résoudre et permet en même temps de mieux comprendre la nature de cette habileté.

C. Des exemples d'analyse

La complexité des situations de travail fait qu'il est difficile d'isoler les activités cognitives des activités effectives de type sensori-moteur. Si on se rappelle aussi que les activités cognitives ne peuvent qu'être inférées à partir de données observables, on comprendra que l'analyse des habiletés cognitives est étroitement liée à celle des habiletés tout court et à l'analyse du travail. Les manuels de psychologie du travail et de psychologie ergonomique donnent des exemples d'analyse des habiletés et des références d'études originales. Dans Singleton, 1978, on trouvera rapportées par leurs auteurs des études sur le conducteur de train, le pilote, le contrôleur du trafic aérien, le contrôleur de processus, l'architecte, le concepteur d'un système informatique. Des ouvrages de Sperandio (1980, 1984, 1987) donnent des exemples précis pour l'habileté au contrôle du trafic aérien et les habiletés à différentes tâches liées à l'informatique. Nous avons nous-mêmes avec Cuny (1984) indiqué des références d'études originales (chapitre III) et donné un aperçu des habiletés mises en jeu dans le contrôle des produits, le contrôle de processus et des tâches liées à l'automatisation et à l'informatisation. On trouvera aussi de bons exemples d'analyse des habiletés cognitives relatives à l'usage des dispositifs informatiques dans Norman et Draper (1986) dans Hoc (1987) et dans Karnas (1987). Les habiletés à la conception, à la lecture et à l'utilisation du dessin technique ont fait l'objet d'un ensemble de travaux rassemblés par Rabardel et Weill-Fassina (1987). Un excellent article de Peruch *et al.* (1986) décrit aussi l'analyse de l'habileté mise en jeu pour le contrôle visuel de la trajectoire dans une situation de navigation maritime.

L'analyse des erreurs en rapport avec les habiletés cognitives a été abordée et exemplifiée dans les ouvrages de Rasmussen (1986) et Rasmussen *et al.* (1987).

On n'en finirait pas d'énumérer des exemples d'analyse d'habiletés dans le travail. Ils mettent en jeu une grande variété de méthodes qui ne peuvent être discutées ici, variété liée à la fois à la nature des habiletés, aux objectifs de l'analyse et aux contraintes de sa réalisation (de Montmollin, 1986).

Ces exemples montrent aussi que l'analyse des habiletés cognitives complexes peut se poursuivre à des niveaux très divers : de l'architecture générale de l'habileté à traiter une tâche très large jusqu'à l'étude fine de l'habileté à exécuter une sous-tâche très élémentaire. On retrouve cette variété dans les qualifications nombreuses et variées du terme d'habileté : habileté au diagnostic (dans des travaux très divers...), habileté à détecter un signal ou une configuration critique, habileté au pilotage, habileté au traitement des données, etc... La lecture de Singleton (1978) permettrait facilement d'allonger cette liste. Quand les habiletés se complexifient et que leur étude change d'échelle, les problèmes prennent des dimensions nouvelles qui sont évoquées notamment par Bainbridge (1980) pour le contrôle de processus et par Marshall *et al.* (1981) pour le diagnostic des fautes dans le contrôle d'un processus chimique. On ne retiendra qu'un des traits importants que font ressortir ces études, l'importance de la planification, comme élaboration et mise en œuvre de plans. Hoc (1987) qui a particulièrement étudié cet aspect des habiletés complexes définit le plan comme « une représentation schématique et (ou) hiérarchisée susceptible de *guider* l'activité du sujet» (p. 69). La planification apparaît donc comme un processus essentiel aux habiletés cognitives complexes et son analyse constituera un moment important de leur étude, comme en témoignent les travaux mentionnés plus haut. La planification est très liée à la dimension temporelle et on la retrouve sousjacente aux études plus directement centrées sur l'organisation temporelle des habiletés dont Teiger (1987) a proposé une analyse et de bons exemples.

D. Habileté et efficience

Il a déjà été noté le caractère efficient de l'habileté, c'est-à-dire la possibilité qu'elle donne au sujet d'atteindre le même but avec un coût moindre. Cette notion de coût de l'habileté a reçu l'attention des psychologues du travail qui reprenant une expression commune parlent souvent de charge de travail (Sperandio, 1984; Welford, 1977). Cette notion part de la constatation que si on augmente les exigences d'une tâche, il peut arriver un moment où elle ne sera plus exécutable sans erreur. Quand les exigences sont faibles, on peut aussi exécuter simultanément une seconde tâche, ce qui n'est plus possible à un certain moment, si on ne veut pas commettre d'erreur à la première tâche. D'où l'idée d'un niveau de charge qui ne pourrait être dépassé. On parle alors de capacité limitée du canal de traitement de l'information (Welford, 1977), ce qui donne l'idée de mesurer la charge de travail (ou coût, ou ressources humaines mises en jeu) par la fraction de capacité (ou de charge totale admissible) mobilisée par la tâche à évaluer.

Soit $\quad m(C_T) = m(C_e) + m(C_r)$

$m(C_T)$ mesure de la capacité totale, $m(C_e)$ mesure de la capacité mobilisée par la tâche à évaluer, $m(C_r)$ mesure de la capacité résiduelle. La charge représentée par la tâche à évaluer sera estimée par la fraction f_e de la capacité mobilisée par cette tâche

$$f_e = \frac{m(C_T) - m(C_r)}{m(C_T)}$$

Dans les expériences classiques, on choisit une tâche dont l'efficacité est facilement mesurable pour évaluer (C_r) et on accorde une priorité à l'une des tâches. Ces expériences montrent qu'effectivement la charge représentée par une tâche diminue avec l'acquisition de l'habileté.

La théorie d'une capacité unique et indifférenciée a été mise en doute à partir de certains résultats paradoxaux qu'on peut caractériser par le schéma expérimental suivant : soit deux tâches t_1 et t_2 dont on veut comparer la charge qu'elles représentent, d'abord avec une tâche ajoutée t_3, puis avec une tâche t_4 très différente. Avec la tâche t_3, la charge (évaluée par exemple, avec la méthode ci-dessus) de t_1 apparaît plus grande que celle de t_2, tandis qu'avec la tâche t_4, on conclut au résultat inverse. Autrement dit, selon la nature de la tâche ajoutée, c'est l'une ou l'autre tâche à comparer qui représentera la charge la plus grande.

Ce type de résultat a amené Norman et Bobrow (1975) et Navon et Gopher (1979) à supposer qu'il n'existe pas une seule réserve indifférenciée de ressources humaines, mais plusieurs réserves auxquelles correspondaient des ressources de types différents. Les exigences d'une tâche feraient appel à un certain pattern de ressources qui pourrait varier d'une tâche à l'autre et éventuellement selon le mode d'exécution et le niveau d'apprentissage du sujet.

Avec cette nouvelle perspective, il devient alors possible de différencier la notion de charge et conjointement d'analyser la nature de l'habileté. Wickens (1984) a ouvert quelques voies dans cette direction. Il a proposé de définir les ressources selon trois dimensions dichotomiques : le stade du traitement (récepteur-central/effecteur) ; les modalités de codage (visuelle/auditive) ; les codes de traitement (spatial/verbal). Une tâche interférera d'autant plus avec une autre qu'elle fera appel aux mêmes types de ressources. Il ne s'agit pas ici de discuter ce modèle dont Wickens lui-même fixe bien les limites, mais d'en retenir la possibilité qu'il donne d'analyser les types et la quantité de ressources mises en œuvre par une habileté. En effet, en faisant exécuter en même temps la tâche mettant en jeu l'habileté à étudier et une tâche faisant appel à un pattern de ressources préalablement déterminé, on pourra évaluer les ressources mises en œuvre par l'habileté. Vankerschaver (1982) a donné un bon exemple de ce type d'utilisation pour l'analyse d'une habileté sportive et Wickens et al. (1986) pour le pilotage aérien.

Les situations de double tâche ont été rapprochées de celles dites en temps partagé, si fréquentes actuellement dans le travail. L'examen de cette dernière situation va faire ressurgir la notion d'habileté par une autre voie. On s'est demandé en effet si les exigences de la tâche double pouvaient être considérées comme la somme des exigences relatives aux tâches simples. Il est apparu que la réponse à cette question était négative et on s'est interrogé sur la nature de cette habileté à traiter les deux tâches conjointement («time sharing skill») (pour un exposé détaillé cf. Wickens, 1984, ch. 7, intitulé justement «attention, temps partagé et charge de travail»). Cette habileté consiste-t-elle à passer rapidement d'une tâche à l'autre ou à traiter les données en parallèle (Damos et Wickens, 1980) ou encore le traitement est-il orienté vers la tâche en cours ou vers les interruptions (Miyata et Norman, 1986) ? On a pu se demander aussi si cette habileté avait un caractère général. Sur ce dernier point, Ackerman et al. (1984) au terme d'une revue de questions sur le sujet notent que les faiblesses méthodologiques des études empêchent de conclure clairement.

Lorsque les tâches sont complexes, la mesure du coût et des ressources peut se faire dans des voies diverses : la double tâche, mais aussi l'évaluation subjective et dans certains cas les mesures physiologiques ou de performance (Welford, 1977 ; Leplat et Cuny, 1984).

E. Habiletés et techniques

L'analyse des habiletés dans la perspective de la formation introduit bien à l'examen des rapports entre habileté et technique (Leplat et Pailhous, 1981). La technique se définit par la mise en œuvre de moyens (cognitifs, matériels) en vue d'atteindre un objectif fixé par une instance extérieure. Le concept de technique est du même type que celui de procédure. L'intériorisation très poussée de la technique aboutit à une habileté. Mais inversement l'extériorisation d'une habileté ne constitue par forcément une technique. Pour qu'il en soit ainsi, il faut que cette extériorisation (sous forme d'une instruction écrite, par exemple) soit un acquis social susceptible de transmission. Une heuristique de recherche de panne élaborée par un technicien ne deviendra une technique que si elle est extériorisable sous une forme qui la rende communicable à d'autres. Si une technique a été à la base de l'élaboration de l'habileté, ses caractéristiques peuvent nous renseigner sur la nature de l'habileté acquise. Par exemple, selon que la technique de recherche de panne sera une «check list», ne requérant que l'identification des points de contrôle, ou qu'elle reposera sur la connaissance du fonctionnement des dispositifs et justifiera la procédure préconisée, on peut penser que la nature de l'habileté sera différente. Dans le premier cas, elle sera limitée à une tâche très circonscrite se présentant de façon très normalisée ; dans le second, elle aura un caractère adaptatif et sera susceptible de traiter des tâches d'une classe plus ou moins étendue.

Mais on sait que l'habileté acquise par la pratique déborde en général celle qui résulte de l'intériorisation de la technique. La technique enseignée s'intègre à d'autres connaissances et elle s'exerce dans des conditions complexes, pas toujours très stables. Cet «apprentissage par l'action» bien décrit par George (1983) élargit le champ de l'habileté. Aussi cherche-t-on à extraire cette connaissance qui enrichit la technique, pour concevoir des systèmes d'assistance (dits parfois systèmes intelligents d'aide à la décision) ou des systèmes experts. Les écarts entre l'habileté extériorisée et la technique d'origine sont révélateurs des mécanismes cognitifs qui règlent l'exécution de la tâche en même temps que des limites ou des insuffisances des techniques (cf. *supra* la notion d'habileté tacite). Ce passage de l'habileté à la technique est caractéristique de certaines démarches de l'intelligence artificielle.

4. CONCLUSION

Il sera apparu dans ce chapitre que la notion d'habileté (skill) est loin d'être claire et recouvre des contenus divers selon le cadre théorique dans lequel elle s'insère et les situations auxquelles elle se réfère. Elle n'est pas la seule en psychologie à souffrir de ces handicaps : on pourrait en dire autant de notion comme l'intelligence ou l'attention. Ces notions du langage commun recouvrent des phénomènes qui ont quelque parenté pour être réunis sous le même concept, mais ces phénomènes dès qu'ils sont abordés par une analyse fine révèlent toute leur diversité — qui fait en même temps leur richesse. Ce n'est sans doute pas un hasard si ces notions persistent malgré des critiques corrosives !

Un trait essentiel des habiletés est *la finalisation* : on est habile à... Mais à quoi et comment ? On a donné quelques éléments de réponse à ces questions, qui restent encore très largement ouvertes. Nous avons vu les rapports entre l'habileté et les concepts de procédure et de technique. Dans le même sens qu'on parle d'intelligence artificielle, on pourrait aussi parler d'habileté artificielle avec le développement des systèmes d'aides à la décision et des systèmes experts. La conception de ces derniers amène à s'interroger sur la nature de l'habileté et a déjà contribué à en faire progresser la connaissance.

L'habileté entretient avec *l'automatisme* des relations que nous avons essayé de clarifier mais qui ne sont pas simples. Une habileté complexe ne peut se constituer sans composantes automatisées qui libèrent le fonctionnement cognitif d'un certain nombre de contraintes. Mais comment se fait le passage de l'habileté à l'automatisme, comment s'articule l'automatisme avec l'habileté où il s'insère, quel est son degré d'autonomie, comment définir le champ de l'automatisme, de l'habileté ? Autant de questions très importantes auxquelles nous avons aussi essayé d'apporter des éléments de réponses, mais auxquelles des réponses pleinement satisfaisantes restent à découvrir.

Ce que nous apprennent les expériences de laboratoire, à partir de tâches simples sur les mécanismes élémentaires des automatismes et des habiletés, est-il transposable aux habiletés complexes ? Les unités automatisées des différents niveaux ont-elles des propriétés identiques ? En accordant une place importante aux résultats de ces études, nous avons apporté une réponse partiellement positive à cette question et nous l'avons justifiée — notamment avec le recours aux notions d'efficience et de de ressources humaines. Il ne faut pas oublier cependant, et il aurait fallu y insister davantage, que la complexification des habiletés soulève des problèmes originaux, liés à l'organisation des habiletés composantes aux différents moments de l'acquisition. Comment le sujet gère ces acquisitions, comment on peut l'aider à le faire, constituent des questions originales qui entrent dans le champ de la planification de l'activité, qui deviendra un chapitre important de la psychologie cognitive dans la mesure où sera porté plus d'intérêt aux tâches complexes.

La référence faite dans ce chapitre *au travail* avait beaucoup de conséquences. Elle soulignait d'abord qu'on aurait à traiter d'habiletés complexes, dont le «montage» prend souvent beaucoup de temps. Elle invitait aussi à ne pas faire de coupure trop artificielle entre habileté cognitive et habileté tout court afin de ne pas réintroduire sous une forme savante l'opposition entre travail physique et travail mental. C'est pourquoi on a pu souvent se passer du qualificatif, étant sous-entendu que toute habileté est par certains de ces aspects plus ou moins cognitive.

La référence au travail entraînait aussi que les habiletés à étudier étant déjà «installées» l'analyste n'aurait pas souvent la possibilité de contrôler de manière satisfaisante leurs conditions d'acquisition. D'où l'importance de *l'analyse* dans l'étude de ces habiletés dans le travail. Une insistance particulière a été mise sur cette phase, sur ses méthodes et les connaissances dont elle peut s'inspirer. Quand le psychologue ne peut ni créer, ni entièrement contrôler son objet d'étude, des problèmes nouveaux apparaissent dont on a signalé quelques voies pour y répondre. Il resterait aussi à examiner comment une meilleure connaissance des habiletés cognitives pourrait contribuer à la conception des situations de travail, par des actions de formation et ergonomiques, notamment : mais cette contribution sera apparue souvent de manière assez nette ici. Le «démontage» des habiletés par l'analyse est en tout cas essentiel pour le guidage de l'acquisition de ces habiletés et pour donner au sujet le contrôle cognitif de son action.

Bibliographie

ABRUZZI, A. *Work Measurement*, New York, Columbia University Press, 1952.
ACKERMANN, P., SCHNEIDER, W., WICKENS, C.D., «Deciding the existence of a time-sharing ability : a combined methodological and theoritical approach», *Human Factors*, 1984, **26**, 71-82.
ADELSON, B. «When novices surpass experts. The difficulty of a task may increase with expertise», *Journal of Experimental Psychology : Learning, Memory and Cognition*, 1984, **10**, 483-495.
ANDERSON, J.R. *Cognitive Skills and their Acquisition*, Hillsdale, New Jersey, Lawrence Erlbaum, 1981.
ANDERSON, J.R. «Acquisition of cognitive skill», *Psychological Review*, 1982, **89**, 369-406.
ANDERSON, J.R. *The Architecture of Cognition*, Cambridge, Havard University Press, 1983.
BAINBRIDGE, L. «Le controle de processus», *Bulletin de Psychologie*, 1981, XXXIV, 352, 813-832.
BARNES, R.M. *Etude des mouvements et des temps*. Les Editions d'Organisation, Paris, 1949.
BARTLETT, F.C. «Fatigue following highly skilled work», in D. Legge (ed.), *Skills*, Harmondsworth, Penguin Books, 1970, pp. 297-310.
BEISHON, R.J. «Problem of task description in process control», in W.T. Singleton et al. (Eds), *The Human Operator in Complex Systems*, Londres, Taylor et Francis, 1974, pp. 77-86.
BELBIN, E., BELBIN, R.M. «Selecting and training adults for new work», in A.T. Welford (Ed.), *Decision Making and Age*, Basel, S. Karger, 1969, pp. 66-81.
BERLYNE, D.E. *Conflict, Arousal and Curiosity*, New York, McGraw-Hill, 1960.
BILODEAU, E.A. *Acquisition of Skill*, New York, Academic-Press, 1966.
BISSERET, A., ENARD, C. «Le problème de la structuration de l'apprentissage d'un travail complexe», *Bulletin de Psychologie*, 1970, XXIII, 632-648.
BRUNER, J.J. «The growth and structure of skill», in *Mechanisms of Motor Skill Development*, Londres, Academic Press, 1970, pp. 63-91.
CHENG, P.W. «Restructuring versus automaticity : alternative accounts of skill acquisition», *Psychological Review*, 1985, **12**, 414-423.
CROSSMAN, E. «A theory of the acquisition of speed-skill», *Ergonomics*, 1959, **2**, 153-166.
DAMOS, D., WICKENS, C.D. «The acquisition and transfer of time-sharing skills», *Acta Psychologica*, 1980, **6**, 569-577.
DE MONTMOLLIN, M. *L'intelligence de la tâche*, Berne, Peter Lang, 2e édition, 1986.
DUNCAN, K. «Analytical techniques in training design», in E. Edwards, F.P. Lees (Eds), *The Human Operator in Process Control*, Londres : Taylor et Francis, 1974.
DUNCAN, K., GRAY, M.J. «Functional context training : a review and an application to a refinery control task», *Le Travail Humain*, 1975, **38**, 81-96.
ERICSSON, K.A., SIMON, H.A. *Verbal reports as data*, Cambridge, The M.I.T. Press, Massachussets, 1984.
EUGENE, J. «Etablissement d'une méthode synthétique d'évaluation de la décroissance de temps unitaires de fabrication dans l'industrie aéronautique», *Bulletin du Cerp*, 1961, **10**, 157-192.
FISCHER, K.W. «A theory of cognitive development. The control and construction of hierarchies of skills», *Psychological Review*, 1980, **87**, 477-531.

FLEISHMAN, E.A., QUAINTANCE, M.K. *Taxonomies of human performance : the description of human tasks*, New York, Academic Press, 1984.
GADBOIS, C., QUEINNEC, Y. «Travail de nuit, rythmes circadiens et régulations des activités», Le Travail Humain, 1984, **47**, 195-225.
GAGNE, R.A. *The Conditions of Learning*. Londres, Holt, Rinehart and Winston, 2nd Edition, 1970.
GALPERINE, P. «Essai sur la formation par étapes des actions et des concepts», in *Recherches psychologiques en URSS*, Moscou, Editions du Progrès, 1966, pp. 114-142.
GEORGE, C. *Apprendre par l'action*, Paris, P.U.F., 1983.
GUILLAUME, P. *La formation des habitudes*, Paris, P.U.F., 1947.
HOC, J.M. «Méthode d'analyse psychologique d'un travail de programmation», *Le Travail Humain*, 1977, **40**, 15-28.
HOC, J.M. «Etude de la formation d'une méthode de programmation informatique», *Le Travail Humain*, 1978, **41**, 111-126.
HOC, J.M. *Psycologie cognitive de la planification*, Grenoble, Presses Universitaires de Grenoble, 1987.
HUTEAU, M. *Style cognitif et personnalité*, Lille, Presses Universitaires de Lille, 1987.
JONES, B., WOOD, S. «Qualification, division du Travail et nouvelles technologies», *Sociologie du Travail*, 1984, **16**, 407-421.
KARNAS, G. «L'analyse du travail», in C. Levy-Leboyer, J.C. Sperandio (Eds), *Traité de Psychologie du travail*, Paris, P.U.F., 1987, pp. 609-626.
LANDA, L.N. «The algo-heuristic theory of instruction», in C.M. Reigeluth (Ed.), *Instructional design theories and models*, Hillsdale, New Jersey, Lawrence Erlbaum, 1983, pp. 55-73.
LEGGE, D. *Skills*, Harmondwsworth, Penguin Books, 1970.
LEONTIEV, A. *Le développement du psychisme*, Paris, Editions Sociales, 1972.
LEONTIEV, A. *Activité, conscience, personnalité*, Moscou, Editions du Progrès, 1975.
LEPLAT, J., BISSERET, A. «Analyse de processus et traitement de l'information chez le contrôleur de la navigation aérienne», *Bulletin du CERP*, 1965, **XIV**, 297-304.
LEPLAT, J., PAILHOUS, J. «Conditions cognitives de l'exercice et de l'acquisition des habiletés sensori-motrices», *Bulletin de Psychologie*, 1976, **XXIX**, 205-211.
LEPALT, J., HOC, J.M. «Subsequent verbalization in the study of cognitive processes», *Ergonomics*, 1981, **24**, 743-755.
LEPLAT, J., PAILHOUS, J. «L'acquisition des habiletés manuelles : la place des techniques», *Le Travail Humain*, 1981, **44**, 275-282.
LEPLAT, L., CUNY, X. *Introduction à la Psychologie du Travail*, Paris, P.U.F., deuxième édition, 1984.
LEPLAT, J. *Erreur humaine, fiabilité humaine dans le travail*. Paris, Armand Colin, 1985.
LEPLAT, J. «The elicitation of expert Knowledge», in E. Hollnagel, G. Mancini and D.D. Woods (Eds), *Intelligent decision support in process environments*, Berlin, Springer Verlag, 1986, pp. 107-122.
LEPLAT, J. *Skills and tacit skills : a psychological perspective*, in M. de Montmollin, A. Hingel (Eds), *Competence*, J. Wiley (à paraître).
LEWIS, B.N., PASK, G. «The theory and practice of adaptative teaching systems», in R. Glaser (Ed.), *Teaching Machines and Programmed Learning*, USA, National Education Association, 1965, pp. 213-266.
MARSHALL, E.C., DUNCAN, K.D., BAKER, S.M. «The role of withheld information in the training of process plant fault diagnosis», *Ergonomics*, 1981, **24**, 711-724.
MIYATA, Y., NORMAN, D.A. «Psychological issues on support of multiple activities», in D.A. Norman, S.W. Draper (Eds), *User Centered system design*, Hillsdale, New Jersey, Lawrence Erlbaum, 1986, pp. 265-284.

MOTHE, D. *Autogestion et conditions de travail*, Paris, CERF, 1976.
NAVON, D., GOPHER, D. «Task difficulty resources and dual-task performance», in R.S. Nickerson (Ed.), *Attention and performance*, VIII, Hillsdale, New Jersey, L. Erlbaum, 1980, pp. 300-315.
NEWELL, A., ROSENBLOOM, P.S., «Mechanisms of skill acquisition and the law of practice», in J. Anderson (Ed.) *Cognitive Skills and their Acquisition*, Hillsdale, New Jersey, Lawrence Erlbaum, 1981, pp. 1-56.
NORMAN, D.A., BOBROW, D.J. «On data — limited and resource — limited processes», *Cognitive psychology*, 1975, 7, 44-64.
NORMAN, D.A. «Categorization of action slips», *Psychological Review*, 1981, 88, 1-15.
NORMAN, D.A., DRAPER, S.W. *User centered system design*, Hillsdale, New Jersey, Lawrence Erlbaum, 1986.
OMBREDANE, A., FAVERGE, J.M. *L'analyse du travail*, Paris, P.U.F., 1955.
PAILHOUS, J. «Modulations cognitives des activités sensori-motrices», in *les Apprentissages : perspectives actuelles*. Colloque de la société française de psychologie, Paris VIII, 1987.
PERRUCHET, P. «Les effets différentiels de l'entraînement et leurs implications», *Le Travail Humain*, 1985, 48, 129-145.
QUEINNEC, Y., TEIGER, C., DE TERSSAC, G. *Repères pour négocier le travail posté*, Toulouse, Université de Toulouse le Mirail, 1985.
RABARDEL, P., WEILL-FASSINA, A. (Ed.) *Le dessin technique*, Paris, Hermes, 1987.
RASMUSSEN, J. «Outlines of a hybrid model of the process operator», in A. Sheridan, N. Johannsen, *Monitoring Behavior and Supervisory Control*, New York, Plenum-Press, 1976.
RASMUSSEN, J. *On Information Processing and Human-Machine Interaction : an approach to cognitive engineering*, New York, North-Holland, 1986.
RAVAISSON, J. *De l'Habitude*, Paris, 1838. Réédition in «Corpus des Œuvres de Philosophie en Langue Française», Paris, Fayard, 1984.
REASON, J., MYCIELSKA, K. *Absent-minded? The psychology of mental lapses and every day errors*, Prentice Hall, Englewood Cliffs, 1982.
REASON, J. «Generic error-modelling system (GEMS) : a cognitive framework for locating common human error forms», in J. Rasmussen *et al.* (Eds), *New Technology and error*, Chichester : J. Wiley, 1987, pp. 63-86.
REIGELUTH, L.M. *Instructional Design Theories and Models*, Hillsdale, New Jersey, Lawrence Erlbaum, 1983.
SALTZMAN, E., SCOTT KELSO, J.A. «Skilled-actions a task dynamic approach», *Psychological Review*, 1987, 94, 84-106.
SAVOYANT, A. «Diagnostic dans une étude de poste de l'industrie chimique», *Le Travail Humain*, 1971, 34, 177-182.
SAVOYANT, A., «Elément d'un cadre d'analyse de l'activité : quelques conceptions essentielles de la Psychologie soviétique», *Cahiers de Psychologie*, 1978, 22, 17-28.
SCHIFFRIN, R.M., DUMAIS, J.T. «The development of automatism», in J.R. Anderson (Ed.), *Cognitive skills and their acquisition*, Hillsdale, New Jersey, Lawrence Erlbaum, 1981, pp. 111-139.
SHIFFRIN, R., SCHNEIDER, W. «Controles and automatic human information processing. II Perceptual learning automatic attending, and a general theory», *Psychological Review*, 1977, 84, 127-190.
SCHIFFRIN, R.M., SCHNEIDER, W. «Automatic and controlled processing revisited», *Psychological Review*, 1984, 91, 2, 269-276.
SCHNEIDER, W., SHIFFRIN, R. «Control and automatic human information processing. I Detection, search and attention», *Psychological Review*, 1977, 84, 1-66.

SCHNEIDER, W., SHIFFRIN, R. «Categorization (restructuring) and automatization : two separable factors», *Psychological Review*, 1985, **92**, 424-428.
SINGLETON, W.T. *The Study of real Skills. Vol. I : The analysis of practical Skills*, Lancaster, M.T.P. Press, 1978.
SINGLETON, W.T. *The Study of real Skills. Vol. II : Compliance and Excellence*, Lancaster, M.T.P. Press, 1979.
SPERANDIO, J.C. «La régulation des modes opératoires en fonction de la charge de travail chez les contrôleurs du trafic aérien», *Le Travail Humain*, 1977, **40**, 249-256.
SPERANDIO, J.C. *La Psychologie en Ergonomie*, Paris, P.U.F., Coll. Supp., 1981.
SPERANDIO, J.C. *L'Ergonomie du travail mental*, Paris, Masson, 1984.
SPERANDIO, J.C. «Les aspects cognitifs du travail», in J.C. Sperandio, C. Levy-Leboyer (Eds), *Traité de psychologie du travail*, Paris, P.U.F., 1987.
TEIGER, C., LAVILLE, A., DESSORS, D., GADBOIS, C. *Renseignements téléphoniques avec lecture de micro-fiches sous contrainte temporelle*, Paris, Rapport du Laboratoire de Physiologie du travail et d'ergonomie, n° 53, 1977.
TEIGER, C. «Les empreintes du travail», in *Equilibre ou fatigue par le travail*, Paris, Société Française de Psychologie, Entreprises Modernes d'Edition, 1980.
TEIGER, C. «L'organisation temporelle des activités», in J.C. Sperandio, C. Levy-Leboyer (Eds), *Traité de psycologie du Travail*, Paris, P.U.F., 1987, pp. 659-682.
VANKERSSCHAVER, J. *Capacités de traitement des informations dans une habileté sensori-motrice*, Thèse de doctorat de IIIe cycle, Université d'Aix-Marseille II, 1982, 199 p.
WELFORD, A.T. «On the nature of skill», in D. Legge, *Skills*, Harmondsworth, Penguin Books, 1958, pp. 21-32.
WELFORD, A.T. *Vieillissement et aptitudes humaines*, Paris, P.U.F., 1964.
WELFORD, A.T. «La charge mentale de travail comme fonction des exigences, de la capacité de la stratégie et de l'habileté», *Le Travail Humain*, 1977, **40**, 283-304.
WICKENS, C.D. *Engineering psychology and human performance*, Columbus, Merril Publishing, 1984.
WICKENS, C.D. et al. «The Sternberg memory search task as an index of pilot workload», *Ergonomics*, 1986, **29**, 1371-1383.
WOOD, S. *From Braverman to cyberman workshop. Information technology, competence and employment*, Workshop Bad Hambourg : «Information technology, competence and employment», document roneoté, 1986.

Chapitre VII
Etude des concomitants neurophysiologiques des processus contrôlés et automatiques du traitement de l'information

N. NEUENSCHWANDER-EL MASSIOUI

Laboratoire de Physiologie Nerveuse,
Département de Psychophysiologie,
C.N.R.S., Gif-sur-Yvette

et F. EL MASSIOUI

Laboratoire d'Electrophysiologie
et de Neurophysiologie Appliquée (LENA),
UA 654 C.N.R.S., Hôpital de la Salpétrière, Paris

La séparation des processus psychologiques en contrôlés et automatiques, pour utiliser la terminologie de Schneider et Shiffrin (1977), a eu pour but de mieux comprendre le traitement de l'information chez l'homme, ainsi que ses performances.

Ainsi, le traitement de l'information présentée au sujet se ferait, en fonction des exigences de la situation, selon deux modes que l'on a l'habitude, depuis une décennie maintenant, d'opposer sur la base de l'investissement plus ou moins conscient, et plus ou moins intentionnel, du sujet. Les processus contrôlés requièrent la volonté du sujet, doublée souvent d'un effort attentionnel. Les processus automatiques, en revanche, permettent au sujet de faire l'économie de ses ressources cognitives, qu'il peut, par conséquent, utiliser pour faire face à d'autres sollicitations de l'environnement.

Dans une première partie, nous allons voir dans quelle mesure de tels concepts sont applicables à l'animal, en nous basant sur les données comportementales et électrophysiologiques de la littérature. Dans la seconde partie, nous essaierons de montrer l'intérêt de l'apport des potentiels évoqués chez l'homme, dans l'étude du traitement de l'information, et, en particulier, de la dichotomie des processus.

1. LES AUTOMATISMES CHEZ L'ANIMAL

A. Données comportementales

L'utilisation du modèle animal, et la mise en parallèle des résultats obtenus chez l'homme avec ceux obtenus chez l'animal, amène cette interrogation : Peut-on parler de traitement de l'information contrôlé ou automatisé chez l'animal ? Il nous semble que oui si on accepte que ces fonctions soient abordées, chez l'animal, par le biais de l'analyse de la réponse comportementale émise par le sujet, dans une tâche particulière, c'est-à-dire l'analyse de la différence entre ce que Dickinson (1980) appelle «Actions versus Habits».

Si on reprend les mêmes termes que ceux utilisés chez l'homme, on peut dire que lorsqu'un animal doit prendre une décision concernant la réponse à émettre pour obtenir le renforcement à chaque essai (par exemple, dans une situation de discrimination où l'animal doit, à chaque nouvel essai, s'arrêter au point de choix pour décider du bon stimulus ou du bon parcours), son niveau attentionnel doit se maintenir élevé et l'information est alors traitée selon un mode contrôlé. Il est certain que l'animal alloue la plus grande part de sa capacité de traitement à analyser des événements dont la valeur prédictive est incertaine dans le but de découvrir les relations dans lesquelles elles sont imbriquées (Pearce et Hall, 1979; Dickinson, 1980). Par contre, lorsqu'un événement a eu par le passé une valeur prédictive persistente, il est traité selon un mode automatique qui permet au sujet d'émettre la réponse appropriée, sur la base de ce qu'il a déjà acquis concernant les relations mettant en jeu cet événement. C'est la répétition des essais, c'est-à-dire la présentation répétée des mêmes événements reliés par les mêmes associations, qui permet au sujet de traiter les informations de manière automatisée, augmentant ainsi sa capacité de traitement.

Un certain nombre d'arguments expérimentaux viennent étayer ces notions théoriques. La démonstration de l'automatisation de la réponse chez l'animal provient principalement des expériences dites de «dévaluation du renforcement» (Holland et Straub, 1979; Adams, 1980; Adams et Dickinson, 1981b). Ces expériences consistent à modifier, après apprentissage, la valeur motivationnelle du renforcement en l'associant, par une procédure d'aversion conditionnée, à un empoisonnement passager. Dans une telle situation, l'animal rend le renforcement qu'il vient d'ingérer responsable de ses troubles digestifs, et modifie son comportement vis-à-vis de ce renforcement. Ainsi, l'agent renforçateur n'a plus la même valeur attractive pour le sujet, bien que sa valeur renforçatrice intrinsèque soit toujours la même. De nombreuses expériences de ce type ont été réalisées par Adams (1981a, b; 1982; Dickinson *et al.*, 1983). Elles consistent à placer des animaux dans des boîtes de Skinner où ils doivent appuyer sur une pédale afin d'obtenir des boulettes de sucrose. Certains animaux doivent appuyer 100 fois et obtenir 100 boulettes. Après cette première phase d'apprentissage, et après avoir retiré les pédales des boîtes, on donne aux animaux 50 boulettes de sucrose dont la consommation est suivie par une injection de chlorure de lithium. Cette substance entraîne un empoisonnement passager devant provoquer une aversion conditionnée. On répète cette phase jusqu'à arrêt de la consommation des boulettes. On réinsère alors la pédale et on observe le comportement de l'animal (nombre d'appuis sur la pédale) en extinction, puis en réacquisition. En conséquence de cette phase d'association sucrose-maladie, les animaux de ce groupe appuient moins sur la pédale après la phase d'aversion conditionnée qu'un groupe n'ayant pas eu l'appariement sucrose-chlorure de lithium. Donc, les animaux ont bien intégré l'ensemble des connaissances acquises, montrant une modification de leur comportement en fonction de la modification motivationnelle des conséquences de leur réponse.

Par contre, si lors de la première phase d'acquisition de la procédure de Skinner (appui sur la pédale-nourriture), on augmente le nombre de répétitions en passant de 100 à 500 appuis avant le passage à la phase d'aversion conditionnée, les animaux de ce groupe continuent à appuyer sur la pédale pour obtenir de la nourriture, malgré l'association sucrose-chlorure de lithium. Ces animaux ne sont pas affectés par la phase de dévaluation du renforcement, perpétuant une activité instrumentale devenue indépendante de la réelle valeur de ses conséquences. Ce que Dickinson (1980) appelle «action» renvoie directement au type de réponse comportementale émise par le premier groupe de cette expérience, c'est-à-dire des réponses modifiables à tout moment en fonction d'une nouveauté dans l'environnement de l'animal. Ce comportement fait directement référence à la mise en jeu de l'association réponse-renforcement (R-Rft). D'un autre côté, le terme «habit» renvoie exactement au type de réponse émise par le second groupe ayant subi un surapprentissage, réponse stéréotypée et difficilement modifiable, faisant référence à la mise en jeu de l'association stimulus-réponse (S-R). Pour rendre compte de ces données, on peut émettre l'hypothèse selon laquelle, au fil des répétitions des différents événements présents dans l'environnement de l'animal, une transition se fait entre la représentation déclarative de l'association R-Rft et la représentation procédurale de l'association S-R. Ce qu'on appelle une représentation de type déclarative décrit l'intégration successive de connaissances entraînant la compréhension de relations de causalité plus ou moins complexes; par exemple, « le son entraîne la nourriture », « la nourriture entraîne la maladie », et après intégration, « le son entraîne la maladie ». Ce type de représentation n'oblige pas l'animal à utiliser l'information pour une fonction particulière. Ce n'est pas le cas pour la représentation de type procédurale, qui décrit le rôle direct de la connaissance acquise dans le comportement de l'animal ; par exemple, « quand le son apparaît, j'appuie sur la pédale » ou, après empoisonnement « quand la nourriture apparaît, je ne mange pas ».

D'après Adams (1981a), la réponse instrumentale de l'animal démarre, en début d'apprentissage, comme une action véritable sous contrôle du but ou du renforcement par le biais d'une représentation de type déclarative ; avec l'entraînement et la répétition, le comportement devient autonome et indépendant du but par le transfert du contrôle à une représentation de type procédurale. En début d'apprentissage, l'animal aurait présent, dans sa mémoire active, l'ensemble des associations dont il a constamment besoin pour décider de la réponse correcte à émettre, c'est-à-dire les relations existant entre les différents événements et les relations de causalité entre son comportement et ces événements. Les représentations présentes en mémoire sont alors, certainement, à la fois de type déclarative et de type procédurale. La charge de travail en mémoire est importante et le niveau attentionnel nécessairement élevé. La réponse automatisée obtenue par surapprentissage semble n'être plus médiatisée que par la seule relation S-R. Tout se passe comme si la représentation déclarative de l'association R-Rft était « oubliée » au sens décrit par Schneider et Shiffrin, c'est-à-dire passée en mémoire inactive avec défaut de récupération. Cet « oubli » pourrait permettre un traitement partiel de l'information (en l'occurrence le stimulus seul), atténuant ainsi la charge de travail en mémoire active, et en conséquence libérant le processus attentionnel. Le sujet pourrait alors réaliser d'autres apprentissages en parallèle.

Il semble, à travers ce type d'expériences et celles réalisées chez l'homme, que le paramètre essentiel intervenant dans l'automatisation du traitement de l'information présentée au sujet, et de la réponse émise, soit la répétition des événements ayant toujours les mêmes inter-relations et étant toujours présentés dans le même contexte. Mais, une expérience complémentaire de Adams (1981a) montre que le nombre de fois où les différents événements sont présentés, ainsi que le nombre de réponses émises, ne sont pas les seuls paramètres entrant en jeu. En effet, parmi des groupes ayant subi le même taux de surapprentissage, seuls ceux ayant subi un apprentissage distribué (5 jours à 100 appuis par jour) montrent une automatisation de leurs réponses par l'absence d'effet de la dévaluation du renforcement. Les groupes ayant subi un apprentissage massé (500 appuis en un seul jour) modifient leur comportement après la procédure d'aversion, comme les groupes n'ayant pas bénéficié de surapprentissage. Nous n'avons pas d'autres données à notre disposition pour comprendre les raisons de cette différence. Tout ce que l'on peut dire, c'est que la répétition seule, dans les mêmes conditions, d'événements présentés au sujet, ne suffit pas à entraîner une modification du mode de traitement de ces événements.

Par ailleurs, dans d'autres types de protocoles expérimentaux, il a été montré que la répétition des essais d'apprentissage (jusqu'à 700 ou 1.000 essais), même si elle entraîne une automatisation de la réponse de l'animal, n'aboutit pas, dans tous les cas, à une stéréotypie de comportement. En effet, il a classiquement été décrit par les spécialistes de l'apprentissage, que, dans les tâches de discrimination entre deux stimulus, la rapidité d'apprentissage d'une inversion de règle de renforcement (le stimulus renforcé S+ devient non renforcé S− et inversement) est directement fonction du taux de surapprentissage. Le surapprentissage *facilite* l'inversion de règle, ce que les Anglo-Saxons appellent «overtraining reversal effect» (ORE) (Reid, 1953; Pubols, 1956; Capaldi et Stevenson, 1957). Ceci est vrai pour les discriminations visuelles, mais non pour les discriminations spatiales. De plus, l'amplitude de cet effet est d'autant plus grande que la discrimination est difficile, que cette difficulté soit réalisée en augmentant le nombre de stimulus non pertinents dans la situation expérimentale (Mackintosh, 1963), ou en diminuant la discriminabilité entre le S+ et le S− (Mackintosh, 1969). Par contre, si la tâche est facile, on n'obtient pas d'ORE (Eimas, 1967; Mackintosh, 1969; Denny et Tortora, 1971).

Parallèlement à cela, dans les tâches de discrimination, le surapprentissage augmente généralement la résistance à l'extinction. En fait, il semble que, lorsque la règle de choix est la même, c'est-à-dire un choix entre un S+ et un S−, le surapprentissage facilite l'apprentissage d'un changement de valeur de chacun des stimulus. Par contre, si la règle de renforcement est elle-même modifiée, par exemple lorsque aucun stimulus n'est plus renforcé, alors le surapprentissage ralentit fortement l'adaptation à cette situation entièrement nouvelle. Ceci se complique encore, si on ajoute que, pour certaines tâches simples ou, du moins, certaines catégories de réponses, on observe une relation inverse entre taux d'apprentissage et rapidité d'extinction. En d'autres termes, dans ces situations (comme l'apprentissage d'un parcours d'allée simple), le surapprentissage facilite l'extinction.

Ces situations montrent que l'animal peut, dans certaines conditions, montrer une grande adaptabilité de sa réponse, même lorsqu'elle est largement surapprise, et donc, peut-être, automatisée.

B. Données psychophysiologiques

Un certain nombre de travaux électrophysiologiques étudient spécifiquement les réponses cellulaires que l'on peut enregistrer, dans différentes structures cérébrales, lors de la présentation de différents signaux sensoriels. Plus précisément, certains travaux ont analysé les modifications de ces réponses cellulaires lors de l'appariement d'un signal et d'un renforcement, aux différentes étapes d'un apprentissage. Les réponses cellulaires enregistrées peuvent être de deux types. On peut étudier soit des enregistrements unitaires ou multiunitaires intracorticaux ou sous-corticaux, soit des enregistrements de potentiels évoqués par des signaux.

La plupart des équipes travaillant dans ce domaine ont tenté de déterminer les voies empruntées par les signaux de l'environnement et d'analyser le rôle fonctionnel de différentes structures centrales en établissant une cartographie des régions où apparaissent des modifications précoces d'activité cellulaire en réponse à un signal pertinent (Olds *et al.*, 1972; Thompson *et al.*, 1980a). Sans vouloir dresser ici une liste exhaustive des structures où des modifications d'activité neuronique ont été enregistrées au cours du conditionnement, l'examen de la littérature montre que ce type de réponse cellulaire est décelable à tous les niveaux du système nerveux central (pont, mésencéphale, diencéphale, paléocortex, néocortex), mais pas dans toutes les structures de ces régions (voir Olds *et al.*, 1972; Thompson *et al.*, 1980b; Thompson *et al.*, 1983). En fait, si on trouve une littérature très importante sur les modifications de réponse cellulaire lors de l'acquisition d'une signification par un signal, la littérature concernant les modifications des réponses des neurones lors de l'automatisation du traitement de l'information présentée, c'est-à-dire au cours du surapprentissage, est beaucoup plus restreinte.

Lors de l'acquisition d'une discrimination entre un S+ et un S−, dans une tâche d'évitement, Foster *et al.* (1980) ont montré qu'une activité neuronale associative spécifique pour le S+ et pour le S−, se développait au fil des essais. Cette réponse cellulaire apparaît premièrement dans le cortex cingulaire, avant même l'apparition d'une réponse comportementale significative. Ensuite, après surapprentissage, elle apparaît dans le noyau thalamique antéro-ventral. Au niveau du cortex, cette réponse cellulaire consiste en une diminution d'activité lors de la présentation du stimulus non renforcé et une grande diminution à la présentation du stimulus renforcé. Par contre, le développement de la réponse cellulaire tardive, apparaissant au niveau thalamique, consiste en une augmentation des décharges neuronales au S+, sans aucune modification d'activité au S−. Lorsque les auteurs réalisent le renversement de discrimination (S+ devient S− et inversement), ils observent, tout au long du renversement, la persistance de la réponse corticale discriminative, cette réponse étant appropriée à l'apprentissage original, chez les animaux peu entraînés, mais non chez les animaux surentraînés (Gabriel *et al.*, 1981; Orona *et al.*, 1982, 1983). Par contre, la réactivité des neurones du thalamus antéro-ventral est plus grande pendant le renversement de discrimination chez les sujets surentraînés.

D'après ces auteurs, l'activité discriminative corticale des animaux juste entraînés, acquise pendant l'apprentissage original, serait « retenue » dans le cortex pendant le renversement de discrimination, où il interférerait avec la réalisation du renversement comportemental. Le surapprentissage éliminerait cette activité discriminative interférente, rendant ainsi compte de la facilitation comportementale du renversement de discrimination après surapprentissage (ORE). Les structures corticales limbiques, dont le cortex cingulaire fait partie, joueraient un rôle unique dans le codage de la signification des stimulus (Mishkin, 1979). Une vue générale de la littérature concernant les effets des lésions expérimentales du cortex cingulaire et des structures limbiques (par exemple, la formation hippocampique) révèle que les déficits produits par ces lésions, sur l'apprentissage et les performances, apparaissent préférentiellement dans des tâches discriminatives difficiles. Des déficits émergent principalement lors de tâches qui requièrent le codage de la signification associative d'indices discrets non redondants, ce qui n'est pas le cas quand les stimulus devant être encodés ont des propriétés pertinentes mais redondantes dans l'environnement expérimental (Gabriel *et al.*, 1981). Pour Foster et ses collaborateurs (1980), l'activité cellulaire observée, lors de la présentation des stimulus, est un code neuronal acquis de leur signification. Si les neurones du thalamus antéro-ventral manifestent le code de signification dans un stade tardif d'acquisition, c'est que cette fonction n'aurait plus besoin d'être réalisée par les neurones corticaux. Ils seraient alors libres de construire rapidement d'autres discriminations, si besoins est. En conséquence, d'après ces auteurs, l'apparition tardive de l'activité discriminative, dans les noyaux thalamiques, pourrait résulter du désengagement des mesures des neurones du cortex cingulaire dans la participation à la production du code de signification. La formation tardive d'une discrimination neuronale observée dans le thalamus antéro-ventral pourrait refléter l'automatisation du processus de codage au sens employé par Schneider et Shiffrin (1977).

Des résultats allant dans le même sens avaient déjà été trouvés par Lelord et Malo (1969). Ces auteurs avaient étudié les potentiels évoqués corticaux et thalamiques chez des animaux conditionnés (son suivi d'un choc électrique sur la patte) et des animaux pseudo-conditionnés (sons et chocs électriques non appariés). Chez les animaux conditionnés, les modifications des potentiels évoqués par le son apparaissent d'abord sur le cortex et, ensuite seulement, dans le thalamus. Chez les animaux pseudo-conditionnés, les modifications thalamiques font défaut en dépit de la présentation répétée des stimulus. L'interprétation donnée par ces auteurs, en termes de mise en jeu d'un circuit court sous-cortical qui semblerait intervenir dans la stabilisation du conditionnement, rejoint l'interprétation précédemment citée de Foster et ses collaborateurs.

En plus de ces changements corticaux et thalamiques, on peut observer, au cours du surapprentissage, des modifications cellulaires dans la voie sensorielle mise en jeu par le stimulus. Elles sembleraient se développer tardivement et refléter le processus d'automatisation caractérisant l'état surentraîné (Gabriel *et al.*, 1976, pour des enregistrements dans le noyau genouillé médian; Oleson *et al.*, 1975, pour des enregistrements dans le noyau cochléaire). Rothblat et Pribram (1972) avaient eux aussi trouvé des données allant dans ce sens chez le singe. Pour l'ensemble de ces auteurs, ces modifications cellulaires tardives dans le conditionnement, apparaissant dans la voie sensorielle du stimulus présenté, refléteraient un mécanisme de traitement sélectif des informations, qui amplifierait les stimulus pertinents et/ou atténuerait les stimulus non pertinents. Néanmoins, des données récentes de la littérature montrent, au contraire, la grande précocité d'apparition, au cours de l'acquisition, de ces modulations d'activité cellulaire dans la voie sensorielle impliquée par le stimulus conditionnel (Weinberger *et al.*, 1984; Edeline *et al.*, sous presse).

Une interprétation de ces changements de réactivité de différentes structures enregistrées au cours du surapprentissage est donnée par Markowitsch *et al.* (1985). Ces auteurs entraînent des animaux dans une tâche d'évitement actif. Après atteinte d'un critère d'apprentissage, certains animaux reçoivent encore 240 essais supplémentaires, alors que les autres en reçoivent 1.280. Certaines structures cérébrales (hippocampe dorsal et ventral ou cortex cingulaire) sont alors lésées, ce qui a pour conséquence de perturber fortement les performances du premier groupe d'animaux, mais non celles du second groupe. Pour ces auteurs, un entraînement prolongé conduit à un stockage de l'information, non pas seulement situé dans une structure sous-cordicale particulière, mais largement distribué dans le cerveau. De plus, des résultats, obtenus par d'autres auteurs effectuant des lésions cérébrales après acquisition d'une tâche, indiquent une considérable plasticité des structures cérébrales, plus particulièrement après surapprentissage, avec un très large degré de compensation fonctionnelle (John, 1972 ; Pribam, 1971 ; Thatcher et John, 1977).

Ces données nous permettent de conclure à 2 types de traitement des informations au cours de l'apprentissage et du surapprentissage, que l'on peut certainement mettre en parallèle avec les notions de traitement «contrôlé» et «automatique». Certains auteurs (comme Markowitsch) concluent aussi à 2 types différents de stockage de l'information dépendant de ces 2 types de traitement. Néanmoins, on n'a que très peu de données physiologiques chez l'animal sur l'aspect dynamique de ces traitements, et, plus particulièrement, après surapprentissage. L'étude de potentiels évoqués chez l'homme tente d'apporter de plus amples informations dans ce domaine.

2. LES AUTOMATISMES CHEZ L'HOMME : ETUDE DES POTENTIELS EVOQUES (PE)

La distinction entre processus de traitement (automatiques vs contrôlés) pourrait avoir son corollaire dans la distinction entre PE exogènes liés au traitement primaire des simulus et PE endogènes liés à leur traitement cognitif. Il n'est cependant pas aisé d'étayer cette hypothèse compte tenu du petit nombre de travaux utilisant, dans cette perspective, les PE chez l'homme, comparé à l'abondante littérature sur l'apprentissage et la mémoire en psychophysiologie animale. En effet, l'utilisation des PE est relativement récente dans le champ de la psychologie cognitive. On s'est principalement intéressé, au cours des deux dernières décennies, à identifier les différentes étapes et processus d'analyse d'une information, entre sa perception et la production de la réponse appropriée. La diversification des protocoles expérimentaux a permis cependant, ces dernières années, de manipuler le degré de complexité des tâches et d'observer les variations de performance du sujet en fonction de son niveau d'investissement dans la tâche. Ces variations de performance peuvent se traduire par des variations d'amplitude et/ou de latence de certaines composantes des ondes du PE endogène.

Ces indicateurs électrophysiologiques constituent un apport précieux à la psychologie cognitive. En effet, les variables classiques, comme le temps de réaction (TR) ou l'exactitude de la réponse sont des indices comportementaux globaux qui ne peuvent renseigner sur les processus impliqués entre le moment de l'encodage du signal et celui de l'exécution de la réponse. Les potentiels évoqués tardifs constituent, à cette fin, une classe supplémentaire de variables dépendantes permettant de mieux segmenter le TR. En outre, un autre avantage de l'utilisation de ces indicateurs réside dans le fait qu'ils échappent complètement à la conscience du sujet, et ce, même dans les traitements mettant en jeu les processus contrôlés qui nécessitent un effort attentionnel de la part du sujet, ainsi que le recours à des stratégies. Ces indices physiologiques concomitants de l'activité psychologique varient en fonction des facteurs manipulés au cours de protocoles expérimentaux. En conséquence, tout changement d'amplitude, de latence, de durée ou de topographie de ces composantes pourrait être associé à une «signification fonctionnelle» de la composante en question.

A. La technique des potentiels évoqués

Issue de l'électroencéphalographie qui mesure l'activité électrique du cerveau, la technique des PE n'est possible aujourd'hui que grâce aux progrès conjugués de l'électronique et de l'informatique. Le bruit de fond peut être réduit, ce qui permet de faire ressortir différentes ondes de l'activité électroencéphalographique diffuse du cerveau, largement plus ample. En effet, les potentiels évoqués sont des fluctuations, de bas voltage, liées directement à un événement sensoriel, moteur ou cognitif.

Quatre critères permettent d'identifier une onde du PE :

1) sa latence, mesurée à partir de l'arrivée de la stimulation ;

2) sa polarité, évaluée à partir d'une ligne de base calculée sur une fenêtre de temps précédant l'arrivée du signal ;

3) son amplitude, mesurée généralement à partir d'une ligne de base ;

4) sa topographie, la localisation sur le scalp, est un critère d'une importance particulière, dans la mesure où, en fonction de la nature de la stimulation et des exigences de la tâche, elle peut aider à localiser l'aire ou les aires où serait générée l'onde en question. La distribution sur le scalp semble avoir acquis une signification que l'on voudrait bien fonctionnelle. Il existe, en effet, une relation établie entre la nature de certaines stimulations, et la topographie des réponses électroencéphalographiques qu'elles provoquent.

Nous ne présenterons ici que les travaux utilisant les stimulus auditifs, la formalisation des concepts, relatifs à notre propos, ayant principalement été basée sur ce type de données.

B. Les différentes composantes du potentiel évoqué

Dans un PE, on distingue 2 types d'ondes :

1) Les ondes exogènes dont l'apparition est principalement conditionnée par les attributs physiques des stimulus.

2) Les ondes endogènes qui n'apparaissent que dans des conditions particulières où la stimulation revêt un caractère fonctionnel, et acquiert une signification pour le sujet. Ces ondes sont liées à l'activité cognitive occasionnée par un événement, d'où l'appellation de «Event-Related Potentials, ERP» [Potentiels liés à l'événement (PLE)], ou PE cognitifs. On les appelle également PE tardifs (slow potentials) par opposition aux PE dits précoces, se développant entre 10 et 50 msec.

Parmi les ondes exogènes, citons l'onde N100 ou N1, qui est une déflexion négative survenant entre 60 et 130 millisecondes après l'arrivée d'un son. Cette négativité est suivie d'une onde positive culminant entre 130 et 250 msec., l'onde P200 ou P2. Ces 2 composantes sont toujours présentes dans le PE auditif recueilli dans des situations dites passives, où le sujet, soit n'a pas de tâche à accomplir, soit effectue une tâche sans aucun rapport avec les stimulations.

L'onde N200 ou N2 est une négativité dont le pic maximum d'amplitude se situe entre 150 et 350 msec. après réception du stimulus, et ce, dans le cas où le contexte expérimental nécessite la détection d'un signal déviant par rapport à un train de stimulations rendues non pertinentes par la consigne. Dans l'onde N2, on distingue généralement 2 composantes se différenciant principalement par leur latence et, souvent, par leur topographie. La première composante N2, fréquemment appelée N2a, est dite spécifique de la modalité sensorielle, puisqu'elle est occipitale quand la stimulation est visuelle, et centrale si le signal est auditif. La seconde N2, plus tardive, a fait l'objet de travaux décrivant plusieurs composantes : N2, N2b, N2c, ... Leur topographie n'est pas toujours identifiée (Näätänen et Picton, 1986).

a) La N2b est toujours centrale ou centro-frontale. Cette composante apparaît principalement en situation d'attention focalisée pour détecter les stimulus rares (Näätänen, 1982 ; Ritter et al., 1982).

b) La N2 de classification (N2c) décrite par Ritter et al. (1982, 1983) lors d'une tâche de classification. Son amplitude culmine dans la région postérieure du scalp. Ces auteurs pensent que la N2c serait l'expression directe d'un «processus cérébral de classification».

c) La N2 dite d'omission. Lors de stimulations répétées, si un stimulus attendu n'est pas présenté, cette composante apparaît au moment d'occurrence présumée du stimulus. Sa topographie dépend de la modalité sensorielle stimulée (Simson et al., 1976 ; Renault et Lesèvre, 1978 ; Renault et al., 1982). L'apparition en absence d'événement est la meilleure preuve du caractère endogène des composantes cognitives du PE.

L'onde P300 ou P3 est une déflexion positive pouvant apparaître entre 250 et 500 msec. Il existe 2 P300 : une P3a et une P3b. La P3a est précoce (250 à 300 msec.). Son amplitude est maximale dans la région fronto-centrale du scalp. De par sa latence et sa signification, la P3a est proche de la N2b qui indexerait la réaction d'orientation. On parle, d'ailleurs, du complexe N2b-P3a puisqu'elles sont souvent associées. La P3 est conditionnée par : 1) la quantité d'informations transmises, 2) la probabilité subjective d'apparition du stimulus, et 3) la signification du stimulus.

L'onde N400 ou N4 est liée à un traitement sémantique de l'information. Elle refléterait la non-concordance entre l'information présentée et le contexte, que constituent les informations qui la précédent, l'ensemble devant avoir une cohérence sémantique. Aussi, si la dernière «portion» de l'information ne correspond pas à ce que l'on attend, il y a incongruité sémantique, et la N400 en est l'expression électrophysiologique. L'incongruité avec un matériel non linguistique ne semble pas, en revanche, provoquer de N400 (Kutas et Hillyard, 1980 et 1982 ; Besson, 1984). Par contre, Stuss et al. (1983) obtiennent une N400 lors d'une tâche portant sur la reconnaissance d'une forme géométrique présentée dans un même plan, ou en miroir par rapport à une forme de référence. La N400 semble être le témoin d'opérations de traitement relativement élaborées.

C. Les PE endogènes et les processus de traitement

Les premiers travaux utilisant les PE ont principalement montré que, lors des tâches mettant en jeu un processus d'attention sélective, on observait une augmentation d'amplitude de la composante N1. Wilkinson et Lee (1972) et, ensuite, Hillyard *et al.* (1973) ont apporté des arguments solides en ce sens. Ces auteurs ont enregistré des PE lors d'une situation d'écoute dichotique, pendant laquelle les sujets devaient focaliser leur attention sur les sons présentés à une oreille et ignorer ceux présentés à l'autre oreille. Une augmentation significative de l'amplitude de l'onde N1 provoquée par les stimulus délivrés dans l'oreille désignée comme prioritaire est observée par rapport à celle provoquée par les stimulus présentés à l'oreille non prioritaire. Cette augmentation d'amplitude a été interprétée comme reflétant spécifiquement l'attention sélective lors du processus de détection des signaux. Cet effet de l'attention sur l'onde N1, qualifié d'effet N1, a été retrouvé, de manière plus ou moins importante, dans différents types de conditions d'attention, c'est-à-dire, sélective, focalisée, partagée, etc... (Näätänen et Michie, 1979; Schwent *et al.*, 1976a, b, c; Hockey, 1970; Okita et Ohtani, 1977; Hink *et al.*, 1977). L'importance de l'effet N1 dépend principalement du degré de difficulté de la tâche, que l'on peut moduler en présentant une discrimination plus ou moins facile des stimulus pertinents, et/ou des rythmes de présentation des stimulus plus ou moins rapides (Schwent *et al.*, 1976b et c; Hockey, 1970).

Hillyard *et al.* ont interprété ces résultats dans le cadre du modèle proposé par Broadbent (1970, 1971). Ils ont suggéré que l'augmentation d'amplitude de N1, dans les conditions d'attention sélective, refléterait le premier mécanisme de Broadbent correspondant à l'analyse des traits physiques de l'information («stimulus-set»), alors que l'onde P3 refléterait le mécanisme correspondant à l'analyse sémantique de l'information, sur la base de sa signification pour le sujet («response-set»).

L'évolution des idées s'accompagnant souvent de celle des méthodes, la technique des PE a nécessité un affinement des indicateurs électrophysiologiques qu'elle offre, afin de mieux appréhender la cognition chez l'homme. Aussi, pour mieux isoler les composantes endogènes et les différencier des composantes sensorielles du PE avec lesquelles il y a souvent recouvrement (donnant un PE qui est, en réalité, la somme algébrique de composantes parfois de différentes polarités), on a recours à des artifices mathématiques. On soustrait les réponses électrophysiologiques évoquées par le canal non attentif de celles évoquées par le canal attentif. Grâce à la soustraction, on peut donc mieux quantifier et qualifier les différentes composantes du PE et notamment les composantes endogènes. Parmi les composantes que la soustraction met en évidence, on peut noter la négativité de traitement (processing negativity (PN), qui recouvre, en fait, l'onde N2) (Näätänen, 1978; Alho et al., 1986), connue aussi sous le nom de négativité de différence (Nd) (Hansen et Hillyard, 1984). Cette composante exprimerait un processus de traitement exigeant du sujet un investissement important. L'autre composante, mise en évidence au moyen de la soustraction, est la négativité dite de non-concordance (mismatch negativity, ou MMN, assimilée parfois à la N2a), décrite par Näätänen (1978). Cette modulation du PE reflète l'effet de déviance d'une stimulus. Elle apparaît très précocement et semble émerger indépendamment de l'attention du sujet. Ces deux composantes (PN et MMN) refléteraient donc 2 types complémentaires d'attention, une attention volontaire et une attention involontaire selon la définition de James (1890).

L'effet de l'attention sur les PE endogènes suggère que la PN reflète une sélection précoce résultant de la concordance entre le stimulus présenté et de la «trace attentionnelle»[1] correspondant aux stimulus cibles que le sujet doit détecter, alors que la MMN exprimerait l'activation d'un mécanisme de détection automatique déclenchée par le moindre changement survenant dans un train de stimulations répétitives. Ces deux mécanismes physiologiques différents (PN et MMN) pourraient refléter les représentations des stimulus, qui s'établissent lors du traitement des informations parvenant au sujet : une représentation active attentionnelle qui répondrait aux stimulus pertinents et une représentation neuronale passive sensible aux stimulus déviants. La trace des stimulus cibles (pertinents) aurait deux composantes : une composante sensori-perceptive et une composante cognitive. Les éléments de cette dernière peuvent provenir de la mémoire de travail (comme consignes ou exigences de la tâche) ou de la mémoire dite passive ou à long terme (expérience du sujet).

---

[1] L'appellation de «trace attentionnelle», proposée par Näätänen (1982), nous semble non appropriée dans la mesure où la notion de «trace» représente le produit de l'activité de mémorisation, et non de l'attention. L'attention est, à notre avis, «l'instance gestionnaire» de l'activité de traitement de l'information. Aussi, la notion de trace représente, tout d'abord, le produit d'une mémorisation, et indirectement seulement, celui de l'attention.

1. La PN et les processus contrôlés de traitement

La PN, qui est la plus précoce des manifestations électrophysiologiques observées en réponse à un stimulus attendu, est conditionnée par la difficulté de la tâche proposée au sujet. Un rythme de stimulations rapide, et une discrimination difficile nécessitent un effort attentionnel important. Cette composante est alors ample et durable. Des intervalles inter-stimulus longs et constants provoquent également une PN de longue durée, mais surtout de latence tardive. La PN est considérée comme reflétant un processus de comparaison entre l'entrée sensorielle et la trace ou le «modèle des traits» définissant le stimulus attendu. Ce modèle ou représentation neuronale est fugace et temporaire. Il ne peut être maintenu qu'au prix d'un effort attentionnel. De plus, la négativité précoce montre une variation significative reflétant le dégré d'apprentissage. Par exemple, la présentation de syllabes donne lieu à une négativité précoce, qui devient plus ample une fois que ces syllabes sont apprises. L'onde négative de faible amplitude observée en début d'apprentissage pourrait refléter le début de formation d'une trace pouvant servir de modèle. Lorsque l'apprentissage est établi, la parfaite concordance entre le stimulus reçu et la trace que le sujet s'est constituée, provoquerait une PN de grande amplitude (Mäntysalo et Gaillard, 1986).

Hansen et Hillyard (1980, 1984), Hillyard (1981) et Näätänen (1982) ont montré qu'en fait la PN est constituée de deux composantes liées à l'attention sélective. La première, de topographie centro-pariétale et de courte durée, la seconde de plus longue durée et dont le pic d'amplitude culminerait dans la région fronto-centrale du scalp. C'est cette première composante de la PN qui serait l'expression de concordance (après comparaison) entre le stimulus présenté, et la trace mnésique du stimulus cible attendu. Il a été suggéré par Näätänen que cette dernière composante reflète l'activité du cortex frontal dans le contrôle, le maintien et la focalisation de l'attention. Les résultats des travaux enregistrant le débit sanguin cérébral, au cours de tâches mettant en jeu la focalisation de l'attention, semblent aller dans ce sens (Roland, 1982). On a pu observé une «augmentation» du débit sanguin dans le cortex spécifique correspondant à la modalité sensorielle du stimulus attendu, apparaissant parallèlement à une augmentation du débit sanguin au niveau des aires préfrontales du cortex. Cela constitue, pour cet auteur, la preuve de la contribution du cortex préfrontal antéro-supérieur dans l'activité de contrôle de la recherche sélective et différentielle (differential tuning) reflétée par les aires sensorielles spécifiques.

D'autres auteurs ont décrit, lors de tâches complexes, l'existence des composantes négatives prédominant tardivement sur les régions frontales du scalp (Kramer *et al.*, 1986). Ils les ont interprétées comme traduisant la mise en jeu de processus de types contrôlés. Dans un protocole d'attention sélective lors d'écoute dichotique avec temps de réaction de choix, nous avons, nous-mêmes, observé l'existence d'une négativité frontale tardive (NFT) chez des patients déprimés, et chez les sujets soumis à des intoxications professionnelles. Il est important de noter que la tâche proposée était relativement facile, et que, dans le groupe témoin, cette NFT n'a pas été observée. Cette composante nous semble traduire, dans ce cas, un traitement supplémentaire, consistant essentiellement en des opérations de vérification (El Massioui et Lesèvre, sous presse; El Massioui *et al.*, 1987, 1988). Nous avons interprété ce résultat comme l'utilisation de processus contrôlés pour effectuer une tâche facile, mais ressentie comme difficile par nos patients, alors que les sujets témoins feraient appel, dans cette même tâche, aux processus automatiques.

2. *La MMN et les processus automatiques de traitement*

Cette composante, très précoce, indépendante de toute activité cognitive et, notamment, de l'attention, est donc un moyen tout indiqué pour étudier les processus de discrimination involontaire. C'est le reflet d'un traitement sensoriel automatique impliquant un processus physiologique de non-concordance. La MMN exprimerait la réponse d'un groupe de neurones à une stimulation déviante, alors que les autres stimulations s'adresseraient à un autre groupe de neurones.

La répétition d'une stimulation donnerait naissance à un «modèle neuronal» de très courte durée (Sams *et al.*, 1984). L'arrivée d'un stimulus, même s'il est légèrement différent du stimulus répétitif qui a engendré le modèle ne correspondra pas au modèle en mémoire et provoquera une MMN. La persistance de ce modèle en mémoire est relativement éphémère. Elle dépend notamment de l'intervalle interstimulus (ISI). Au-delà d'un intervalle de 2 sec., la MMN n'apparaît plus. Ces résultats laissent penser que la trace, dans le registre sensoriel du modèle constitué lors de la répétitivité du stimulus fréquent, décline après un intervalle d'à peu près 2 sec. Par conséquent, il ne peut y avoir de non-concordance avec un modèle de référence non encore constitué.

Le fait que la MMN soit indépendant de l'attention laisse penser que les traits physiques codés dans les représentations neuronales sont traités par le même système sensoriel, quelle que soit la source du stimulus: canal attentif ou canal non attentif. Näätänen (1982) suggère que cette onde serait la représentation physiologique du changement de stimulus. Ce processus n'implique pas que le sujet ait conscience du changement. Cet auteur (1986a et 1986b) propose que la représentation neuronale de courte durée serait la base neurophysiologique de la mémoire à court terme, dite registre sensoriel, stockage préattentif (Crowder, 1976) ou mémoire échoïque (Neisser, 1967). Cette mémoire est, en général, indépendante de l'attention et de la conscience du sujet. Sa capacité de stockage est grande, mais son contenu est sujet à un déclin rapide. Les informations de ce registre semblent être traitées sur la base de leurs propriétés physiques. Le concept d'un stockage préattentif semble correspondre à la MMN. Cette onde pourrait donc traduire un mécanisme cérébral de détection passive et automatique des changements dans les stimulus de l'environnement. Ces stimulus attirent typiquement l'attention involontaire et pourraient être ainsi impliqués dans les mécanismes de changement dans l'attention des sujets (attention switching mechanisms).

3. CONCLUSIONS

A travers l'ensemble de ces données, le déterminant fondamental du type de processus mis en jeu, semble être l'attention. Comme nous l'avons déjà signalé plus haut, l'attention est l'instance gestionnaire de l'activité de traitement de l'information. Une attention sélective est, *a priori*, indispensable dans la prise d'informations : sélection d'indices pertinents et rejet des indices redondants. L'exemple du surapprentissage montre que, dans ce cas, seules les informations conduisant à la réponse sont gardées en mémoire active, quitte à «oublier» (comme dans les expériences d'Adams) le pourquoi de cette réponse. Dans ce cadre, la mémoire passive engrangerait tout ce qui n'est pas pris en compte par l'attention focalisée. Le traitement automatique n'interviendrait alors que lorsque l'accès à la réponse ne nécessite plus ce mode d'attention.

Concernant la distinction faite entre les types de traitement, il semble que l'on ait affaire à un continuum allant de l'action qui requiert le degré le plus élevé de contrôle, jusqu'à l'action réflexe. La possibilité d'une «frontière», dont la propriété fondamentale serait la souplesse et la mobilité dans le sens contrôle vers automatique, est concevable.

Mais les déterminants du moment d'occurrence de cette frontière sont difficiles à circonscrire. La répétition de présentation de la tâche et de la réponse à émettre est un facteur important, et certainement nécessaire, mais non suffisant. Peut-être pourrait-on dire qu'il faut répétition sans habituation, c'est-à-dire avec le même niveau d'attention au cours de chaque séance d'apprentissage (ce qui n'est pas le cas lors d'apprentissage avec présentation massée en une seule séance de 500 essais, par exemple). Le traitement seul des signaux pertinents, et même l'exécution répétée de la réponse, ne suffisent pas. Le second facteur dont l'importance ressort des travaux sur l'animal, aussi bien que des travaux sur les PE chez l'homme, est la difficulté de la tâche. Plus la tâche est difficile, plus la PN générée est ample, traduisant certainement un traitement plus intense, soit en nombre de neurones impliqués, soit en nombre ou en étendue de la ou des structures impliquées. Parallèlement, chez l'animal, plus la tâche est difficile et plus le surapprentissage aboutit à une plus grande adaptabilité du comportement. Le taux d'investissement attentionnel (plus important lors des tâches difficiles), au cours du surapprentissage, semble donc déterminer la quantité de traitement et, en conséquence, la souplesse et l'adaptabilité du comportement. Ce qui n'empêche pas, dans ces conditions, d'observer une modification du traitement neurophysiologique ayant pour but, sans doute, un désengagement des structures nécessaires à toute nouvelle acquisition.

Il est encore, actuellement, bien difficile de faire un lien direct entre le traitement cellulaire mis en évidence par l'électrophysiologie chez l'animal et les processus cognitifs approchés chez l'homme. Même si des implications directes d'un groupe de données à l'autre restent, pour le moment, difficiles, des parallèles sont d'ores et déjà possibles.

Bibliographie

ADAMS, C.D. Post-conditioning devaluation of an instrumental reinforcer has no effect on extinction performance, *Quarterly Journal of Experimental Psychology*, 1980, 32, 447-458.

ADAMS, C.D. Variations in the sensitivity of instrumental responding to reinforcer devaluation, *Quarterly Journal of Experimental Psychology*, 1982, 34 B, 77-98.

ADAMS, C.D. et DICKINSON, A. Actions and Habits : Variations in associative representations during instrumental learning. In N.E. Spear and R.R. Miller (eds), *Information processing in animals : Memory mechanisms*, Hillsdale, N.J., Erlbaum, 1981a.

ADAMS, C.D. et DICKINSON, A. Instrumental responding following reinforcer devaluation, *Quarterly Journal of Experimental Psychology*, 1981b, 33 B, 109-112.

ALHO, K., PAAVILAINEN, P., REINIKAINEN, K., SAMS, M. et NÄÄTÄNEN, R. Separability of different negative components of the event-related potential associated with auditory stimulus processing, *Psychobiology*, 1986, 23, 613-623.

BESSON, M. N400 : une composante tardive du potentiel évoqué associée au traitement sémantique?, Doctorat de 3e cycle, Université Aix-Marseille II, 1984.

BROADBENT, D.E. Stimulus set and response set : two kinds of selective attention. In : D.I. Mostofsky (Ed.), *Attention : Contemporary theory and analysis*, New York, Appleton Century Crofts, 1970, 51-60.

BROADBENT, D.E. *Decision and stress*, New York, Academic Press, 1971.

CAPALDI, E.J. et STEVENSON, H.W. Response reversal following different amounts of training, *Journal of Comparative Physiological Psychology*, 1957, 50, 195-198.

CROWDER, R.G. *Principles of learning and memory*, Hillsdale, N.J., Erlbaum, 1976, 523-524.

DENNY, M.R. et TORTORA, D.F. A stimulus trace interpretation of the overlearning reversal effect in a black-white discrimination, *Learning and motivation*, 1971, 371-375.

DICKINSON, A. *Contemporary animal learning theory*, Cambridge, Cambridge University Press, 1980.

DICKINSON, A. NICHOLAS, D.J. et ADAMS, C.D. The effect of the instrumental training contingency on susceptibility to reinforcer devaluation, *Quarterly Journal of Experimental Psychology*, 1983, 35, 35-51.

EDELINE, J.M., DUTRIEUX, G. et NEUENSCHWANDER-EL MASSIOUI, N. Multiunit changes in Hippocampus and medial geniculate body in free behaving rats during acquisition and retention of conditioned response to a tone, *Behavioral and Neural Biology*, sous presse.

EIMAS, P.D. Overtraining and reversal discrimination learning in Rats, *Psychological Record*, 1967, 17, 239-248.

EL MASSIOUI, F. et LESEVRE, N. Attention impairment and psychomotor retardation in depressed patients : an event-related potential study, *Electroencephalography and Clinical Neurophysiology*, sous presse.

EL MASSIOUI, F., LESEVRE, N. et FOURNIER, L. Comparative event-related potential (ERP) studies of attention impairment in workers exposed to organic solvents, in chronic alcoholics and in a group of depressed in-patients, Current trends in event-related potentials research (EEG suppl 40), Johnson, R., Jr, Rohrbaugh, J.W. and Parasuraman, R. (Eds), Elsevier Science Publishers, 1987, 675-680.

EL MASSIOUI, F., LESEVRE, N. et FOURNIER, L. An event-related potential assessment of attention impairment after occupational exposure to organic solvents, in Barber, C. and Blum (Eds), « Evoked potential III : The third International Evoked Potentials Symposium, 1987.

EL MASSIOUI, F., GROB, R. et LESEVRE, N. Etude électrophysiologique des mécanismes attentionnels chez des patients déprimés caractérisés par un ralentissement psychomoteur, *Neurophysiologie Clinique*, sous presse.

FOSTER, K., ORONA, E., LAMBERT, R.W. et GABRIEL, M. Early and late acquisition of discrimination neuronal activity during differential conditioning in Rabbits : Specificity within the laminae of cingulate cortex and the antero-ventral thalamus, *Journal of Comparative Physiological Psychology*, 1980, **94**, 1069-1086.

GABRIEL, M., MILLER, J.D. et SALTWICK, S.E. Multiple unit activity of the Rabbit medial geniculate nucleus in conditioning, extinction and reversal, *Physiological Psychology*, 1976, **4** (2), 124-134.

GABRIEL, M., ORONA, E., FOSTER, K. et LAMBERT, R.W. Neural correlate of the overtraining reversal effect, *Brain Research*, 1981, **211**, 503-506.

HANSEN, J.C. et HILLYARD, S.A. Endogenous brain potentials with selective auditory attention, *Electroencephalography and Clinical Neurophysiology*, 1980, **49**, 277-290.

HANSEN, J.C. et HILLYARD, S.A. Effects of stimulation rate and attribute cuing on event-related potentials during selective auditory attention, *Psychophysiology*, 1984, **21**, 394-405.

HILLYARD, S.A. Selective auditory attention and early event-related potentials : A rejoinder, *Canadian Journal of Psychology*, 1981, **35**, 159-174.

HILLYARD, S.A., HINK, R.F., SCHWENT, V.L. et PICTON, T.W. Electrical signs of selective attention in the human brain, *Science*, 1973, **182**, 177-180.

HINK, R.F., VAN HOORHIS, S.T. HILLYARD, S.A. et SMITH, T.S. The division of attention and the human auditory evoked potential, *Neuropsychologia*, 1977, **15**, 597-605.

HOCKEY, G.R.J. Effect of loud noise on attentional selectivity, *Quarterly Journal of Experimental Psychology*, 1970, **22**, 28-36.

HOLLAND, P.C. et STRAUB, J.J. Differential effects of two ways of devaluing the unconditioned stimulus after Pavlovian appetitive conditioning, *Journal of Experimental Conditioning : Animal Behavior Processing*, 1979, **5**, 67-78.

JAMES, W. *The principles of Psychology*, New York, Holt, 1890.

JOHN, E.R. Switchboard versus statistical theories of learning and memory, *Science*, 1972, **177**, 850-864.

KRAMER, A., SCHNEIDER, W., FISK, A. et DONCHIN, E. The effects of practice and task structure on components of the event-related brain potential. *Psychophysiology*, 1986, **23**, 33-47.

KUTAS, M. et HILLYARD, S.A. Reading between the lines : Event-related brain potentials during natural sentence processing, *Brain and language*, 1980a, **11**, 354-373.

KUTAS, M. et HILLYARD, S.A. The lateral distribution of event-related potentials during sentence processing. *Neuropsychologia*, 1982, **20**, 579-590.

LELORD, G. et MAHO, C. Modifications des activités évoquées corticales et thalamiques au cours d'un conditionnement sensoriel. II. Evolution des réponses avec le stade de conditionnement. *Electroencéphalographie Clinique et Neurophysiologie*, 1969, **27**, 270-279.

MACKINTOSH, N.J. The effect of irrelevant cues on reversal learning in the Rat, *British Journal of Psychology*, 1963, **54**, 127-134.

MACKINTOSH, N.J. Further analysis of the overtraining reversal effect. *Journal of Comparative and Physiological Psychology*, 1969, **67**, n° 2, Part 2.

MÄNTYSALO, S. et GAILLARD, A.W.K. Event-related potentials (ERPs) in a learning and memory test, *Biological Psychology*, 1986, **23**, 1-20.

MAKOWITSCH, H.J., KESSLER, J. et STREICHER, M. Consequences of serial cortical, hippocampal, and thalamic lesions and of different lengths of learning tasks, *Behavioral Neuroscience*, 1985, **99**, n° 2, 233-256.

MISHKIN, M. Analogous neural models for tactual and visual learning, *Neuropsychologia*, 1979, **17**, 139-151.

NÄÄTÄNEN, R., GAILLARD, A.W.K. et MÄNTYSALO, S. Early selective-attention effect on evoked potential reinterpreted, *Acta Psychologica*, 1978, **42**, 313-329.

NÄÄTÄNEN, R. et MICHIE, P.T. Early selective attention effects on the evoked potential. A critical review and reinterpretation. *Biological Psychology*, 1979, **8**, 81-136.

NÄÄTÄNEN, R. Processing negativity : an evoked-potential reflection of selective attention, *Psychological Bulletin*, 1982, **92**, 605-640.

NÄÄTÄNEN, R. Neurophysiological basis of the echoic memory as suggested by event-related potentials and magnetoencephalogram. In F. Klix and H. Hagendorf (Eds), *Human memory and Cognitive Capabilities : Mechanisms and performances*, Amsterdam : Elsevier, 1986a, 615-627.

NÄÄTÄNEN, R. The orienting response : a combination of attentional and energetical aspects of brain function. In R. Hockey, A.W.K. Gaillard and M. Coles (Eds), *Energetics and Human Information Processing*, Martinus Nijhoff, Dordrecht, 1986b, 91-111.

NÄÄTÄNEN, R. et PICTON, T.W. N2 and automatic versus controlled processes. In McCallum, W.C., Zappoli, R. and Denoth, F. (Eds), *Cerebral Psychophysiology : Studies in Event-Related Potentials*, EEG suppl. 38, Elsevier Science Publishers, 1986.

NEISSER, V. *Cognitive Psychology*, New York, Appleton Century Crofts, 1967.

OKITA, T. et OHTANI, A. The effects of active attention switching between the ears on averaged evoked potentials, *Electroencephalography and Clinical Neurophysiology*, 1977, **42**, 198-204.

OLDS, J., DISTERHOFT, J.F., SEGAL, M., KORNBLITH, C.L. et HIRSH, R. Learning centers of Rat brain mapped by measuring latencies of conditioned unit responses, *Journal of Neurophysiology*, 1972, **35**, 202-219.

OLESON, T.D., ASHE, J.H. et WEINBERGER, N.M. Modification of auditory and somatosensory systems activity during pupillary conditioning in the paralyzed Cat, *Journal of Neurophysiology*, 1975, **38**, 1114-1139.

ORONA, E., FOSTER, K., LAMBERT, R.W. et GABRIEL, M. Cingulate cortical and anterior thalamic neuronal correlates of the overtraining reversal effect in Rabbits, *Behavioral Brain Research*, 1982, **4**, 133-154.

ORONA, E. et GABRIEL, M. Multiple-unit activity of the prefrontal cortex and mediodorsal thalamic nucleus during reversal learning of discriminative avoidance behavior in Rabbits, *Brain Research*, 1983, **263**, 313-329.

PEARCE, J.M. et HALL, G. Loss of associability by a compound stimulus comprising excitatory and inhibitory elements, *Journal of Experimental Psychology : Animal Behavior Processing*, 1979, **5**, 19-30.

PRIBAM, K.H. *Languages of the brain : Experimental paradoxes and principles in neuropsychology*, Englewood Cliffs, N.J., Prentice-Hall, 1971.

PUBOLS, B.H. Jr., The facilitation of visual and spatial discrimination reversal by overlearning. *Journal of Comparative Physiological Psychology*, 1956, **49**, 243-248.

REID, L.S., The development of non-continuity behavior throughout continuity learning, *Journal of Experimental Psychology*, 1953, **46**, 107-112.

RENAULT, B. et LESEVRE, N. Topographical study of the emitted potential obtained after the omission of an expected visual stimulus. In D. Otto (Ed), *Multidisciplinary perspectives in event-related brain potential research*, EPA 600 (9-77-043), US Government Printing Office, Washington, D.C., 1978, 202-208.

RENAULT, B., RAGOT, R., LESEVRE, N. et REMOND, A. Onset and offset of brain events as indices of mental chronometry, *Science*, 1982, **215**, 1413-1415.
RITTER, W., SIMSON, R., VAUGHAN, Jr., H.G. et MACHT, M. Manipulation of event-related potential manifestations of information processing stages. *Science*, 1982, **218**, 909-911.
RITTER, W., SIMSON, R., VAUGHAN, H.G. Event related potential correlates of two stages of information processing in physical and semantic discrimination tasks, *Psychophysiology*, 1983, **20**, 168-179.
ROLAND, P.E. Cortical regulation of selective attention in man : a regional cerebral blood flow study, *Journal of Neurophysiology*, 1982, **48**, 1059-1077.
ROTHBLAT, L. et PRIBRAM, K.H. Selective attention : Input filter or response selection? An electrophysiological analysis, *Brain Research*, 1972, **39**, 427-436.
SAMS, M., ALHO, K. et NÄÄTÄNEN, R. Short-term habituation and dishabituation of the mismatch negativity of the ERP, *Psychophysiology*, 1984, **21**, 434-441.
SCHNEIDER, W. et SHIFFRIN, R.M. Controlled and automatic human information processing : I. Detection, search, and attention, *Psychological Review*, 1977, **84**, 1-66.
SCHWENT, V.L., SNYDER, E. et HILLYARD, S.A. Auditory evoked potentials during multi-channel selective listening : Role of pitch and localization cues, *Journal of Experimental Psychology : Human Perception and Performance*, 1976a, **2**, 313-325.
SCHWENT, V.L., HILLYARD, S.A. et GALAMBOS, R. Selective attention and the auditory vertex potential. II. Effect of signal intensity and masking noise. *Electroencephalography Clinic and Neurophysiology*, 1976b, **40**, 615-622.
SCHWENT, V.L., HILLYARD, S.A. et GALAMBOS, R. Selective attention and the auditory vertex potential. I. Effect of stimulus delivery rate, *Electroencephalography and Clinical Neurophysiology*, 1976c, **40**, 604-614.
SIMSON, R., VAUGHAN, H.G. et RITTER, W. The scalp topography of potentials associated with missing visual or auditory stimuli. *Electroencephalography Clinic and Neurophysiology*, 1976, **40**, 33-42.
STUSS, D.T., SARAZIN, F.F., LEECH, E.F. et PICTON, T.W. Event-related potentials during naming and mental rotation, *Electroencephalography Clinic and Neurophysiology*, 1983, **56**, 133-146.
THATCHER, R.W. et JOHN, E.R. Foundations of cognitive processes (*Functional Neuroscience, Vol. 1*), New York, Wiley, 1977.
THOMPSON, R.F., BERGER, T.W., BERRY, S.D., HOEHLER, F.K., KETTNER, R.E. et WEISZ, D.J. Hippocampal substrate of classical conditioning, *Physiological Psychology*, 1980a, **8**, 262-279.
THOMPSON, R.F., HICKS, L.H. et SHVYRKOV, V.B. (Eds) Neural mechanisms of goal-directed behavior and learning, New York, Academic, 1980b.
THOMPSON, R.F., BERGER, T.W. et MADDEN, J. Cellular processes of learning and memory in the mammalian CNS, *Annual Review of Neuroscience*, 1983, **6**, 447-491.
WEINBERGER, N.M., DIAMOND, D.M. et McKENNA, T.M. Initial events in conditioning : plasticity in the pupillomotor and auditory systems. In *Neurobiology of learning and memory*, Lynch, G. McGaugh, J.L. and Weinberger, N.M. (Eds), Gillford Press : New York, 1984.
WILKINSON, R.T. et LEE, M.V. Auditory evoked potentials and selective attention, *Electroencephalography Clinic and Neurophysiology*, 1972, **33**, 411-418.

Table des matières

Avant-propos
Pierre Perruchet 7

Chapitre I. Modularité et automaticité dans le traitement du langage: L'exemple du lexique
Juan Segui et Cécile Beauvillain 13
  1. Introduction : Les notions d'autonomie et de modularité des systèmes linguistiques de traitement 13
  2. Modularité du système lexical et automaticité 16
  3. Discussion 23

Chapitre II. Une évaluation critique du concept d'automaticité
Pierre Perruchet 27
  1. Les propriétés des automatismes et leurs modes d'opérationnalisation . . 28
  2. Le degré de convergence des différentes propriétés 38
  3. Les propriétés des automatismes se conçoivent-elles en termes absolus ou relatifs? 43
  4. Bilan et perspectives 49

Chapitre III. La distinction entre les processus contrôlés et les processus automatiques chez Schneider et Shiffrin
Jean-François Camus 55
  1. Introduction 55
  2. Dix années de recherche sur les processus automatiques et contrôlés dans la détection et la recherche visuelle 56
  3. Le processus contrôlé se transforme-t-il en processus automatique? . . 70
  4. Conclusions : Généralisations? 76

Chapitre IV. L'apprentissage sans conscience : Données empiriques et implications théoriques
Pierre Perruchet 81
   1. L'examen des données empiriques 83
   2. Vers une tentative d'intégration théorique et de généralisation 90

Chapitre V. Interactions entre les connaissances déclaratives et procédurales
Christian George 103
   1. Généalogie de la distinction et problèmes connexes de terminologie . . 104
   2. Avantages respectifs des deux sortes de connaissance 106
   3. La difficulté des passages entre le déclaratif et le procédural 107
   4. L'analyse des connaissances procédurales 110
   5. Le passage du déclaratif au procédural selon J.R. Anderson 116
   6. Des instructions verbales à l'acquisition d'une procédure particularisée . 118
   7. Des instructions verbales à l'acquisition d'une procédure générale . . . 120
   8. Inférer une procédure nouvelle à partir de connaissances 122
   9. Du procédural au déclaratif 128

Chapitre VI. Les habiletés cognitives dans le travail
Jacques Leplat 139
   Résumé 139
   1. Quelques problèmes de définition 140
   2. Acquisition et dégradation des habiletés 146
   3. L'analyse des habiletés cognitives complexes 154
   4. Conclusion 167

Chapitre VII. Etude des concomitants neurophysiologiques des processus contrôlés et automatiques du traitement de l'information
Nicole Neuenschwander-El Massioui et Farid El Massioui 173
   1. Les automatismes chez l'animal 174
   2. Les automatismes chez l'homme : Etude des potentiels évoqués (PE) . . 181
   3. Conclusions 189

CHEZ LE MEME EDITEUR

PSYCHOLOGIE ET SCIENCES HUMAINES
collection publiée sous la direction de MARC RICHELLE

1 Dr Paul Chauchard: LA MAITRISE DE SOI, 9ᵉ éd.
5 François Duyckaerts: LA FORMATION DU LIEN SEXUEL, 9ᵉ éd.
7 Paul-A. Osterrieth: FAIRE DES ADULTES, 16ᵉ éd.
9 Daniel Widlöcher: L'INTERPRETATION DES DESSINS D'ENFANTS, 9ᵉ éd.
11 Berthe Reymond-Rivier: LE DEVELOPPEMENT SOCIAL DE L'ENFANT ET DE L'ADOLESCENT, 9ᵉ éd.
12 Maurice Dongier: NEVROSES ET TROUBLES PSYCHOSOMATIQUES, 7ᵉ éd.
15 Roger Mucchielli: INTRODUCTION A LA PSYCHOLOGIE STRUCTURALE, 3ᵉ éd.
16 Claude Köhler: JEUNES DEFICIENTS MENTAUX, 4ᵉ éd.
21 Dr P. Geissmann et Dr R. Durand: LES METHODES DE RELAXATION, 4ᵉ éd.
22 H. T. Klinkhamer-Steketée: PSYCHOTHERAPIE PAR LE JEU, 3ᵉ éd.
23 Louis Corman: L'EXAMEN PSYCHOLOGIQUE D'UN ENFANT, 3ᵉ éd.
24 Marc Richelle: POURQUOI LES PSYCHOLOGUES?, 6ᵉ éd.
25 Lucien Israel: LE MEDECIN FACE AU MALADE, 5ᵉ éd.
26 Francine Robaye-Geelen: L'ENFANT AU CERVEAU BLESSE, 2ᵉ éd.
27 B.F. Skinner: LA REVOLUTION SCIENTIFIQUE DE L'ENSEIGNEMENT, 3ᵉ éd.
28 Colette Durieu: LA REEDUCATION DES APHASIQUES
29 J.C. Ruwet: ETHOLOGIE: BIOLOGIE DU COMPORTEMENT, 3ᵉ éd.
30 Eugénie De Keyser: ART ET MESURE DE L'ESPACE
32 Ernest Natalis: CARREFOURS PSYCHOPEDAGOGIQUES
33 E. Hartmann: BIOLOGIE DU REVE
34 Georges Bastin: DICTIONNAIRE DE LA PSYCHOLOGIE SEXUELLE
35 Louis Corman: PSYCHO-PATHOLOGIE DE LA RIVALITE FRATERNELLE
36 Dr G. Varenne: L'ABUS DES DROGUES
37 Christian Debuyst, Julienne Joos: L'ENFANT ET L'ADOLESCENT VOLEURS
38 B.-F. Skinner: L'ANALYSE EXPERIMENTALE DU COMPORTEMENT, 2ᵉ éd.
39 D.J. West: HOMOSEXUALITE
40 R. Droz et M. Rahmy: LIRE PIAGET, 3ᵉ éd.
41 José M.R. Delgado: LE CONDITIONNEMENT DU CERVEAU ET LA LIBERTE DE L'ESPRIT
42 Denis Szabo, Denis Gagné, Alice Parizeau: L'ADOLESCENT ET LA SOCIETE, 2ᵉ éd.
43 Pierre Oléron: LANGAGE ET DEVELOPPEMENT MENTAL, 2ᵉ éd.
44 Roger Mucchielli: ANALYSE EXISTENTIELLE ET PSYCHOTHERAPIE PHENO-MENO-STRUCTURALE
45 Gertrud L. Wyatt: LA RELATION MERE-ENFANT ET L'ACQUISITION DU LANGAGE, 2ᵉ éd.
46 Dr Etienne De Greeff: AMOUR ET CRIMES D'AMOUR
47 Louis Corman: L'EDUCATION ECLAIREE PAR LA PSYCHANALYSE
48 Jean-Claude Benoit et Mario Berta: L'ACTIVATION PSYCHOTHERAPIQUE
49 T. Ayllon et N. Azrin: TRAITEMENT COMPORTEMENTAL EN INSTITUTION PSYCHIATRIQUE
50 G. Rucquoy: LA CONSULTATION CONJUGALE
51 R. Titone: LE BILINGUISME PRECOCE
52 G. Kellens: BANQUEROUTE ET BANQUEROUTIERS
53 François Duyckaerts: CONSCIENCE ET PRISE DE CONSCIENCE
54 Jacques Launay, Jacques Levine et Gilbert Maurey: LE REVE EVEILLE-DIRIGE ET L'INCONSCIENT
55 Alain Lieury: LA MEMOIRE
56 Louis Corman: NARCISSISME ET FRUSTRATION D'AMOUR
57 E. Hartmann: LES FONCTIONS DU SOMMEIL
58 Jean-Marie Paisse: L'UNIVERS SYMBOLIQUE DE L'ENFANT ARRIERE MENTAL

59 Jacques Van Rillaer: L'AGRESSIVITE HUMAINE
60 Georges Mounin: LINGUISTIQUE ET TRADUCTION
61 Jérôme Kagan: COMPRENDRE L'ENFANT
62 Michael S. Gazzaniga: LE CERVEAU DEDOUBLE
63 Paul Cazayus: L'APHASIE
64 X. Seron, J.L. Lambert, M. Van der Linden: LA MODIFICATION DU COMPORTEMENT
65 W. Huber: INTRODUCTION A LA PSYCHOLOGIE DE LA PERSONNALITE, 2e éd.
66 Emile Meurice: PSYCHIATRIE ET VIE SOCIALE
67 J. Château, H. Gratiot-Alphandéry, R. Doron et P. Cazayus: LES GRANDES PSYCHOLOGIES MODERNES
68 P. Sifnéos: PSYCHOTHERAPIE BREVE ET CRISE EMOTIONNELLE
69 Marc Richelle: B.F. SKINNER OU LE PERIL BEHAVIORISTE
70 J.P. Bronckart: THEORIES DU LANGAGE
71 Anika Lemaire: JACQUES LACAN, 2e éd. revue et augmentée
72 J.L. Lambert: INTRODUCTION A L'ARRIERATION MENTALE
73 T.G.R. Bower: DEVELOPPEMENT PSYCHOLOGIQUE DE LA PREMIERE ENFANCE
74 J. Rondal: LANGAGE ET EDUCATION
75 Sheila Kitzinger: PREPARER A L'ACCOUCHEMENT
76 Ovide Fontaine: INTRODUCTION AUX THERAPIES COMPORTEMENTALES
77 Jacques-Philippe Leyens: PSYCHOLOGIE SOCIALE, 2e éd.
78 Jean Rondal: VOTRE ENFANT APPREND A PARLER
79 Michel Legrand: LE TEST DE SZONDI
80 H.J. Eysenck: LA NEVROSE ET VOUS
81 Albert Demaret: ETHOLOGIE ET PSYCHIATRIE
82 Jean-Luc Lambert et Jean A. Rondal: LE MONGOLISME
83 Albert Bandura: L'APPRENTISSAGE SOCIAL
84 Xavier Seron: APHASIE ET NEUROPSYCHOLOGIE
85 Roger Rondeau: LES GROUPES EN CRISE?
86 J. Danset-Léger: L'ENFANT ET LES IMAGES DE LA LITTERATURE ENFANTINE
87 Herbert S. Terrace: NIM, UN CHIMPANZE QUI A APPRIS LE LANGAGE GESTUEL
88 Roger Gilbert: BON POUR ENSEIGNER?
89 Wing, Cooper et Sartorius: GUIDE POUR UN EXAMEN PSYCHIATRIQUE
90 Jean Costermans: PSYCHOLOGIE DU LANGAGE
91 Françoise Macar: LE TEMPS, PERSPECTIVES PSYCHOPHYSIOLOGIQUES
92 Jacques Van Rillaer: LES ILLUSIONS DE LA PSYCHANALYSE, 2e éd.
93 Alain Lieury: LES PROCEDES MNEMOTECHNIQUES
94 Georges Thinès: PHENOMENOLOGIE ET SCIENCE DU COMPORTEMENT
95 Rudolph Schaffer: COMPORTEMENT MATERNEL
96 Daniel Stern: MERE ET ENFANT, LES PREMIERES RELATIONS
97 R. Kempe & C. Kempe: L'ENFANCE TORTUREE
98 Jean-Luc Lambert: ENSEIGNEMENT SPECIAL ET HANDICAP MENTAL
99 Jean Morval: INTRODUCTION A LA PSYCHOLOGIE DE L'ENVIRONNEMENT
100 Pierre Oleron et al.: SAVOIRS ET SAVOIR-FAIRE PSYCHOLOGIQUES CHEZ L'ENFANT
101 Bernard I. Murstein: STYLES DE VIE INTIME
102 Rondal/Lambert/Chipman: PSYCHOLINGUISTIQUE ET HANDICAP MENTAL
103 Brédart/Rondal: L'ANALYSE DU LANGAGE CHEZ L'ENFANT
104 David Malan: PSYCHODYNAMIQUE ET PSYCHOTHERAPIE INDIVIDUELLE
105 Philippe Muller: WAGNER PAR SES REVES
106 John Eccles: LE MYSTERE HUMAIN
107 Xavier Seron: REEDUQUER LE CERVEAU
108 Moreau/Richelle: L'ACQUISITION DU LANGAGE
109 Georges Nizard: ANALYSE TRANSACTIONNELLE ET SOIN INFIRMIER

110 Howard Gardner: GRIBOUILLAGES ET DESSINS D'ENFANTS, LEUR SIGNIFICATION
111 Wilson/Otto: LA FEMME MODERNE ET L'ALCOOL
112 Edwards: DESSINER GRACE AU CERVEAU DROIT
113 Rondal: L'INTERACTION ADULTE-ENFANT
114 Blancheteau: L'APPRENTISSAGE CHEZ L'ANIMAL
115 Boutin: FORMATION ET DEVELOPPEMENTS
116 Húsen: L'ECOLE EN QUESTION
117 Ferrero/Besse: L'ENFANT ET SES COMPLEXES
118 R. Bruyer: LE VISAGE ET L'EXPRESSION FACIALE
119 J.P. Leyens: SOMMES-NOUS TOUS DES PSYCHOLOGUES?
120 J. Château: L'INTELLIGENCE OU LES INTELLIGENCES?
121 M. Claes: L'EXPERIENCE ADOLESCENTE
122 J. Hayes et P. Nutman: COMPRENDRE LES CHOMEURS
123 S. Sturdivant: LES FEMMES ET LA PSYCHOTHERAPIE
124 A. Pomerleau et G. Malcuit: L'ENFANT ET SON ENVIRONNEMENT
125 A. Van Hout et X. Seron: L'APHASIE DE L'ENFANT
126 A. Vergote: RELIGION, FOI, INCROYANCE
127 Sivadon/Fernandez-Zoïla: TEMPS DE TRAVAIL, TEMPS DE VIVRE
128 Born: JEUNES DEVIANTS OU DELINQUANTS JUVENILES?
129 Hamers/Blanc: BILINGUALITE ET BILINGUISME
130 Legrand: PSYCHANALYSE, SCIENCE, SOCIETE
131 Le Camus: PRATIQUES PSYCHOMOTRICES
132 Lars Fredén: ASPECTS PSYCHOSOCIAUX DE LA DEPRESSION
133 Mount: LA FAMILLE SUBVERSIVE
134 Magerotte: MANUEL D'EDUCATION COMPORTEMENTALE CLINIQUE
135 Dailly / Moscato: LATERALISATION ET LATERALITE CHEZ L'ENFANT
136 Bonnet / Tamine-Gardes: QUAND L'ENFANT PARLE DU LANGAGE
137 Bruyer: LES SCIENCES HUMAINES ET LES DROITS DE L'HOMME
138 Taulelle: L'ENFANT A LA RENCONTRE DU LANGAGE
139 de Boucaud: PSYCHOLOGIE DE L'ENFANT ASTHMATIQUE
140 Duruz: NARCISSE EN QUETE DE SOI
141 Feyereisen / de Lannoy: PSYCHOLOGIE DU GESTE
142 Florin et Al.: LE LANGAGE A L'ECOLE MATERNELLE
143 Debuyst: MODELE ETHOLOGIQUE ET CRIMINOLOGIE
144 Ashton / Stepney: FUMER
145 Crabbé et Al.: LES FEMMES DANS LES LIVRES SCOLAIRES
146 Bideaud / Richelle: PSYCHOLOGIE DEVELOPPEMENTALE
147 Schmid-Kitsikis: THEORIE CLINIQUE ET FONCTIONNEMENT MENTAL
148 Guggenbühl / Craig: POUVOIR ET RELATION D'AIDE
149 Rondal: LANGAGE ET COMMUNICATION CHEZ LES HANDICAPES MENTAUX
150 Moscato et Al.: FONCTIONNEMENT COGNITIF ET INDIVIDUALITE
151 Château: L'HUMANISATION OU LES PREMIERS PAS DES VALEURS HUMAINES
152 Avery / Litwack: NEE TROP TOT
153 Rondal: LE DEVELOPPEMENT DU LANGAGE CHEZ L'ENFANT TRISOMIQUE 21
154 Kellens: QU'AS-TU FAIT DE TON FRERE?
155 Rondal / Henrot: LE LANGAGE DES SIGNES
156 Lafontaine: LE PARTI PRIS DES MOTS
157 Bonnet / Hoc / Tiberghien: AUTOMATIQUE, INTELLIGENCE ARTIFICIELLE ET PSYCHOLOGIE
158 Giovannini et al.: PSYCHOLOGIE ET SANTE
159 Wilmotte et al.: LE SUICIDE
160 Giurgea: L'HERITAGE DE PAVLOV
161 Ionescu: MANUEL D'INTERVENTION EN DEFICIENCE MENTALE N° 1
162 Ionescu: MANUEL D'INTERVENTION EN DEFICIENCE MENTALE N° 2

163 Pieraut-Le Bonniec: CONNAITRE ET LE DIRE
164 Huber: PSYCHOLOGIE CLINIQUE AUJOURD'HUI
165 Rondal et al.: PROBLEMES DE PSYCHOLINGUISTIQUE
166 Slukin: LE LIEN MATERNEL
167 Baudour: L'AMOUR CONDAMNE
168 Wilwerth: VISAGES DE LA LITTERATURE FEMININE
169 Edwards: VISION, DESSIN, CREATIVITE
170 Lutte: LIBERER L'ADOLESCENCE

Hors collection

Paisse: PSYCHOPEDAGOGIE DE LA LUCIDITE
Paisse: ESSENCE DU PLATONISME
Collectif: SYSTEME AMDP
Boulangé/Lambert: LES AUTRES, L'EXPRESSION ARTISTIQUE CHEZ LES HANDICAPES MENTAUX

Manuels et Traités

2 Thinès: PSYCHOLOGIE DES ANIMAUX
3 Paulus: LA FONCTION SYMBOLIQUE ET LE LANGAGE
4 Richelle: L'ACQUISITION DU LANGAGE
5 Paulus: REFLEXES-EMOTIONS-INSTINCTS
Droz-Richelle: MANUEL DE PSYCHOLOGIE
Hurtig-Rondal: MANUEL DE PSYCHOLOGIE DE L'ENFANT (Tome 1)
Hurtig-Rondal: MANUEL DE PSYCHOLOGIE DE L'ENFANT (Tome 2)
Hurtig-Rondal: MANUEL DE PSYCHOLOGIE DE L'ENFANT (Tome 3)
Rondal-Seron: LES TROUBLES DU LANGAGE (DIAGNOSTIC ET REEDUCATION)
Fontaine/Cottraux/Ladouceur: CLINIQUES DE THERAPIE COMPORTEMENTALE

Philosophie et langage

Anscombre/Ducrot: L'ARGUMENTATION DANS LA LANGUE
Maingueneau: GENESES DU DISCOURS
Casebeer: HERMANN HESSE
Dominicy: LA NAISSANCE DE LA GRAMMAIRE MODERNE
Borillo: INFORMATIQUE POUR LES SCIENCES DE L'HOMME
Iser: L'ACTE DE LECTURE
Heyndels: LA PENSEE FRAGMENTEE
Sheridan: DISCOURS, SEXUALITE ET POUVOIR (Michel Foucault)
Parret: LES PASSIONS
Vernant: INTRODUCTION A LA PHILOSOPHIE DE LA LOGIQUE
Commetti: MUSIL
Martin: LANGAGE ET CROYANCE
Kremer/Marietti: LES RACINES PHILOSOPHIQUES DE LA SCIENCE MODERNE
Gelven: ETRE ET TEMPS DE HEIDEGGER
Laudan: DYNAMIQUE DE LA SCIENCE
Latraverse: LA PRAGMATIQUE
Stuart Mill: SYSTEME DE LOGIQUE
Haarscher: LA RAISON DU PLUS FORT